JN226298

# 「参加の力」が創る共生社会

## 市民の共感・主体性をどう醸成するか

早瀬 昇 著

ミネルヴァ書房

# まえがき

　市民の「参加の力」への注目が高まっています。

　たとえば，厚生労働省は「我が事・丸ごと」をキーワードに「地域共生社会」構想を発表しました。構想の柱の一つとして「地域課題の解決力の強化」を掲げ，「住民相互の支え合い機能を強化，公的支援と協働して，地域課題の解決を試みる体制を整備」しようとしています。"住民相互の支え合い"とは，住民自身が地域の課題を"我が事"と捉え，協力して解決すること。住民が主体的に参加する状態を生み出せるかどうかが，構想の成否を握ります。

　お金を通じた参加である寄付への関心も，各方面で高まっています。『寄付白書 2011年版』によると，寄付促進の専門職であるファンドレイザーを採用する大学が広がり，遺贈などの遺産の寄付に関心を持つ人が２割を超えています。寄付をめぐる約70のセッションが実施される「ファンドレイジング・日本」は毎年開催され，1,500人以上の参加者を集めています。

　これらの動きは，社会や組織，そして参加する人自身をも変える「参加の力」への関心の高まりの反映といえます。この「参加の力」という言葉は，筆者が理事を務める日本ボランティアコーディネーター協会のスローガン「『参加の力』を信じよう！」の中で使われてきたものです。

　本書は，その「参加の力」が発揮された社会の姿を様々な角度から明らかにし，その力が持つ意味を示すとともに，どのようにすれば，この力が発揮されるのかを解説したものです。

　「参加の力」を活かして，多くの市民とともに事業を進めたい NPO の関係者，市民の力で自治的なまちづくりを進めたい地域のリーダーや自治体関係者，企業などとは異なる組織原理を持つ NPO について知りたい企業人，それにこれから市民活動を学びたいという学生の皆さん，そして活動に参加してみたいという市民の皆さんに読んでもらいたいと願いながら書き進めました。

　本書は全体で11章の構成ですが，第１章と第２章では「参加の力」が示され

る実践であるボランティア活動など市民活動の自由さと，それが普段の暮らしにつながる活動であることを紹介しています。ここで，肩の力を抜いて市民活動と出合う視点をつかみましょう。

　第3章は「参加の力」を活かす取り組みを歴史的にたどります。明治期以降から1990年代までの取り組みを俯瞰し，阪神・淡路大震災以降の大改革以前の状況が理解できます。

　第4章と第5章では，「参加の力」の実際，すなわち行政の穴埋めに留まらない市民活動の可能性を紹介しています。自発的な参加によって，様々な特性が発揮されることを理解して下さい。

　第6章は，「参加の力」の源泉である自発的な姿勢ゆえに生じる弱点と，その克服のための視点について解説しています。本書のタイトルにある「共生社会」を実現するための視点も，ここで解説しています。

　第7章と第10章は，「参加の力」を活かす制度的な改革の歩みを紹介しています。法人運営の実務に関わる方には必須の内容だと思いますが，法人運営に関わらない方は読まれなくてもよいかもしれません。

　第8章と第9章は，自発的活動ゆえの弱点を克服し，強みを活かすための発想法や具体的な対策を紹介しています。「参加の力」の源泉はボランタリーな意欲ですが，その意欲が湧き立つような活動のスタイルを追究しています。

　最後の第11章は，他のセクターとの協働に関する解説です。企業や行政という，社会を動かす大きなセクターとの関わりについて解説しています。

　また序章ではプロローグ的に，この「参加の力」が発揮された取り組みの実際を，いくつか紹介しています。

　本書を通じて，「参加」が生み出す創造的な営みを実感していただき，「参加の力」が活きる事業づくり，組織づくりが広がることを願ってやみません。


　2018年3月

早瀬　昇

# 目　　次

<table>
<tr><td>序　章</td><td>「参加の力」の素晴らしさ</td></tr>
</table>

# 序　章　「参加の力」の素晴らしさ

「やりたくて，する！」という営みは，なんて素晴らしいのだろう！　そう感動する場面に，よく出合います。人々が"自発的に"社会活動に参加することで創造的な活動が展開され，組織が活性化し，社会に活力と多様性が生み出されていきます。この，いわば「参加の力」が発揮される事例が，様々な場で広がっています。まず，その姿を，ほんの少しご紹介しましょう。

## 1　「参加の力」が発揮される多彩な取り組み

### （1）PTA役員会がボランティアセンターに──東京都大田区立嶺町小学校

役員のなり手がなく，不要論さえ叫ばれるようになったPTA。ところが，そのPTAに保護者が生き生きと参加するようになった小学校があります。東京都大田区立嶺町小学校です。どこにでもある一般的なPTAでしたが，2013年，PTA未経験だった新聞記者の山本浩資氏が会長になった後，『もしドラ』（『もし高校野球の女子マネージャーがドラッカーの『マネジメント』を読んだら』）を参考に「もしドラPTA」なる改革を開始しました。[2]

まず，それまでのPTAにありがちな「"や"らないといけない」（義務感），「"や"らされている」（強制感），「"や"らない人がいる」（不公平感）という「三本の"や"」をなくし，「前例はこうだから……」という惰性でしていた活動をすべて見直しました。具体的には組織をリセットするため，PTAを一旦解散し，運営の基本を「できる人が，できる時に，できることをやる！」完全ボランティア制のPTO（保護者と先生による楽しむ学校応援団）に改組しました。

新しいPTOは「保護者の誰もが参加しやすく，また参加したくなるような

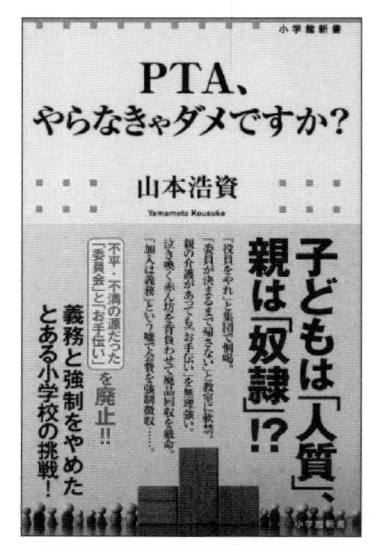

出所：山本浩資（2016）『PTA，やらなき
ゃダメですか？』小学館新書。

組織」づくりをモットーに，必要な活動ごとに「この指とまれ」方式でボランティアを募る形態に改編。いきなりすべてをリセットするのは難しく，2014年度は「お試しPTO」「前例踏襲はやめ，前例のないことをやってみよう」など従来の常識を超えた多彩な改革を推進し，2015年度から本格的に新たな体制となりました。その一連の改革の中でも秀逸なのが，役員会をボランティアセンターに変えたことです。

　役員会だと役員になった人が活動をすべて担いがちで，事実，そうしたPTAが一般的です。そこで役員になると私生活が犠牲になり，勢い役員のなり手がいなくなってしまいます。しかし，元来，多くの保護者は子どもたちの健やかな成長を願っていますし，そのために「できること」はしたいと思っています。そこで，役員会をボランティアセンターに改め，役員だけが抱えていた役割を分散する形で広く保護者に"開放"。可能な範囲で活動に参加したいという保護者は「ボランティアサポーター」に登録し，関心のある活動に参加するという仕組みに変更したのです。

　その顛末は2016年に発刊された『PTA，やらなきゃダメですか？』で詳しく紹介されていますが，参加しやすいプログラムを工夫することで，多くの保護者が生き生きとPTA活動に参加する様子が報告されています。

### （2）思いを託した本を介してコミュニティづくり──まちライブラリー

　2013年4月，大阪・なんばに開設した図書館「まちライブラリー＠大阪府立大学」は，900段分の本棚は用意されたものの，蔵書は1冊もありませんでした。「みんなでそだてるライブラリー」をコンセプトに，寄託によって本を集

めていったからです。

　この「まちライブラリー」のルーツは，2008年に提唱者の礒井純充氏（森記念財団啓発普及部長）が自身の蔵書を基に大阪・天満橋の近くに開設した「ISまちライブラリー」（ビルの名前を冠した名称で，Islamic State とは関係ありません）。その後，本にメッセージを添えて持ち寄ってもらい，貸し借りや交換をしながら人と出会う場として活動が発展。2011年に受講者自らが課題を持ち込みグループで議論し，「まち」を元気にするプランを作り実行していく「まち塾」をこの「まちライブラリー」で開き，「まち塾＠まちライブラリー」となることで現在の形態になり，以後，全国に広がっていきました。

　2019年12月末現在，全国に759カ所。フィリピンやシンガポールにまで広がる「まちライブラリー」のキャッチフレーズは，「『メッセージをつけた本』を媒介にしたコミュニティ」。本を介して人々がつながり合う工夫が随所になされ，かつ持ち寄られた本は参加者に分かち合われる公共財となっていきます。

　その「仕組み」を同会のホームページから紹介すると，「①場所を作って，呼びかけてみんなで本を持ち寄る」→「②持ち寄った本には寄贈者情報と寄贈者からのメッセージを記入！　次に読んだ人が感想を連ねていく！」→「③本をきっかけにちょっとした話ができたり！　本棚を囲んでお茶会を開催したり！　みんなが持ち寄っていただいた本が集まり，その場に独自の本棚ができる！」→「④小さな本棚（まちライブラリー）がまちのあちこちにあることで，もっとまちがおもしろくなる！　本をきっかけにつながりが生まれます！」。

　実際，「まちライブラリー＠大阪府立大学」でも，多くの市民がサポーターとなり，活発に「イベント（ライブラリーカフェ）」を開いています。たとえば，「歴史カフェ『庶民の暮らし』──そんな話は今もあるある」「大和川カフェ『大和川の付替え──新川筋の地域に及ぼした影響』」など焦点を絞ったイベントもあれば，毎月開催している「借り家歌会」（短歌を発表し合うとともに短歌に関する本の寄贈も受付），あるいは「【本で遊ぶ】忘れてしまった本を紹介し合うサロン」等々，まさに多彩なイベントが開かれていった結果，既に蔵書数は9,000冊を超えています。

（3）マイクロソフトを凌駕（りょうが）したボランティア活動──Wikipedia

2009年，Windows で世界を席巻したマイクロソフトが，1993年から発売してきた[3]商品の販売を終了しました。商品名は「Microsoft エンカルタ総合大百科」。コンピューターの特性を活かし，地理，歴史，科学から芸術やスポーツまで幅広い分野を網羅し，最新のトピックも積極的に取り入れていました。しかも，文字に加えて写真・音声・動画や，双方向で操作できる「ダイナミック地球儀」，3D バーチャルツアーなどマルチメディアコンテンツで解説。百科事典30冊分，25,000点のマルチメディアコンテンツに加え，Web ページのようにリンクを辿ることで，次々と関連項目にアクセスできることも特徴であり，さらに，ふりがな付き解説やパズル，ゲームを収録した小学生向け百科事典「エンカルタ キッズ百科」も同梱していました。作成には1,000人強の専門家が報酬を得て執筆に加わり，日本語版制作のために国内に70人以上の専任スタッフを置き，日本版本文の半分以上は日本で新たに書き起こされました。CD/DVD 版とオンライン版があり，価格は約１万3,000円でした。

　13年間にわたり提供されてきた商品が販売中止となった理由は Wikipedia の存在です。2001年に英語版の提供が始まって以来，今や300以上の言語で提供される「オンライン市民参加型百科事典」。運営の責任を負うのはウィキメディア財団ですが，世界中で約3,900万件にものぼる記事の執筆や修正は，本人にその自覚があるかどうかはともかく，すべて無償で（つまりボランティア活動として）進められています。書き込みにあたっての資格などは問われず，誰もが修正を加え続けられます。匿名ですから，執筆や修正にあたって名誉心が満たされているわけでもなく，ただ正しい情報を共有したいという人々の思い

が，この膨大な知の体系を築いているわけです。

　ボランティア活動によって実現されているものの中でも，私たちの暮らしに最も身近な成果の一つともいえる Wikipedia。この仕組みの成長により，マイクロソフトが多額の資金を投じた商品が市場から消えることになったのです。

### （4）1,000人以上の市民が支えるジャズの祭典——高槻ジャズストリート

　ゴールデンウィークの毎年5月3・4日，大阪・高槻の街のあちこちで軽快なリズムが聞こえてきます。「高槻ジャズストリート」（通称・ジャズスト）に全国から集った約800組のミュージシャンが奏でるメロディーが，70カ所以上の会場（小学校のグランドや公園，駅の高架下などオープンスペースも多い）から聞こえてくるからです。

　参加費も，会場を紹介するパンフレットも，会場間を移動するバスも無料（バスの中でも演奏！）。数組の著名な招聘アーティスト（日野皓正や宇崎竜童などのビッグネーム）を除く一般の演奏家はノーギャラで，公募抽選方式で出演が決定。演奏を聞いた観客のカンパと拍手が報酬という仕組みです。

　このジャズストの運営資金約3,000万円は，毎年デザインの変わるオリジナルTシャツや会場での飲食売り上げ，パンフレットの広告費，協賛金，寄付金などでまかなっています。5年ごとに周年事業としてビッグネームを多めに招聘するため，間の年にその資金を貯めなければならないのですが，天候が悪いとTシャツや飲食の売り上げが減って赤字になってしまいます。綱渡りですが，毎年，少しずつ規模を拡大してきました。

　近年は15万人以上の観客が集まるジャズストを支えるのは，1,000人以上のボランティアです。ボランティアは，当日参加も OK のオープンな運営。12月から翌年の4月末まで15回ほど開かれる実行委員会ですべてが決められていきますが，この会議への参加もオープンです。高校生のアイディアが採用されて新たな企画が生まれるなどフラットな運営で，企画段階から参加できることで，意欲と責任感が高まっていく仕組みとなっています。

　70代の専従スタッフ1人以外は全員ボランティアですが，それでもこの大イ

ベントを開催できるのは，誰かに指揮されて渋々動くのではなく，会議での議論を通じて納得して活動し，一人ひとりが自律的に気づいたことを引き受けていく文化を，実行委員会が育んできたからだといえます（筒井 2014）。

### （5）クラウドファンディングで資金確保——映画『この世界の片隅に』

エンドロールを観ながら，不覚にも涙を抑えられませんでした。映画『この世界の片隅に』（片渕須直監督）の最後，この映画を世に出すために寄付をした人々の名前が延々と紹介される場面を観た時でした。実に多くの人々に支えられて，この素晴らしい映画が生まれたことに感激したのです。

広島と呉で暮らした一人の女性の1933年から1946年までの日々を綴った同名のコミック作品（こうの史代著）をアニメーションで丁寧に描いたこの映画は，実に多くの人々の参加によって生まれました。

アニメ化を熱望した片渕監督が何度も広島を訪れ，戦艦大和が呉港に入港した日付（1944年4月17日）を特定し，その日の天候を調べ，映画でその日の風景を再現しました。さらに，原爆で壊滅し写真も残っていない建物や街並みを再現するため，当時を知る人々への取材を重ね，人々の薄れかけていた記憶を呼び覚ましていきました。こうして当時の街並みが現代によみがえりました。映像に映し出された人々の何人かは，取材を受けた人々の家族がモデルとなっています。

この映画制作の出資企業募集のためのパイロットフィルム（試験的な短い映像）作成費用を募るため，2,000万円を目標にクラウドファンディングが実施されたのが2016年3月。この目標はわずか8日と約15時間で達成され，最終的に全国47都道府県の3,374人から3,912万1,920円の寄付が寄せられました。

この反響を見て映画館主が反応し，出資企業も集まり始め，2015年6月に映画制作が正式に決定しました。さらに映画制作に関わった人々が「『この世界の片隅に』を支援する呉・広島の会」を発足し，情報交換やPRを進めていきました。クラウドファンディングの広がりの起点は，この会でした。

映画は2016年11月に公開されてから3年を超える超ロングランとなり，既に

210万人を大きく超える人々が鑑賞し，今もその数は増え続けています。

## 2　自治と共生の視点を伴った社会づくりへ

　ここまで，PTA，図書館，電子百科事典，ジャズ，映画制作と様々な世界で起こっているトピックを紹介しました。これらはいずれも，共感やワクワク感，時には好奇心や自負心などをエネルギー源に進んでいるものです。最後の映画は企業も関わっているものの，この事例でも「支援する会」はボランティアで活動していますし，さらにとても多くの人々が寄付という形で参加しています。

　時に身銭を切ってでも，こうしたボランティア活動やNPO活動を"楽しむ"人々がたくさんいます。さらに，そこで生み出される「参加の力」に加えて，企業や行政などとも連携することで，後述するように自治と共生の視点を伴った大きなインパクトが生み出されています。

　では，次の第1章では，自発的活動の象徴ともいえるボランティア活動の世界の魅力を探っていくことにしましょう。

注
(1)　岩崎夏海原作の小説。2009年にダイヤモンド社から発刊され，同書を原作とする漫画，テレビアニメ，映画が作成された。
(2)　経緯は嶺町小学校のHPでも紹介されている（https://minesho-pto.com/info/document）。
(3)　日本版は1997年発売。

| 第1章 | ボランティアはネコである !?<br>――共に自主・自律が基本 |
|---|---|

「参加の力」の内容を解説する前に，まず自発的に取り組まれる活動について解説します。「私」発，つまり私の内側から湧いてくる意欲を起点に，自分流のこだわりも大切にしつつ，世界を広げていく。誰かに強制されるのではなく，マイテーマにマイペースで取り組む。そんな活動の自由な雰囲気をのぞいてみて下さい。

### 1 ボランティアは苦役？　いいえ，一種のレジャーです

**（1）ボランティアはお地蔵さん？**

まず，身近なボランティア活動から（しばらくはボランティアについて書きますが，多くの点で市民活動全体に共通する内容です。そうお考えいただきながら，お読み下さい）。

実は筆者には，こんな原体験があります。大学で電子工学を学びながらも，企業ではなく大阪ボランティア協会という草の根の市民団体に就職した筆者の生き方を，父親はまったく理解してくれませんでした。筆者と顔を合わせるたびに「同級生は有名な企業に就職しているらしいのに，なんでお前がそんな仕事しなあかんのや。心配する親の気持ちも考えろ」などと怒ってばかり。そんな父親を，ある日，たまりかねた母親が諭しました。

「お父さん，あきらめなさい。お地蔵さんになったと思って……」。

真顔でそう言った母親に，私は本当に唖然としてしまいました。「あきらめなさい」までは「また言うてるわ」と聞き流しかけましたが，「いくらなんでも，お地蔵さんはないでしょう！」です。しかし，今，振り返れば，理解しが

たい行動をとる息子をなんとか受け止めようという思いからの，切ない表現だったのかもしれません。

　ボランティア活動が，このように「暗い」イメージでとらえられるのには理由があります。公共的な活動だということで，お役所のイメージがダブるのです。

　行政の取り組みは，それが一つの制度となるわけですから，長期的に継続できるものとなるよう慎重に吟味されます。関係者の意見を聞き，どこからも批判の出ないプログラムとなるよう調整することも少なくありません。もちろん，その効果は公平・平等に行き渡るものでなければならず，特定の人々や組織に有利に働いてはならない……。

　しかし，このような形で活動を進めるのは，実に窮屈なことです。「思いつき」は許されません。独創的な発想は危険です。そして，好みや関心などの自分の気持ちを抑え全体に奉仕する姿勢が求められます。このような「心構え」が求められ，その上，無償の活動だということになるのなら，「お地蔵さん」扱いも当然だといえるでしょう。

## （2）ボランティア活動は我慢できなくて始めるもの

　しかし，ボランティア活動は，元来，こうしたイメージとは真逆の活動です。
　我慢してするのではなく，我慢できなくて始めるものだからです。その発端は，「放っておけない（関西風には「ほっとかれへん」）」，やむにやまれず……という強い思いからの時もあれば，「自分を活かせる場を得たい」とか「プロジェクトの主催者側になりたい」という欲求であったり，「一度，普段と違う世界をのぞいてみよう」という好奇心であったりします。ちょっと誘われて……といった，大して意欲的でない場合ももちろんあります。

　ちょっとした出会いや気づき，こだわりや思いつきからボランティア活動が始まることは少なくありません。最初は，単なる好奇心という場合もあります。当然，続けることが「前提」でなくても構いません。実際，単発の活動プログラムもたくさんあります。

たとえばボランティア講座を“試しに”受講してみる。意外に楽しそうだ。そのうちに，学校や職場，近隣以外の仲間ができる。一緒に何かしたいね……。そんな出会いの広がりと深まりの中から，次第に活動が自分にとって掛け替えのないものになっていく。

　実は熱心にボランティア活動に取り組む人の中には，こんな経過をたどって活動に打ち込むようになった人たちも少なくありません。「最初に周到に計画を練り，その遂行をノルマとして自分に課す」という世界とはかなり違います。感動，怒り，充実感……。そうした思いが重なり合って，活動は進められていきます。

　不幸にして（?），そうした感動や充実感を得られなかった場合，意欲が減退し活動のペースを落としていく人もいます。それはそれで仕方ない。というのも，ボランティア活動が自発的な活動である以上，それは“しなければならない”活動ではないからです。元来，休みたくなったら，休んでもよい。嫌になったら止めたらよい。あくまでも活動の主体は，あなた自身。そんな自由な活動なのです。

## （3）火山とバレーボールとボランティア――その意外な関係

　ボランティアは英語で volunteer。この語幹，vol から始まる言葉には，偶然かもしれませんが，面白い共通点があります。

　たとえば volcano。火山です。また volley。テニスのボレーのことで，バレーボールを意味する volley ball の volley でもあります。地中から噴煙やマグマが噴き出すのが火山。テニスのボレーはボールが地面に着く前に返すことですが，バレーボール（volley ball）も球をコートに落とさずに相手に返すゲームです。要は上に上げることを指します。さらにフランス語で vol とは飛行のことで，動詞の voler は飛ぶという意味です。

　ボランティア活動は，意欲の高まりで進められます。火山は地中のエネルギーが噴出して生まれ，中には今も噴煙を上げ続けているものもあります。バレーボールも，自陣でボールを高く上げながら相手コートにスパイクを打ち込み

ます。共通するのは，噴き上がる，浮き上げる……という点です[1]。

　実は vol はラテン語の volo（ウォロと発音します）にルーツをもつ言葉ですが，このラテン語の意味は「〜を欲する」「喜んで〜する」。英語の will（「志す」「進んで〜する」）に符合する言葉です。内側から湧いてくる意欲から行動を始めるという意味です。

　その意欲の源泉は，被災地で復興に努力する人々への共感や，あってはならないと思える事態への怒りである場合もあります。もっとも，それとともに"楽しさ"という面もあることは，活動を進めるとすぐに気づきます。価値観を共有できる仲間との出会い，しかも共感という連結器で多様な立場の人々と出会えます。努力すれば一定の成果を得られることも少なくなく，その過程で自身の能力が活かせたと感じられると，とってもハッピーになります。

　余暇開発センター（現・日本生産性本部 余暇総研）が1999年に発行した『レジャー白書'99』では，「広がる『社会性余暇』」と題する特集が組まれていましたが，市民活動にレジャーの側面があることに注目したのは，中々の卓見だといえます。


## 2　学生のボランティア活動への関心が相対的に"低い"理由は？

　ちなみに，ラテン語 volo の反対語は「〜を欲しない」を意味する nolo。となると，嫌々，無償の活動を強いる場合は volunteer ではなく nolunteer（ノランティア？）ということになります。もちろん，これは勝手に作った造語ですが，学校などでボランティア体験と称して，実はボランティア活動とは異質の無償活動を強制していないか。少し心配なところです。

　というのも，内閣府が実施した調査で気になるデータ[2]があるからです。図1-1（次頁）は「ボランティア活動への関心の有無」を職業別で分析したもの，図1-2は過去3年間の「ボランティア活動経験の有無」を職業別で分析したものです。

　そして，このグラフを合成したのが図1-3です。図1-3で，「関心がある」

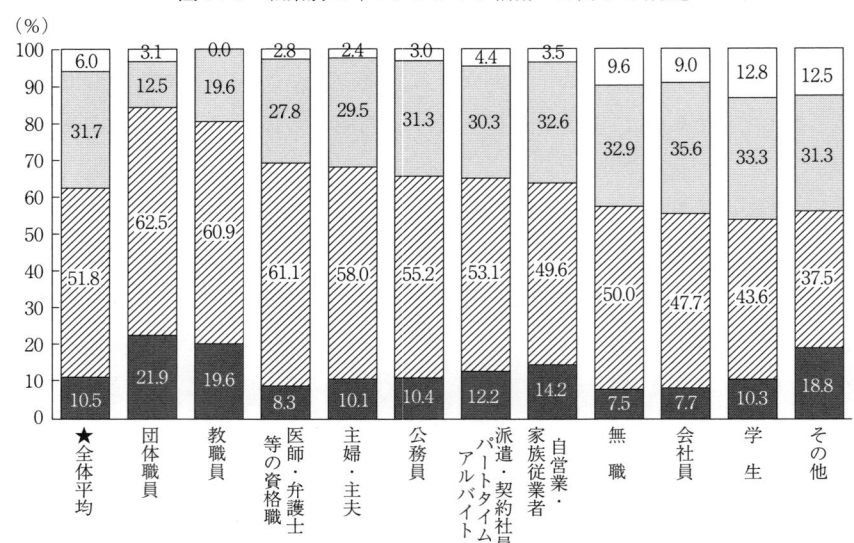

図1−1 職業別の「ボランティア活動への関心の有無」

■ とても関心がある　☑ 少し関心がある　▨ あまり関心がない　□ まったく関心がない
出所：内閣府（2015）。

は「とても関心がある」と「少し関心がある」を足したものですが，この図を見ると「その他」を除いて，最もボランティア活動に対する「関心がある」比率が低い「学生」が，3年以内に「活動したことがある」回答の比率は団体職員に次いで2番目に高いことがわかります。ボランティア活動経験があるにもかかわらず，今，活動への関心が相対的に低いという理由は，中学校や高校で「ボランティア活動」という名の「ノランティア」を体験し，ボランティア活動の楽しさを実感できなかったためではないでしょうか。

　これは，内閣府の調査結果に対する少し偏見に基づいた解釈かもしれません。しかし，この社会の中で最も"使役動詞が多用される場"ではないかとも思える学校では，周囲の意向にかかわらず，いわば勝手に取り組まれることもあるボランティア活動の自由さを伝えにくいのではないかと思えてなりません。

図 1 - 2　職業別の「ボランティア活動経験の有無」

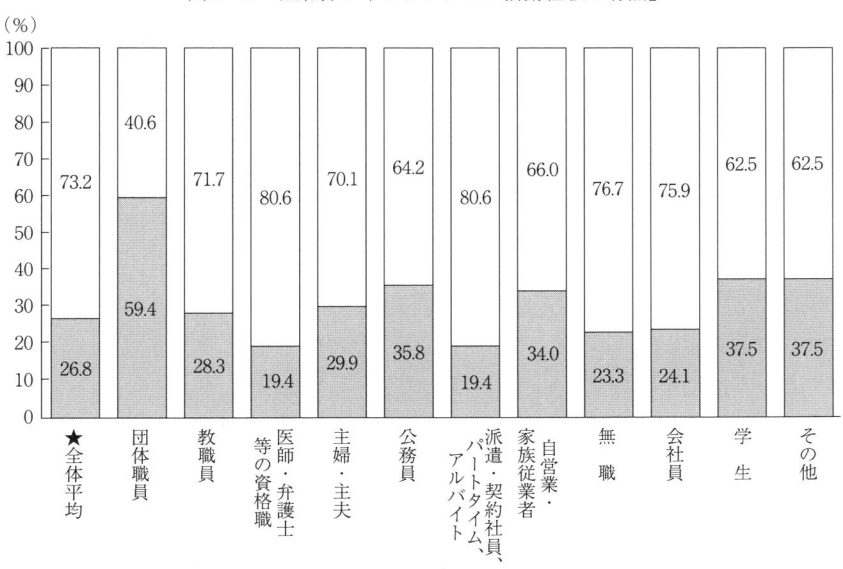

出所：図 1 - 1 と同じ。

図 1 - 3　職業別「ボランティア活動への関心」と「活動経験の有無」の関係

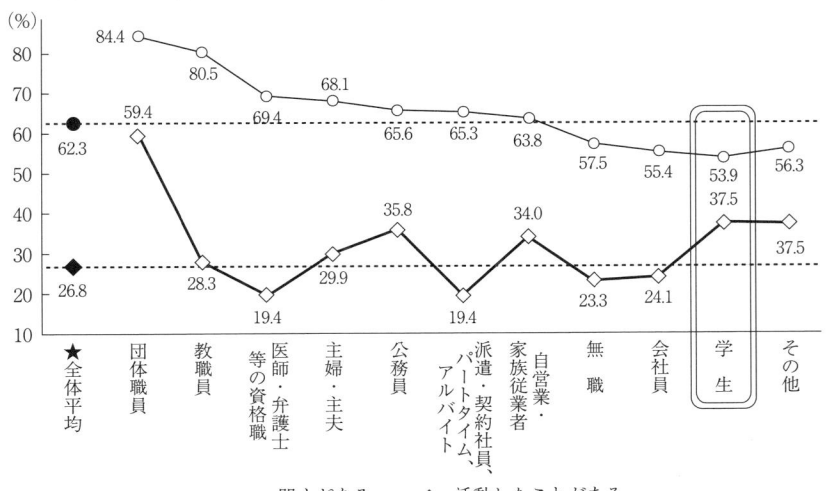

出所：内閣府（2015）を基に筆者作成。

## 3 ボランティアの基本は"自主・自律"

### （1）納得すれば動くネコ

さて，言葉の由来から考えても，ボランティアの本質は，当然，自発性。つまり「ほっとかれへん」など"内なる思い"からの活動です。そして，これはボランティア活動とは自分が決める，自分で決めるという「自主・自律」の営みだということでもあります。他人に頼まれたり誘われたりしなくても，自ら活動しはじめるわけですが，逆に頼まれても自身が納得しないかぎり，しない……という活動なのです。

唐突ですが，この点で，ボランティアはネコに似ています。人をペットに対比すると反発されるかもしれませんが，要はイヌとは違うということです。一生懸命に尻尾を振り，人懐っこく飼い主に甘え，飼い主をご主人様とみなしてきちんと仕え，指示に忠実に従う。こんな飼いイヌがたくさんいます。なにせ，忠犬ハチ公がいるぐらいですから。

これに対して，ネコは実にマイペース。ネコは呼んでも来ませんが，でも来たい時には自分から寄ってきます。無理に抱っこでもしようものなら，もがきにもがくのに，寒くなったりしたら懐<sup>ふところ</sup>などにもぐり込んでくることも。飼い主のために，お手やお座りなどの"芸"は決してしてくれませんが，勝手にアクロバティックな動きをしたりして楽しませてくれることはあります。

唯我独尊とも思わせる振る舞いで，飼い主の期待通りに動かすのは，まさに至難の業です（ネコ好きの方は，そこが魅力だそうですが……）。

「猫可愛がり（猫っ可愛がり）」という表現がありますが，これはネコを可愛がるようにひたすら愛を注ぐことを意味するのだとか。つまり，可愛がれば可愛がるほど，懐<sup>なつ</sup>いてくれるイヌと違い，一生懸命に世話を焼いても恩返しするような素振りも見せない"薄情者"のネコを，見返りなど期待せずに可愛がる"無償の愛"を示す表現だそうです。

ご主人様にお仕えする，つまり奉り仕える「奉仕」ではなく，自らの信じる

ところに従って動き，主体はあくまでも自分自身。自分を支配できるのは自分だけという "自主・自律" 姿勢が大切だという点で，ボランティアはネコなのだと思うのです。ですから，国の財政危機が深刻化する中，無償で社会のために貢献してほしいなどと期待されても，そんな政府の勝手な希望を叶えない。ボランティアは，あくまでも自身が納得しないかぎり動きません。

　実際，volunteer という英語には，人が栽培するのではなく，勝手に生えてくる「自生植物」という意味もあります。ネコのように飄々と，自生植物のようにたくましく，自由に活動する存在，それがボランティアなのです。

　つまり，ボランティア活動は他人の意見に支配されず自由に取り組めるものなのです。活動に伴う負担（というほど大げさでない場合が多いですが）を引き受けるなら，公序良俗に反しない限り，何をしてもよいのです。逆にいえば自分のこだわりを核にできなければ，活動は一挙に停滞してしまいます。第9章で詳しく解説しますが，この "自律" ということは，内側から意欲が湧きあがるポイントでもあります。

　もちろん自らの意志で取り組んだ活動の結果への責任は，他ならぬ自分自身が負うことになります。しかし，たった一人の「戦い」ではありません。ボランティア活動は，夢や願いを共有する様々な仲間と出会える活動でもあります。「共感という名の連結器」の威力は絶大です。職場や地域，年齢や立場，障害の有無，時には国籍の違いを超えた仲間を得ることができることも少なくありません。


### （2）「派遣」や「活用」の表現もおかしい

　このように見ていくと，特に災害時に多用される「ボランティア派遣」という表現のおかしさにも気づきます。

　派遣とは，部下などの指揮下にある相手に使う言葉であって，自発的，主体的に活動するボランティアに使う言葉としてはふさわしくないからです。実際，「派遣する」は自動詞ではなく他動詞。「派遣される」とは言っても，自らを「派遣する」という使い方はしません。「派遣」ではなく，たとえば「活動先紹

介」などボランティアの自発性を尊重する表現を使うべきでしょう。

　同様に，「ボランティアの活用」といった使い方もおかしいですね。「用いる」には「人の能力を評価してある職・地位につかせる。登用する」（『大辞林』）という意味がありますが，主体はあくまでも用いる側。上から目線で，安上がりの労働力としてうまく使おう……という意図も見え隠れする表現です。そこで，「活用」ではなく，ボランティアの能力を「活かす」といった表現を使うのが本来だと思います。

　これらは「些細なこと」と思われるかもしれません。しかし，このような表現に，ボランティアをどう見ているかという話し手の意識が投影されるものなのです。だからこそ，みずからの言葉遣いをチェックするべきですし，あくまでもボランティアそれぞれを，主体的に行動する人々として尊重することが必要です。ネコ的な誇り高き存在なのです（イヌも本当にかわいいし嫌っているわけではありません。ただ，どこまでもご主人の愛情を得ようと懸命になるイヌ的な存在ではないことを強調したくて，あえてこのような表現をとりました）。

注
(1)　もっとも，volcano の場合，直接の語源はローマ神話に登場する火の神 Vulcānus（ウゥルカーヌス）であり，偶然，表記が似ているだけかもしれない。
(2)　内閣府の最新の調査である平成27年調査では「ボランティア活動への関心の有無」の職業別の分析がないため，平成26年調査の結果を紹介した。
(3)　ちなみに，イヌもネコも動物分類学的にはネコ目（食肉目とも言う）の中に含まれる。

<table>
<tr><td>第2章</td><td>ボランティアは恋愛に似ている !?<br>──違いは「公共性」の有無のみ</td></tr>
</table>

　前章では，ボランティアは自由をモットーとし，ネコのように自律的に行動する存在だということを紹介してきました。では，このようなスタイルをとりつつ，しかも社会的な課題に取り組むことができるのは，どういうことでしょうか？　市民による公共活動の特徴を，さらに探っていきましょう。

## 1　日々の暮らしの隣にある市民活動──「私」を「開く」と公共的になる

### （1）選ばないと始まらない

　前章の冒頭で，ボランティア活動は行政の取り組み方とはかなり異なるスタイルの活動だと紹介しました。このことを具体的に説明しましょう。

　前述したように，行政の行動スタイルの重要な特徴は，公平・平等であることです。公務員は「全体の奉仕者」といわれるぐらいで，公平に取り組むことは公務員の大原則です。

　しかし，ボランティアは公平に活動をするわけではありません。ボランティアは取り組むテーマ，活動の対象を選ぶからです。どのような対象に，どのようなペースで活動をするかを自ら選べるし，選ばないと始められない。それがボランティア活動です。

　ボランティアセンターや市民活動センターには，日々，「何か活動してみたいのですが……？」という方がご相談にいらっしゃいます。その際，「手話をしたい」とか「環境保護の活動を……」などと希望される活動内容を具体的に特定されている方は，実はそう多くはありません。今やインターネットで様々な情報を得られる時代。参加してみたい活動内容が絞られている場合，インタ

ーネットを使って自身で具体的な活動先などを調べられるからです。

つまり、「何かしてみたいけれど、何をしたらよいのかわからない」という方こそが、ボランティアセンターなどに訪ねてこられることになります。実際、「何か活動してみようか」と思い立っても、「しかし、何をしたらよいのだろうか」とハタと考え込んでしまう方も少なくありません。

なにせ一口にボランティア活動といっても、その中身は実に多彩です。社会のあらゆる領域に活動は広がっていて、福祉活動はもとより、環境や海外協力、スポーツ指導や文化活動、事務支援や組織経営……。挙げ出したらキリのない世界です。「そんな中で、私は何をしたらよいのだろうか？」と思われる気持ちは、よくわかります。

### （2）「なんでもするよ」という人にどう対応？

しかし、「何かしたいけれど、何をしたらよいかわからない」方のご相談に応えるのは、なかなか難しいことです。特に「自分を活かせることであれば、なんでもよいんです」などと言われると、かえって戸惑います。多種多様な活動がある中で、ご本人の経験や能力を活かせて、ご自身が意欲を持てる活動をどう特定すればよいか。これは、とても難しいことだからです。

そうした際に、まず伺うのは、「何が好きですか？　どんなことに関心がありますか？」ということです。そこで、「子ども好き」とわかることで、子ども達に関わる活動をご紹介することができます。そう、活動を選ぶ一番のポイントは「好き」であることです。

しかし、好きだということからテーマや対象を選ぶのですから、公平・平等な活動にはなりません。この点で、自身の好き嫌いを抑える公務員のスタイルとは、まったく異なるスタイルの活動だということになります。

社会的な活動なのに好き嫌いの感情を抑えずに進めると、人気で人がすぐに集まる活動と参加者がなかなか集まらない活動ができてしまい、不公平になる。それはおかしくないかと思われる方もいらっしゃるかもしれません。

しかし、好き嫌いの気持ちを抑えず、相手によって対応を変えることは、私

たちの普段の暮らしでは，ごく普通のことです。恋人のために心を込めたプレゼントを贈り，親友のために走り回り，家族のためを思って頑張るというのが，人々の日々の暮らしです。誰に対しても，公平・平等にふるまっているわけではありません。

### （3）普段の暮らしを「開く」

　この普段の暮らしのすぐ隣，あるいは延長線上に，ボランティア活動（ないし市民活動）の世界があります。では，「隣の世界」に足を踏み出すには，どうすればよいのか。それは「開く」ことです。「開く」ことで，私たちの日常的な営みが“公共性”を持ち出すのです。

　たとえば各地に私設の美術館があります。岡山県倉敷市にある大原美術館，東京・丸の内にある出光美術館，兵庫県西宮市にある白鶴美術館，大阪府池田市にある逸翁美術館など，高いレベルの収蔵品を持つ私設美術館は枚挙に暇がありません。これらは美術館ですから公共施設の一つですが，その収蔵品はもともとコレクション。個人や一族が趣味として美術品を集めてきたものです。しかしそれを私蔵しているかぎり，どんなに豊富なコレクションがあって来訪者に「まるで美術館のようですね」などと言われても，実際には美術館ではありません。単に「美術館のように美術品がたくさんある」というだけです。ところが，その美術品を自分たちだけでなく一般の人たちにも見てもらおうと「公“開”」したとたんに，突然，その場が美術館になります。私設の美術館とはそういうものです(1)。

　あるいは企業が，自社の社員のために整備した福利厚生施設であるグラウンドを，近所の少年サッカーチームに“開”放すると，それは立派な企業の社会貢献活動になります。あるいは私たちが子どもをハイキングに連れて行こうという時，「少しは賑やかな方がよい」と近所の子どもたちも一緒に連れて行ってあげることもありますが，こうした機会を定期的に設定すると，それは一種の「子ども会」活動になります。

　このように私的な行為も，その効果が周囲に「開かれる」と公共性を持ち始

めます。行政が公共性をいう場合，それは「全体の奉仕者」と呼ばれるように，所轄する地域社会全体に関わることに基づくわけですが，ボランティアなどの民間の取り組みでは社会の課題すべてに関わることはできず，特定のテーマや対象を選ぶしかありません。そんな民間の活動も，効果を得られる対象が広く人々に開かれている場合，公益的な取り組みとなるわけです。

### （4）不特定多数の利益

　以上，活動する主体の姿勢に注目して「開く」という表現を使ってきましたが，次に生み出される便益の視点から整理してみましょう。

　まず，広く知られていますが，特定の個人や組織の利益を「私益」，仲間や構成員に共通の利益を「共益」と呼ぶのに対し，仲間・構成員の枠を超えた社会全体の利益は「公益」と呼ばれます。その実現の担い手が行政の場合は，公益の実現は全体の奉仕者として当然の目標となるわけですが，テーマを限定するボランティア活動など民間の担い手もまた，仲間内だけに留まらず広く公益の実現を目指します。

　この場合，民間が担い手の場合の公益とは，「不特定かつ多数の利益」と定義されます。ここで「不特定」とは，利益を受ける者が特定された個人や団体ではないという意味です。つまり，たとえばある難病の患者を支援する場合，特定の患者だけを支援するのでは公益活動とはいえませんが，同じ難病の患者であれば誰でも支援するのならば病気自体を特定していても，"不特定"の患者の利益を目指す活動となります。また，「多数」についても，今，見つかっている患者数は少なくても，将来にわたって患者の発生がありうる以上，将来まで見通せば多数だとみなされます。

　そもそも，市民活動は一人の体験から広がることもよくあります。1980年代前半まで，白血病は極めて治療の困難な病気でした。女優の夏目雅子さんが27歳の若さで亡くなったのは1985年です。しかし，1988年に母親から骨髄移植を受けた大谷貴子さんが，名古屋骨髄献血希望者を募る会を発足。その取り組みが，1989年，日本最初の骨髄バンク「東海骨髄バンク」の設立につながりまし

た。その後，全国各地で骨髄バンクの設立が続き，1993年に初めて非血縁者間の骨髄移植が行われました。自身の体験を起点に，より多くの人に白血病の根治療法を普及したいという取り組みが広がり，各地で公益団体が成長していくことになったわけですが，その起点には各地の「私」がいたのです。

　「自発」という言葉には，「自らの発意で」の意味に加えて，「自らの身近な問題・関心から発する」という意味もあります。この「自発」の活動が不特定多数の利益のためにと対象を広げていくことで，公益活動になるわけです。

## 2　「公」と「私」の違いから読み解く民間公益活動の動機

### （1）「公」と「私」の意味

　ところで，日本で「公」というと「行政」のイメージがつきまといがちです。「おおやけ」の語源は「大宅」「大きな館」から来ているともいわれ（林・山岡1984），つまり天皇や領主のなすことが「公」だという発想が伝統的にありました。

　しかし欧米では，かなり発想が異なります。たとえば英語で「公共的」を意味する public には，「誰もが近づける」「みんなに開かれている」という意味もあります。イギリスでは，私立の学校でも一般市民が入学できる学校はパブリック・スクールと呼びますし，誰でもプレイできるゴルフコースがパブリック・コース，数万軒はあるといわれる酒場「PUB」も，元々は街の人々が集う社交場としての public house に由来する名称です。また欧米で公道に面したベランダなどに洗濯物を干さないのも，それが「開かれた側」，つまり公共的な側だから，という考え方によります。こうしてみると，「個々人や私企業の営みを開くと公共的になる」ということは，欧米では日常的な感覚で理解されているといえるでしょう[2]。

　実はこのような捉え方は欧米諸国だけのものではありません。「公」と「私」は対語ですが，この 2 つの漢字には同じ部首「ム」があります。この「ム」は三方から囲んで隠す，抱え込むことを示すという説があり，それによると

「公」の「ハ」は，それを左右から開くさまを示し，そこから「隠さずに見せる・開いて見せる」ことが原義だというわけです。一方，同じ視点から，「私」は禾偏が穀物を意味する象形文字に起源があることから，収穫物を自分の分だけ抱え込むことが原義だということになります。この説に従えば，漢字を発明した中国でも，"開く"ことで公共的になると考えていたことになります。[3]

### （2）「私」にこだわることから始まる

　「私を開けば公共的になる」ということは，ボランティア活動などを始める際のヒントでもあります。特に「この活動をしよう」という限定が難しい場合，あまり「社会全体」のことを考えすぎないことです！　つまり，いろいろあるようだけれど，まず"私は"何がしてみたいのか，"私は"何ができそうなのか，あるいは"私は"何に困っているか……と，自分にこだわって考えてみることです。これが自分に合ったテーマを見つける早道なのです。

　1997年に創設された日本バリアフリーダイビング協会は，スキューバダイビングの愛好家たちが，その魅力を障害のある人たちにも体験してほしいとの思いから生まれました。海の中の美しい世界を知ってほしいとの思いからですが，水の中では重力の制約が少なくなり，障害があっても自由な行動をしやすい点で，とても喜ばれています。

　また，太平洋戦争での学徒出陣で戦死した若者の遺書などを集めた遺稿集『きけ，わだつみの声』は，「友の死を風化させたくない」と思う多くの戦友たちによって出版されました。つまり友情が，平和運動につながったのです。

　さらに困っていることが起点の場合もあります。たとえば先に紹介した「骨髄バンク」も，その一例です。社会的な問題意識というより，家族を思う情愛が原点です。このように「私」を起点に社会に広がっていくのも，ボランティア活動の醍醐味だといえます。

### （3）八百八橋はなぜできたか

　こうした取り組みは長い蓄積があり，その担い手には商人，つまり営利活動

に関わる人々もいました。たとえば大阪（江戸時代は大坂）には浪華八百八橋と呼ばれたほどの多くの橋がありましたが[4]，幕府が架け修繕も幕府が行った「公儀橋」は大阪城周辺の天神橋や天満橋など12橋しかなく，当時あった橋の9割以上は「町橋」，つまり商人が自ら架け自ら修繕してきたものです。実際，有名な心斎橋は伏見商人の蓑屋岡田心斎が架けたことにちなみますし，淀屋橋のように屋号を付けた橋もあります。

　この町橋がたくさんあることは大阪の特徴の一つですが，では，なぜこのようなことが起こったのか。当時の商人たちは，よほど公徳心が強かったのだろうかという話になりそうですが，彼らが大金を投じて橋を架けた理由ははっきりしています。

　「渡りたかった！」からです。

　なぜ，渡りたいのか。それは，商売のためです。たとえば船場と中之島を結ぶ淀屋橋を，淀屋はなぜ架けたのか。実は淀屋は船場の北端，土佐堀川沿いにあった豪商で，土佐堀川をはさんだ対岸，中之島に米市場「淀屋米市」[5]を開設しました。この往来には船を使っていたのですが，風が強いと船を出せないし，そもそも船での往来は面倒です。そこで淀屋は，まさに商売のために橋が必要だったのです。

　そう，大阪の商人達は，商売をうまく営むため，自分の店の前にどんどん橋を架けていったのです。だから，八百八橋と呼ばれるほど，たくさんの橋ができた。つまり架橋は商売がらみでした。

　ただし町人達は，その橋を「往来自由」などと言って，自分の店の者だけではなく，町の人たちに開放しました。こうしたことで橋や堀などの公共財が町人達の手で築かれていったのです。より多くの儲けを求めて架けた橋を「公開」することで，町人達の行動は大きな社会貢献活動にもなったのです。

　このように社会活動は，自己犠牲的な「善意」や「公徳心」から始まらなければならないわけではありません。自らのために取り組まれる活動でも，その効果が広く開かれるならば公共的な意味をもつわけです。

## 3 「ボランティア≒恋愛」論

　ここまで，私たちの普段の暮らしとボランティア活動など市民・民間による「公共的な世界」の間の連続性を解説してきましたが，そのことを象徴的に示すのが，「ボランティア≒恋愛」論，つまりボランティア活動と恋愛には似ている点がたくさんあるということです。

### （1）ボランティアと恋愛の共通点

#### ①　共に自発的な無償の行為である

　まず，共に自発的な無償の行為です。もし対価を得るための“恋愛”ならば「売買春」や「結婚詐欺」になってしまいます。無償の行為というと特別視されがちですが，元来，普段の暮らしの中で対価を期待していない行為は少なくありません。家族や地域での支え合い，友人との関わりなど，共感や愛情という思いで支えられている行為も多いのです。

#### ②　共に対象を選べるし，選ばなければ始められない

　また，共に対象を選べるし，選ばなければ始められません。活動するテーマや対象を選べないとボランティア活動は始められないことは前述しましたが，恋愛も，誰でもよいというものではありません。しっかりと相手を選ぶことから始まります。

#### ③　共に好きであることが選択の重要な基準となる

　この選ぶ際に重要なのは，共に好きであるということです。恋愛は言うまでもありませんが，ボランティア活動でも，子どもが好きだから児童福祉施設で活動し，自分の暮らす街が好きだからまちづくりの活動に取り組みます。愛おしい対象が理不尽な状況にあることへの“怒り”から始まる場合も含め，「好き」であることが活動のエネルギー源となることは一般的だといえます。

#### ④　共に“機能”以上に“存在”に意味がある関わり

　また，共に“機能”以上に“存在”に意味がある関わりだという面がありま

す。「あんな奴と付き合っても苦労するだけだ」などと言われようとも，「一緒にいるだけでよい」という関係は恋愛の真骨頂でしょう。ボランティア活動の場合も，どれだけ役に立てるか量的な面では，行政や企業のサービスに劣るかもしれません。しかし，ボランティアが応援する相手と悩みを共有し，問題解決のため共に努力する仲間であるという「存在」となる点に重要な意義があります。

⑤　共に出会いは偶然によるところが多い

さらに，偶然の出会いとなることが多い点も似ています。最初から「この活動をしよう」と決意して活動が始まることは，実はそう多くありません。たまたま友達に誘われて，活動にはまってしまったということもよくあります。恋愛でも似たことがよくあります。活動も恋愛も，偶然の出会いから，徐々に思い（入れ）が高まってくる（高じていく）ことが多いものなのです。

⑥　共に苦しいこともあるが元気の源ともなる行為

しかも，共に苦しいこともありますが，元気の源となることも多いものです。恋愛もボランティア活動も，楽しいことばかりではありません。厳しい現実に直面して苦しむこともありますし，努力なしに解決できない課題と取り組むこともよくあります。しかし，夢や願いを共有する仲間／パートナーとともに努力することで，大きな充実感を得ることができるものでもあります。

⑦　共に自分だけ満足するだけではうまくいかない

そして，自分だけが満足するのではいけないということも共通しています。相手の辛さを自らも分かち合い，相手の喜びが自分の喜びとなる姿勢でないと恋愛は破綻してしまいます。ボランティア活動でも，活動対象の状況をふまえた視点は不可欠です。

⑧　共にやめる時，別れる時が辛く難しい

出会うことは意外に簡単なのですが，別れることは難しいという点でも似ています。意気投合して，短期間で結婚したカップルが，では簡単に離婚するかというと，少なくとも別れる時の心の葛藤の方が激しいように思います。ボランティア活動でも，実は最終的にやめることを目標とする活動があります。災

害時の救援・復興に関わる活動です。ただ，現地に乗り込む時はフットワークが問われるものの，撤退する時がなかなか難しい。被災地を復興し外部のボランティアがいなくてもよい状況を作るのが活動の目標ですが，一方でまだ被災された方々の暮らしには多くの困難がある……という中で，難しい決断が迫られることになります。

## （2）ボランティアと恋愛の違い──「開いて」いるか「閉じて」いるか

　以上，様々な共通点が挙げられますが，では，両者はどこが違うのでしょうか。それは，まず効果や対象が「開いているかどうか」。随分昔『世界は二人のために』という曲がヒットしましたが，恋愛はパートナーとの関係がまずもって重要で，2人だけで秘する面さえあります。その点では，ボランティア活動と恋愛は似て非なるものとなります。

　また，ボランティア活動の場合，「好き」というよりも「怒り」などから始まる場合も少なくありません。この時，不正義をただそう，正義を実現しようという意志から取り組まれる活動では，恋愛とは異なる活動となってきます。

　このようにボランティア活動と恋愛には重大な相違点もあります。ただし，たとえばパートナーが外国籍の市民で，愛するパートナーを思う気持ちから外国人に対する差別の撤廃運動に乗り出すことになると，それはボランティア活動になっていきます。つまり，閉じていたものが開いていくことがあります。個々人の暮らしの中に公共性の芽があり，公共性は個々人の暮らしの集合でもある，ということだともいえます。

　なお，逆にボランティア活動を進める中で意気投合しカップルが生まれることもよくあることで，その結果，2人で生活を紡いでいく場合もあるわけで，開いたり閉じたり……というのが，私たちの暮らしなのだということにもなります。

注
(1)　公設美術館での展示においても所蔵作品群に「○○コレクション」といった呼称

がつけられることがよくある。「○○」には収集し寄贈した人や団体の名前が冠せられる。

(2)　共和国／共和制を示す republic も，「公の事」を意味するラテン語の res publica を起源とするが，王がおらず，合議で政治を行う政体を指すもので，政治が "開かれている" 形態と解釈できる。

(3)　「小学校学習指導要領学年別配当漢字の構成と由来」（http://www.harakin.net/education/kanji/kanji.htm，2018年3月19日，閲覧）から。ただし溝口（1996）では，中国で最も古い字書とされる『説文解字』および『韓非子』の引用から，「ハ」は背く意味があり，「ムすなわち私に背くことを公とする」として，「公」は平等に分ける原義があったと解説している。また，漢字の成立に宗教的・呪術的背景があったと主張した白川（1996）は「公」を「儀礼の行われる宮廟の廷前のところの，平面の形」としている。

(4)　実際には約200橋だった。

(5)　淀屋の米市で行われていた帳合米取引は世界の先物取引の起源とされている。なお，この米市は後に堂島に移り，堂島米会所となった。

# 第3章 「官尊民卑」からの出発
―― 阪神・淡路大震災以前

　ここまでボランティア活動をはじめとする市民による社会活動が自由で，普段の暮らしの延長線上で取り組めるものであることを解説してきました。

　では，このボランティア活動，市民活動は，制度的にどのように位置づけられてきたのでしょうか。また，行政と市民活動の関係はどう変化してきたのでしょうか。実は市民活動の制度・政策上の位置づけは，近代以降，大きく変化してきたのですが，まず"阪神・淡路大震災が起こる前"までの推移を概観することにしましょう。

## 1　公共活動は行政の専管事項 !?

　学生時代，ちょっとした行き違いから口論となってしまった友人とのやり取りの中で，ボランティア活動に熱中する筆者に，友人がこう言い放ちました。「ボランティアなんかするから，役所がさぼるんや。社会問題の解決は役所の仕事や。お前の自己満足で行政責任があいまいになる。その上，しんどなったらやめてしまい，結局，世の中を混乱させる。そんな行動を偽善というんや」。友人はこう言って，筆者をなじったのでした。

　後日，「言い過ぎた」と謝ってくれましたし，腹蔵なく本音を語ってくれた彼とは今も仲良くしていますが，この友人の発言にある「社会問題の解決は行政の役割であり，ボランティアはせいぜい行政を補完する程度の意味しかない」という発想は，当時，かなり一般的だったのではないかと思います。しかし，なぜ，そのような発想が広がったのでしょうか。以下では，この発想の背景にある，市民活動の制度上の位置づけの経緯を探ってみましょう。

## （1）公益法人許可制が生んだ2層構造

　日本最初の救貧法として1874（明治7）年に太政官布告として示されたのが「恤 救 規則」。その前文では「済貧恤救ハ人民相互ノ 情 誼ニ因テ其方法ヲ設クヘキ筈」とし，貧困者をあわれみ救済することは政府ではなく人びとの間の互いの同情心によって行うのが本来のあり方だとしました。この恤救規則が示すまでもなく，人々の助け合い活動は古くから連綿と続いてきました。実際，日本最初の助成財団ともいえる秋田観音講の発足は1829（文政11）年です。この恤救規則は，人々による非営利活動に言及した最初の法令ともいえますが，この前文でふれただけで，特にその内容を規定してはいません。

　近代日本社会で最初に民間の非営利活動を規定したのは1898（明治31）年に施行された民法です。民法第34条では「祭祀，宗教，慈善，学術，技芸其他公益ニ関スル社団又ハ財団ニシテ営利ヲ目的トセサルモノハ主務官庁ノ許可ヲ得テ之ヲ法人ト為スコトヲ得」（下線筆者）と規定され，公益法人設立に「許可制」が導入されました。

　後でより詳しく解説しますが，法人格を得られれば，団体としての契約ができ，団体としての財産権も認められます。代表者が交代しても，法人としての契約は継続できます。法人格は，団体としての組織活動を容易に進めるために役に立つ仕組みです。しかし明治政府は，民間の公益活動団体への法人格付与を，下線にあるように「許可」制という形で制限しました。許可制が制限とはなぜか？　「許可ヲ得テ」法人となれるということは，許可が得られなければ，法人になれない。つまり，原則的に禁止をした上で，許可を得た団体にだけ法人格の取得を認めたということだからです。

　なぜ，このような規定としたのでしょうか。それは「営利ヲ目的トセサル」非営利団体というだけではなく，「公益ニ関スル社団又ハ財団」，つまり公益団体の法人格付与についての規定だったからです。民法制定当時，公益とは国益と同義でした。そこで，政府とは独立して市民が公益を名乗って，政府の方針に反する「公益」活動が進められることを抑制するために許可制にしたのだと考えられます。

表3-1 法人格の取得手続きに関する比較

| | 法人設立時の官庁の関与 | 法 人 |
|---|---|---|
| 許可 | 設立に主務官庁の個別的な許可を必要とするが，主務官庁に許可の是非についての裁量が認められる。一般的な禁止を前提に，個別の許可によって解除するもの。 | 2008年11月以前に設立された社団法人，財団法人 |
| 認可 | 設立に主務官庁の個別的な認可を必要とするが，主務官庁に認可するかどうかの裁量権限はなく，法律が定める要件を満たしていれば認可しなければならない。 | 社会福祉法人，学校法人，医療法人 など |
| 認証 | 所轄庁は法律が定める外形的要件の確認と認証を行うだけで，外形的要件に則っているならば，認証しなければならない。 | 特定非営利活動法人宗教法人 など |
| 届出 | 申請書と所要の書類を添付して法務局に提出すれば，法人格が取得できる。 | 会社，一般社団法人，一般財団法人 など |

　この許可制の導入は，その後の民間公益活動団体のあり方に大きな影響を与えました。

　そもそも行政による許認可手続きには，行政の裁量度の高い順に「許可」「認可」「認証」「届出」などの手続きの違いがあります。その違いを表3-1にまとめました。

　法令に規定された条件をクリアすれば認められる「認可」と違い，「許可」は法令上の条件を満足しても最終的に認めるかどうかを官僚の裁量に任せるものです。そうなると，当該法人が不祥事を起こした場合，法人の役員はもとより，許可を決めた官僚も，その判断をした裁量責任があるということで連帯責任が問われます。「認可」の場合も，団体の活動内容を詳細に審査した上で認めるという点で行政が当該団体に「お墨付き」を与える側面があります。

　このため，法人格を与えた後も主務官庁は法人を監督下に置き，その活動(3)をチェックする官尊民卑的な仕組みとなりました。その上，一旦，許認可した団体が簡単に解散に追い込まれることになると，これはこれで許認可を下した官僚がいい加減な判断をしたと責任を問われることから，場合によっては法人が存続し続けられるよう，随意契約で公共事業を委託するなどの保護がなされることもありました。いわば一種のムラが作られ，適正な競争が阻害されがちになったのです。さらに，官僚OBの天下り先になるなどの癒着を招くこともあ

り，この仕組みによってその後，多くの問題が生じることになりました。

　一方，組織力の弱い多くの市民団体や，政府の政策を批判するなど政府の監督下に入ることを嫌う団体などは，法人格取得の許可を得られることはなく，あるいはあえて法人格を得ず，任意団体，つまり個人の集合体という形で活動することになりました。法人として活動できず，税制上の優遇なども受けられず，その点で組織を発展させにくい状況に置かれることになりました。

　こうして，民間社会活動の世界に公益法人と任意団体という「２層構造」が生まれたわけですが，この状況は敗戦で憲法が変わった第２次世界大戦後も続き，この事態が変革されるには，1998年の特定非営利活動促進法（いわゆる「NPO法」）の成立を待たねばなりませんでした。<sup>(4)</sup>

### （2）逆論理構成 ── 日本国憲法第89条の珍解釈

　この民法第34条に加えて戦後の民間社会活動のあり方に大きな影響を与えたのが，日本国憲法第89条の規定およびその解釈です。

　そもそもボランティア活動などの市民活動は市民の自発的な活動ですから，そのあり方は市民の自由意志に任されるもので，本来，法的な規制の外にあるものです。当然，日本国憲法でも特にボランティア活動などのあり方を規定した条文はありません。しかし条文を仔細に検討すると，ボランティア活動など市民の自発的活動の存在を前提とした規定が散見されます。その中でも特に重要なのが日本国憲法第89条です。この条文は，「公金その他の公の財産は，宗教上の組織若しくは団体の使用，便益若しくは維持のため，又は<u>公の支配に属しない</u>慈善，教育若しくは博愛の事業に対し，これを支出し，又はその利用に供してはならない」（下線筆者）というもので，宗教団体とともに，“公の支配に属しない”，つまり民間の福祉団体や私立学校への公的補助などを禁じた規定です。この条文はマッカーサー草案<sup>(5)</sup>の訳語を一部改めただけで現憲法に取り入れられ<sup>(6)</sup>，占領当局の意向をそのまま反映したものといえます。

　戦時中，日本政府は，宗教団体や民間福祉団体，教育団体を“挙国一致”“官民一体”の名の下に管理し，戦争遂行のための“国民精神総動員体制”を

とりました。日本の非軍事化と民主化を目的とした占領当局は，こうした経緯をふまえ，国家の財力を利用した民間団体の管理的活用を排除しようとしました。そこで，アメリカの憲法にもない厳しい公的補助禁止規定の導入を求めたと考えられます。[7] つまり，この"公私（官民）分離"原則によって，日本社会に政府から自立した健全なボランタリズムの発達を期待したともいえます。

　しかしこの第89条の趣旨は，その後，特に社会福祉領域ではまったく逆の方向に解釈され運用されることになりました。敗戦後の混乱期，民間福祉団体（その大半は財団法人）は，激しいインフレのため深刻な財政危機に直面しました。財団法人の運営を支える基本財産の利息は，激しいインフレの下で下落してしまったからです。もちろん国民全体が困窮していて，寄付などの支援を受けることも困難でした。その上，憲法の規定で民間団体への公金支出が禁じられたため，財政危機はより深刻なものとなりました。

　そこで，日本国憲法第89条は"公の支配に属しない"慈善・博愛事業への公的助成を禁ずるのだから，これを反対に解釈し，"公の支配に属する"慈善・博愛事業には公的助成が可能だと解釈することにしたのです。これは「逆論理構成」とも呼ばれています。

　1951年に制定された社会福祉事業法では，新たに社会福祉法人の規定を設け，この法人に対する設立認可，定款の変更，報告徴収及び検査，役員解職勧告などの権限を主務官庁に認めるなどの規制条項を設けました。これにより，社会福祉法人は"公の支配に属するので"，公的助成は可能だとしたわけです。

　この解釈と運用により，戦前はそれなりに政府から独立して運営されていた民間福祉団体の大半が，財政的な保障を得る[8]一方で行政から強い指導・監督を受けることになりました。占領当局がボランタリズムの健全な発展を期待して導入した規定は，こうして民間活動，特に社会福祉法人を行政の監督下に置く規定に変質してしまったのです。[9]


**（3）すべては国家の責任か？ —— 日本国憲法第25条に対する解釈**

　この日本国憲法第89条にも増して国民の社会活動に対する認識に大きな影響

を与えたのは，生存権を規定した日本国憲法第25条です。

「すべて国民は，健康で文化的な最低限度の生活を営む権利を有する。2．国は，すべての生活部面について，社会福祉，社会保障及び公衆衛生の向上及び増進に努めなければならない」というこの条文こそは，日本の社会福祉，社会保障制度の基礎となるものです。特に第1項は，国民の生存権を保障する表現を通じて，その実現のための国家責任を明記した画期的なものです。先の第89条の規定も，この第25条の国家責任を明確にし，その責任を民間団体に転嫁することを防ぐためのものともいえます。[10]

この第25条もボランティア活動に対して特別に規定していませんが，この第25条の規定から「すべてを国の責任とする」考え方が広がり，国ないし地方自治体のみが社会（福祉）問題解決の主体であり，ボランティア活動のように市民が直接，この問題解決に関わることは偽善的ないし時代遅れなのだという認識も広がることになりました。

社会問題への取り組みは「官」と「民」が独立した2極となり，2元的に進めるべきだというのが，日本国憲法第89条を提案した占領当局の理解でした。[11]ところが“官民一体”という一元的な世界観に親しんできた日本人には，この2元的世界観は理解しがたかったと考えられます。江戸時代以前には寺子屋や町橋の整備など，民間が主体となって展開する公共活動の実践例は豊富にありました。しかし中央集権化が進んだ明治期以降，主務官庁制度の下で法人格を得た民間公益団体が，行政の監督下で活動することが主流となった状況下では，政府から独立して展開する公益活動を具体的にイメージすることは難しくなっていたともいえます。

そこで，社会福祉研究所の小野顕氏の言葉を借りれば，公私関係に関して以下のような発想が広がりました。

「日本語では“おおやけ”はすぐれて正しいもの，“わたくし”はみにくくいやしいものを意味する。だから“上”と“下”であって，帰するところ公益は“お上”すなわち官公の責任であり，民間は官公にたいする義務（納税など）を果たしたうえはもっぱら私益を求めるのみでよいと考えてしまう。公私分離

がそういう理解にすりかえられ，欧米から伝えられた"私権の尊重""個人の権利"の思想がそういう意味でのみ主張されることにもな」りました。こうして憲法の「行間に秘められているボランタリズム肯定の思想は読み取られず，その責任を政府にのみ帰して，国民はその受益者として権利を保障されるのが憲法に定める社会福祉のすべてであるという単純素朴な解釈が横行したために，ボランタリズムの展開がいちじるしく阻害されるにいたった」（小野 1979：241-242・247）わけです。

### （4）憲法解釈が市民活動に及ぼした影響

　この考え方は，市民がボランティア活動に，あるいは企業が社会貢献活動に"取り組まない"有力な論拠となりました。たとえば戦前の日本企業は，財閥批判をかわすといった背景があったとはいえ，かなり本格的に社会貢献活動に取り組んでいました[12]。しかし戦後は1990年以降の"企業フィランソロピー・ブーム"[13]が起こるまで，「企業の社会的責任」追求に対して消極的に応えた動きを除き，低調なレベルに留まっていました。その背景には，これまで検討してきた考え方の影響があります。本章冒頭の友人の批判も，このような発想に連なるものといえます。

　一方，そのような中で活動に参加してきたボランティアの中には，「こうして活動することが行政の責任転嫁を招くのではないか。結局，この活動は自己満足に過ぎないのではないか」と自問しながら活動する人も出てきました。確かに第6章で解説するように背景にある社会の問題に目を向けず「今日は善いことができた」という感慨だけで終わる活動では，問題は根本的に何も解決されないでしょう。それはそれで課題があります。

　その一方で，この疑問を発展させ，もっぱら行政責任の追求を進める運動も広がりました。それらは戦後の人権意識の高まりを受けて広がり，その運動が日本の社会制度充実に果たした役割は極めて大きいと思います。しかし，活動が行政責任の追求だけにとどまれば，結果的に行政サービスへの依存を高めることにもなりかねません。つまり自主的な運動が，かえって行政依存を増大さ

せるという矛盾が生じかねないのです。

　しかも市民活動は，実際上，目の前のニーズへの対応を中心とする取り組みと，行政責任の追求を中心とする取り組み，つまり一般に"奉仕活動"と呼ばれてきた活動と"市民（住民）運動"と呼ばれる活動に2極化しがちでした。これらは「サービス型の活動」「アクション型の活動」といった対比で説明されますが，本来，一つの根から生まれるはずの両者の間に相互不信が生じ，経験交流さえない時期も長く続くことになりました。[14]

　こうした現象の背景には先の憲法解釈の影響もありますが，それはボランティア活動をはじめとする「民間非営利活動に固有の意義や方法論」を明確に説明できなかったためでもあります。実際，行政と民間社会活動では第4章以降で解説するように活動の進め方に大きな違いがありますが，それが意識化され理論的に整理されてきたのは1980年代以降でした。

　ともあれ，戦後の日本では，社会問題の解決は行政が一元的に責任を負い，個々人や私企業は私生活優先ないし経済優先（企業中心）の生き方を追求することが続いてきました。[15]それは，日高六郎氏が言うところの「滅公奉私」の時代（日高 1980）を招くわけですが，このような中でボランティア活動に対する評価や動機づけはなかなか高まらず，「奇特な人」の行いといった見方も広がっていました。

## 2　「公私協同」論の登場と「ボランティア推進政策」

### （1）コミュニティ政策とコミュニティ・ケア論の台頭

　ところが，この「公私分離＝社会責任の行政一元主義」を大きく転換する動きが，1960年代後半から登場します。この転換を進めた要因の一つは，当時，精神保健や社会福祉分野で提唱され出した「コミュニティ・ケア論」です。

　そもそも地域住民の協同活動を促進するコミュニティづくりは，戦前の「隣組」の組織化などを別にしても，1947年の共同募金の開始や1951年の社会福祉協議会の創設など，敗戦直後からその萌芽をみることができます。[16]しかしこれ

が重要な政策課題となったのは，地域社会や家族機能の弱体化が叫ばれ出した1960年代後半からです。

　1969年，中央省庁はそろって「コミュニティ」をキーワードにした計画や答申を発表しました。経済企画庁（当時）が「新全国総合計画」でコミュニティに触れ，建設省（当時）が「地方生活圏構想」を，国民生活審議会（当時）は「コミュニティ——生活の場における人間性の回復」を発表。その後も社会教育審議会や自治省（当時）も答申や対策要綱を発表し[17]，まさに国を挙げてコミュニティの育成を始めることになりました。

　このコミュニティ論議をボランティア活動の育成と結び付けたのが，イギリスで精神障害者への地域精神衛生サービスとして進められた"コミュニティ・ケア"の考え方です[18]。この中で，従来の「行政責任」の枠を超えて住民・市民の役割を積極的に評価し，市民の社会参加活動を求めていく論理が登場してきました。1969年，東京都社会福祉審議会の答申「東京都におけるコミュニティ・ケアの進展について」が発表され，1971年，中央社会福祉審議会は答申「コミュニティ形成と社会福祉」の中でコミュニティ・ケアの推進を提言しました。この背景には，施設整備費の急増対策や，施設ケア中心の福祉制度で放置されていた在宅要援助者の存在が認識され出したこともあります。こうした背景はともかく，福祉問題を行政サービスの貧困と同義と捉える視点から，地域住民の暮らし方にも視野を広げて課題を捉える発想が登場してきた点は，重要なことです。

## （2）市民の暮らし方への問題提起——「滅公奉私」を超えて

　1965年に心身障害者コロニー懇談会が「心身障害者のためのコロニー設置についての意見」（答申）[19]を発表して以降，全国各地に「コロニー」などの名称で知的障害者を収容する大規模施設の"整備"が進められました。これらは，介護を担う家族に代わる意味に加えて，社会防衛的な観点からの「隔離収容」施設（阿部 1978：第6章）という役割も含めて運営されていた面もありました。

　このようなあり方については，早くから批判がありました。コロニー内は障

害者に配慮した運営がなされ，その点で"障害者の楽園"だといっても，現実には差別の温存，プライバシーなどの基本的人権の侵害をはじめ多くの問題が潜在していたからです。特に1950年代後半に北欧で提起された「ノーマライゼーション」の思想[20]が日本にも紹介された1970年代以降，この論議が活発化してきました。

コミュニティ・ケアは，この問題を解決する答えでもありました。つまり，福祉問題の原因を対象者の属性（たとえば知的障害）にあると考えるのではなく，対象者を包む地域社会にも問題があると考え，この地域のあり方を変え，コミュニティとしてケアできるようにしようという発想だからです。

差別や隔離の問題も，元はといえば施設入所者を排除しようとする住民がいるからこそ起こる問題です。そうなると，施設に対する地域住民の意識も変えねばなりません。

一人暮らし高齢者の生活問題にしても，それが社会問題として顕在化してきた背景には，一人暮らし高齢者の量的な増加とともに，私生活優先で近隣住民と没交渉に暮らすライフスタイルの広がりがあります。こうした背景を考えれば，高齢者が一人暮らしになっても住み慣れた地域で暮らせるように，地域社会の方を変えていくことが必要になってきます。

「公私分離」論の日本流の解釈から，一旦，社会問題に取り組む責任を"免除"された個人や企業に，再び社会問題への関わりを求める論理が登場してきました。地域住民の暮らし方や企業のあり方が，脚光を浴びることになってきたわけです。

### （3）ボランティア振興政策の展開

こうして「公私分離」原則の下，政策的にはいわば放置されてきたボランティア活動に対して，行政の積極的な育成・振興策が始まりました。

たとえば厚生省（当時）は，1973年，都道府県と指定都市の社会福祉協議会に開設している「奉仕銀行」（今のボランティアセンター）への補助を開始し，1975年の市町村奉仕活動センターへの補助開始を通じて，社会福祉協議会系ボ

ランティアセンターの育成に取り組みました。これは1985年の「福祉ボランティアの町づくり事業（ボラントピア事業)」（補助額を従来の年45万円から，2年間の限定付きだが年最高600万円に増額）の開始で本格化しました[21]。これを機に，全国の大半の市区町村社会福祉協議会にボランティアセンターが設置されることになりました。

一方，文部省（当時）も，1971年の「婦人奉仕活動促進方策」の研究委嘱を起点に，いわゆる主婦層のボランティア育成を開始しました。それまで青年層が中心であったボランティア活動に主婦が参加する端緒を開いたのです。その後も様々な事業が展開され，1990年の「生涯学習ボランティア活動総合推進事業」の開始で，それらの総合化が図られました。

両省にとどまらず，多くの省庁が，それぞれボランティア育成やボランティアとの協働（ないしは政府の意図としては「活用」）に関わる施策を進めました[22]。こうして，ボランティア育成がいわば国策化してきたわけです。

しかし，このボランティア活動の振興策は，市民の自主的な活動の盛り上がりを受けて，これを側面的に支援するというよりも，先のコミュニティ政策の一環として，いわば“行政主導”で進められることになりました。そこには戦後，過度に行政依存の風潮が広がった中で，市民が自主的にコミュニティ活動に取り組み始めるのを“待つ”ことは難しいという「現実的」な判断もあったのでしょう。しかし，この行政主導による推進は，日本のボランティア活動の広がりに大きなひずみを与えたことも確かだと思います。

この問題に加えて，当時は第5章で解説する「民間非営利活動に固有の活動や方法論」が十分に整理できていませんでした。そのためボランティアを行政組織の補完的・補助的存在としてしか位置づけることができず，民間活動としての独自性を尊重した育成策を進められなかったことも，ボランティア活動の広がりに大きな影響を与えたと考えます。もっとも，この「民間非営利活動の独自性」については，当のボランティア自身も明確に意識できていたとは言い難く，公平性の強調など行政の活動原則を援用した“窮屈な”原則を，「ボランティア活動の心構え」といった形で普及させる場合もありました。

## （4）市民の自律的な活動推進の取り組み

　ボランティア活動の推進は，行政施策の後押しの下で市民が活動に参加していくだけではありません。それどころか，まさにボランタリーな取り組みゆえに，政府・自治体が動き出す以前から綿々と続いてきました。

　明治以降の動きを見ても，young man の訳語として「青年」という造語を考案して東京基督教青年会（日本で最初の YMCA）が創設されたのは1880（明治13）年。青年主体の社会活動を多彩に展開していきました。1891（明治23）年に宣教師 A. アダムスが岡山博愛会を，また1897（明治30）年に片山潜が東京・神田にキングスレー館と相次いでセツルメントを創設し，1924（大正12）年には，前年に起こった関東大震災の被災者を支援する東京帝国大学の学生たちにより，日本最初の災害ボランティア団体と言える帝大セツルメントも創設されています。

　市民の参加ということでいえば，日本最初の組織的な義援金は1885（明治18）年に起こった大阪淀川洪水の際に，大阪朝日新聞社が広く読者に募ったことを機に始まったもので，以後，各新聞社による義援金募集が広がり，今に至る災害時の義援金募集につながっています（北原・高野 2011：121）。

　今の保護司制度につながる取り組みは，1880（明治13）年，金原明善が刑余者の保護を行う静岡勧善会を発足させ，1888（明治21）年には河村矯一郎らも加わって静岡県出獄人保護会社を設立したことを源流としています。

　社会起業家の先駆けともいえる賀川豊彦も，1920（大正9）年に日本初の生活協同組合（神戸購買組合。現・コープこうべ）を創設するなど，幅広い分野で活躍しました。

　1939年に京都で日本基督教青年会医科連盟が結成され，日本軍の侵略で生まれた難民を支援するため中国大陸での診療活動を始めたのが，日本人による民間海外協力活動の先駆的取り組みです。

　敗戦直後，戦災孤児らの非行防止に取り組む BBS（Big Brothers and Sisters）運動の前身，京都少年保護学生連盟が結成されたのは1947年であり，子ども会リーダーなどの活動を行う VYS（Voluntary Youth Socialworker）運動が1952年，

愛媛で始まり，さらに戦争引揚者援護のため1947年に東京で発足した財団法人博友会は後に富士福祉事業団と改称し，戦後のボランティア活動をリードすることになります。

その富士福祉事業団とともに，東西で総合的なボランティア活動推進に取り組んだ大阪ボランティア協会は1965年に発足しました。また，1967年には日本青年奉仕協会[27]が発足。2009年に解散するまで，全国ボランティア研究集会や雑誌『グラスルーツ』の刊行，「1年間ボランティア」などの事業を通じて，全国のボランティア活動関係者のネットワークをつむぐ上で大きな役割を果たしました。

さらに，1977年に静岡県ボランティア協会，翌年に山梨県ボランティア協会，1981年に世田谷ボランティア協会，1982年に北九州市障害福祉ボランティア協会と，各地に社会福祉協議会とは独立したボランティア活動推進の拠点組織が創設され，1983年には，こうした団体の全国ネットワーク「全国民間ボランティアセンター懇談会（後のボランタリズム推進団体会議）」が発足し，以後，毎年，開催地を移して研究会を開催しています[28]。

一方，開発協力に取り組むNGOの連携支援組織であるNGO活動推進センター（JANIC，今の「国際協力NGOセンター」）も1987年に発足しています。社会福祉協議会に設置されたボランティアセンターでも，自主・自律的な取り組みを進めるものも少なくありませんが[29]，このように市民サイドあるいは社会福祉協議会とは独立した取り組みも活発に進められてきました。

さらに，これらの取り組みとはかなりスタイルが異なりますが，1965年に，この年に始まった北爆[30]に反対して結成された「ベトナムに平和を！　市民連合」（べ平連）の活動が生み出したインパクトも見逃せません。政党などから独立し，テーマを反戦に特化することで幅広い共感者を集め，中央組織など組織内の階層構造を作らず，評論するだけで行動しない「高みの見物」的な関わりを批判し，逆に「言い出しっぺ」が前に立って行動を進めようといった活動スタイルは，その後の市民活動に大きな影響を与えました。運動のリーダーの一人，小田 実[31]氏の著書『世直しの倫理と論理』[32]は，その活動スタイルや運動

の視点を解説しています。

## （5）「日本型福祉社会論」の台頭

　ボランティア政策は，福祉見直し論を継承する「小さな政府」論の推進とセットとなって，国民の互助・共助努力を推進する政策の一環として取り組まれたものでもありました。[33]

　コミュニティ政策が始まった4年後の1973年は，前年に成立した田中角栄内閣の方針により，1月から老人医療費を無料化し4月から年金の物価スライド制を導入するなど，福祉・社会保障施策の充実が図られたので，政府によって「福祉元年」と宣言された年でした。しかし，その年の10月に起こった石油ショックを契機とする急速な経済成長の低下により，それまで社会保障・社会福祉予算の成長を支えてきた「パイの論理」は破綻し，「福祉見直し論」が台頭しました。そして，それまでプラスイメージで語られてきた「福祉国家」への批判キャンペーンが始まり，新たに「日本型福祉社会」へと政策目標の転換が図られました。

　この「日本型福祉社会」論の特徴は『厚生白書 昭和53年版』で総論の「まとめ」に掲載された「同居という，我が国のいわば『福祉における含み資産』とも言うべき制度を生かす」という発想法でした。つまり，同居世帯での高齢者の介護の担い手は嫁に代表される女性であり，彼女たちは「含み資産」というわけです。

　同白書が公表された翌年1979年に自由民主党が発表した『日本型福祉社会論』では，「『無力な個人』を直接国や地方自治体が保護するという発想ではなく，家庭，企業（および同業者の団体など，各種の機能的集団）が従来から福祉の重要な担い手であったという日本的な特色を今後もできるだけ生かしていく必要がある。…（中略）…子供の少なくとも一人がその家庭に老齢の親を同居し，看護を引受ける力をそなえていれば，老人福祉問題の半ばは解決するのである」「このような日本型社会の強みが将来も維持できるかどうかは，家庭のあり方，とりわけ『家庭長』である女性の意識や行動の変化に大いに依存して

いる」「女性が結婚して家庭をもち，かつ外で働くには，大学を出て企業にはいり，男子専用につくられた終身雇用制と年功序列制に挑戦して組織の中で一定の役割と地位を要求するよりも，いったん家庭の主婦となった上でパート・タイムで働く方が無理がない。女性は組織の一員として組織の管理に関係するような役割を演じるのに向いていない。それよりは，一定の仕事に対して報酬を受取るという形で働くほうが向いている」などと主張されました。「日本的美風」の名の下，女性を家族介護の担い手とすることで，公的福祉の拡大を抑制しようと主張したのです。

　これに強く反発した女性たちが1983年に「高齢社会をよくする女性の会」を結成し，介護の社会化を進める運動を展開。後に介護保険制度を成立させる大きなテコとなっていきました。[34] この介護問題のような人権の保障を制度的に確立する上での市民による運動の意味は後述しますが，この福祉施策の見直しの過程で，高齢者と同居する家族とともに，ボランティアにもマンパワーとしての期待が寄せられるようになっていったことに注意しなければなりません。


　注
(1)　秋田藩御用商人・那波祐生の呼びかけで同志や町民から資金を集め，困窮者支援のため施米などを行った。なお，現在も社会福祉法人観音講児童保育院として児童養護施設などを経営している。
(2)　2008年に施行された公益法人制度改革により内容が改定され，第33条2項に移された。
(3)　公益法人が目的とする事業を所掌する官庁。
(4)　NPO法の制定から10年後，民法施行から110年後の2008年12月に第34条の規定は廃止され，新しい公益法人制度が始まった。
(5)　1946年2月，占領当局総司令部より政府に提示された憲法原案。
(6)　この条文に対応するマッカーサー草案の規定は，「公共ノ金銭又ハ財産ハ如何ナル宗教制度，宗教的団体若ハ社団ノ使用，利益若ハ支持ノ為又ハ国家ノ管理ニ服セサル如何ナル慈善，教育若ハ博愛ノ為ニモ充当セラルルコト無カルヘシ」となっていた。
(7)　占領当局の指示がその後の日本社会に与えた影響については多くの研究があるが，特にボランタリズムとの関連では，小野（1979）が詳しい。本章でも，多くの示唆

を受けている。

(8)　戦前は，たとえば昭和10年代，東京市の308の民間社会事業団体の収入における
公的補助金の占める割合は7％程度であったが，戦後は「社会福祉事業法による
『委託』の基に，現在，施設運営経費の90数％が措置費で占められている状況」（秋
山 1980）となった。介護保険制度等の導入で措置制度がカバーする事業が大きく
減少した現在はともかく，戦後から1990年代までは，このような状況が続いた。

(9)　第11章で紹介する横浜市市民活動推進検討委員会は，1999年に市民活動と行政の
「協働」に関する原則を示すとともに日本国憲法第89条について新たな解釈を示し
た。具体的には，「公の支配」とは「市民による監視が十分に確保される」状態で
あり，そのために「公金支出等の対象となる市民活動が社会的公共性をも」ち，
「公費濫用の防止のための処置」が講じられ，「情報が公開され，市民が誰でもその
情報に接して内容を確認することができる」ことでよいとした。

(10)　たとえば堀（1987）は日本国憲法第89条成立の背景について「戦前から終戦直後
までの社会事業は，済生会や浴風会，方面委員といったある意味で半官半民的な組
織に依存する面が多く，一方では民間団体は公的資金に依存したり公的統制に服し，
他方では国・地方公共団体がその責任を免れる傾向がなかったとは言い切れない」
と，解説している。

(11)　そこで占領当局は，民間社会福祉団体の財政危機に対して，行政から独立して運
営される「共同募金」の開始を示唆した。この共同募金実施に当たって当局が，①
公務員が関与・干渉しないこと，②行政責任として実施される事業には配分しない
ことを強く求めたのも，“官民分離”という発想法の反映である。

(12)　戦前期の日本での取り組みについては，たとえば，川添・山岡（1987）にまとま
った紹介がある。

(13)　philanthropy は古代ギリシア語の philos フィロス（愛，愛すること）と，
ánthrōpos アントロポス（人類）からなる言葉で，「博愛」などと訳されているが，
1990年代から企業の社会貢献活動をこの表現で説明することが増えてきた。

(14)　「サービス型」「アクション型」活動での意識のギャップについては，以下のよう
な指摘がある。「状況変革へのアクション志向をまったく持たないサービス活動は，
極論すれば無意味だし，『ボランティア』否定論者の指摘するごとく“害”になっ
たりする。一方，目の前の人の日常を具体的に援助することをしないで，アクショ
ンだけを唱えても，むなしい。／このことは，市民運動をしている人々とボランテ
ィア活動をしている人々の間に，時おり見かけられる敵対視と通ずる。すなわち，
市民運動家たちの中には，自らを「ボランティア」と称したり，そう呼ばれること
を極端に嫌悪している人たちがいる。ボランティアの滅私奉公的な活動スタイルや
状況を変革していこうとする運動性の欠落を軽蔑しているからである。／一方，ボ

ランティア活動をしている人の中にも，市民運動をしている人々とは相容れないと感じている人も多い。具体的に他者の重荷を担うことをしない，理論先行の非日常的な活動展開に嘘を感じるからである」（筒井 1990）。

(15) 統計数理研究所の意識調査では，昭和30年前後を境に日本人の意識は，大きく私生活優先に変化したという。詳しくは，日高（1980）。

(16) 社会福祉協議会が"地域組織化"活動をその基本的任務の一つとして位置づけたのは，1962年であり，中央省庁の取り組み以前である。

(17) 1971年，文部省（当時）の社会教育審議会も「急激な社会構造の変化する社会教育のあり方」答申。さらに自治省（当時）も，1972年，「コミュニティ（近隣社会）に関する対策要綱」を発表している。

(18) イギリスで1959年に成立した精神衛生法で初めてコミュニティ・ケアという地域精神衛生の体制が取り込まれた。

(19) この答申の背景に，首相の諮問機関である社会開発懇談会が「中間報告」を発表し，この中で「社会復帰可能な障害者にはリハビリテーションを保障することと不可能な障害者にはコロニーにおいて生産活動に従事させるという考え方」（船本 2015）が示されたことがあった。

(20) ノーマライゼーションの考え方は，デンマークの「1959年法」を端緒とする。それは"障害者をその障害とともに（障害があっても）受容し，彼らにノーマルな生活条件を提供する"という処遇理念で，それまで"克服すべき悪しきもの"としてきた「障害」に対する見方に根本的な転換を迫るものであった。

(21) 別途「ボランティア基金」の創設がなされ，その利息によって補助終了後の運営費を確保できるように工夫された。

(22) たとえば，当時，「大蔵省」が『ボランティア基金』への寄付免税措置，「法務省」が保護司やBBS活動の育成，「自治省」がボランティアの身分上の取り扱いに関する検討，「外務省」が青年海外協力隊やNGO事業補助金制度，シルバーボランティア専門家派遣事業など，「郵政省」が国際ボランティア貯金とこれに関わる調査研究，「建設省」が河川整備にボランティアを導入する『ラブリバー制度』，「農林水産省」が農村ボランティア育成事業や緑の少年団育成事業，「労働省」が勤労青少年育成事業や企業ボランティア協議会の組織化など，「総務庁」が青少年ボランティア育成事業，国際交流事業など，「警察庁」が少年の非行防止に関わるボランティア育成など，「消防庁」が消防団参加促進の検討，「環境庁」が自然保護教育ボランティアなど，「経済企画庁」が余暇の活用などの余暇行政などで，いずれもボランティア活動に関わる施策に取り組んだ。

(23) Alice Betty Adams。1866?-1937年。石井十次，留岡幸助，山室軍平とともに「岡山四聖人」と称される。

⑷　1859（安政6）-1933（昭和3）年。日本で最初の労働組合である職工義勇会（労働組合期成会）の設立にも大きな役割を果たした。

⑸　Settlement。1880年代のイギリスで，学生や教会関係者などが，都市の貧困地域に移り住み（settle は「住み込む」の意），貧困に苦しむ人々に対して直接触れ，生活を共にすることによって生活状態の改善を進めた。

⑹　1888（明治21）-1960（昭和35）年。1954年から1956年の3年連続でノーベル平和賞候補者として推薦された。

⑺　英語名の Japan Youth Volunteers Association の頭文字から JYVA と略称された。

⑻　これらの団体の中には運営資金の多くを行政資金でカバーしている団体もあるが，中核的スタッフのボランタリーな意欲で組織を運営してきた点で，「市民の自律的な」取り組みだといえる。

⑼　たとえば1981年に開設した東京ボランティアセンター（現・東京ボランティア・市民活動センター）は，独立した運営委員会を設置し，独自財源の確保にも努力しつつ，市民の自由な活動を支える取り組みを推進している。

⑽　1965年2月に始まった北ベトナムに対するアメリカ軍の大規模空爆。1968年まで行われた空爆により，アメリカは約223万 t の爆弾を投下したが，1,000機以上の航空機を失った。ベトナム側の人的被害は約5万人と推定されている。

⑾　1932-2007年。作家。

⑿　上下巻。岩波新書，1972年。

⒀　2012年の再度の政権交代後，民主党政権時代の「新しい公共」に変えて，安倍政権では「共助社会づくり」がスローガンとなったが，これも公助を抑制する点でマンパワー対策の一環といえる。

⒁　この過程については大熊（2010）で詳しく紹介されている。

<table>
<tr><td>第4章</td><td>「無償」の意味と多様な活動</td></tr>
</table>

　以上，ボランティア活動などが政策的にどのように扱われてきたかを見てきましたが，さらにボランティア活動の特性を迫るため，まず"無償"という点にも焦点を絞ってみましょう。実はこの視点から検証してみると，ボランティア活動以外の様々な市民活動のスタイルが見えてきますし，さらに金銭的報酬の効果についても検討することになります。

## 1　「ボランティアは無償」となった経緯

### （1）ボランティア＝タダ働き？

　ボランティア活動を定義づける3要素は，やる気（自発性），世直し（社会性・公益性），手弁当（無償性）。もちろん，ボランティア（volunteer）という言葉の語幹 vol は，前述したようにラテン語の volo（〜したい）に由来するわけで，一番の核にあるのは「自発性」，要は「ほっとけない！」という姿勢です。ボランティア活動をはじめとする市民の社会活動は，自発的に進められることで様々な特長が発揮されます。この点は第5章で詳しく見ていきます。また「社会性・公益性」が「開く」ことで生じることは第2章で解説しました。

　そこで，もう一つの要素である「無償性」について整理してみることにします。というのも，第3章で1980年代までのボランティア活動と社会政策との関わりについて解説しましたが，この1980年代から「有償ボランティア」と名乗る取り組みが広がり出して，それまで当然，無償の活動と考えられてきた世界に，ちょっとした混乱が生じました。

　また，学校教育法で児童生徒が「ボランティア活動など社会奉仕体験活動」[1]

をすることが求められることとなった昨今，学校で「ボランティア活動」に参加した経験をもつ若者は，とても多くなりました。ただし彼らは，自らが体験した「ボランティア活動」を，「タダ働き」と受け止めている場合も少なくありません。学校では，「言われなくてもする。言われても納得しなければしない」という自発性の核心部分が伝わらず，活動しても対価がもらえなかった記憶ばかりが印象に残ってしまうのかもしれません。元々は「やりたいからする」「ほっとけないから動く」がまず先にあって，報酬など期待せずに取り組まれるのがボランティア活動ですが，最初に「やりたい」がないと，無償であることが強く印象づけられるわけです。この場合，当然，負のイメージが強くなります。しかし，無償の取り組みは常に"苦役"になってしまうのでしょう。

　以下，無償で活動することについて検討していきましょう。

### （2）volunteer の意味の変遷

　言葉の用例ごとの初出年代を示している『オックスフォード英語辞典』によれば，volunteer という言葉はイギリスで1647年に現われた[2]とされ，その意味は，①自警団，②志願兵・義勇兵と続き，最後に③自生植物などとともに，④社会問題解決のために無償で働く一般市民の訳語を見出すことができます。

　1647年のイギリスというと，清教徒（ピューリタン）革命（1641〜1649年）の真只中。内戦状態の下で，治安が悪化していました。その中で，家族やコミュニティを守るため自主的に立ち上がった人々を volunteer と呼び出したのが，この言葉の起源です。その後，アメリカ独立戦争（1775〜1783年）やフランス革命戦争（1792〜1802年）などでの志願兵[3]を指すようになり，これら市民革命を経て，ヨーロッパで国民国家が成立し徴兵制度が整備される中，義務として召集される徴兵（英：conscription，米：draft）と異なる「志願兵」の意味で使われるようになりました。

　ただし，志願兵にも食事や宿舎が提供されるわけで，厳密な意味では「手弁当」ではありません。もっとも，命を賭してコミュニティや家族などのために戦うわけですから，とても利他的な姿勢でした。実際，主に経済的対価を期待

して軍務につく「傭兵」は mercenary（soldier）と呼ばれ，volunteer とは区別されています。

　この言葉の意味が現代の用法に広がったのは，19世紀にイギリスで始まったセツルメントの活動の中だといわれています（柴田 1985）。産業革命が進む中，労働者の窮乏を見かねて，労働者を取り巻く制度・環境の改良・整備，教育の普及と意識向上を貧困の解決手段と考え，その運動の拠点施設として，1884年，世界最初のセツルメント「トインビーホール」が創設されました[4]。このセツルメント開設時に「社会問題解決の最前線に立とう」との呼びかけが学生たちになされ，その際，いわば「貧困の戦いに参加する志願兵」として，現在の意味での volunteer が使われるようになったとされています。

## 2　「無償の取り組み」の積極的な意味

　このように，現在の意味で volunteer が使われ出したのは，貧困問題と格闘するセツルメントという場でしたから，当然，支援する相手から対価を得ることは考えられず，活動は当然のごとく無償でした。当時，救貧活動は多くの国や地域で主要な社会活動の一つになっており，ボランティアは無償の活動として世界に広がっていくことになりました。

　ただし，この「無償性」には「対価を期待できない活動だから，仕方ない」という消極的な理由だけでなく，以下のような「無償であることの積極的な意味・価値」があることも踏まえておきたいと思います。

### （1）仲間・同志の関係を保ちやすい

　無償の営みはボランティア活動だけではありません。友人との関わりも基本は無償です。親友の苦境を救うために奔走する時に，対価を期待することはありません。そこで一生懸命になるのは，相手が自分と深くつながっていて，相手が良い状態になることが自分自身にとっても喜びとなる，つまり対抗的な「自他」の関係ではなく，「共にある／共にいる」という意識が働くからです。

実際，親友の世話になった際に謝礼を渡そうとすると，「他人行儀なことをするな」と怒られることがあります。無償の営みは，こうした「共にある」関係の反映だともいえます。

　一方，金銭的な報酬を伴うと，支払い側，受け取り側という対抗的な関係を生じます。たとえば対価を支払う側は雇用主や消費者，受け取る側は労働者という立場です。こうした自他を明確にすることは権利の確立などの際には意味をもつことが多いわけですが，「共にある」状況を生み出そうとする際には報酬の介在がマイナスに働く場合もあります。

　この対抗関係をさらに先鋭化しやすいのが，貸す・借りるの関係です。相手の苦境を思ってお金を貸すことで，友人関係にヒビが入ることは，実はとてもよくあります。債権者と債務者の関係になってしまい，貸した側は「いつになったら返してくれるのだろう」と心の中にストレスをためこみ，借りた側も請求におびえるという事態に陥ってしまうことが少なくないからです。「貸す時はあげたつもりで」「あげたと思える金額しか貸してはならない」などということが，昔からよく言われるぐらいです。このように金銭がからむと，対抗的な関係が生まれやすくなります。

　この点，無償の関わりでは，金銭を介した対抗関係ではなく，共感や信頼などの感情を土台としたつながりが保ちやすいのです。


## （2）報酬ではなく共感でつながり合える

　前項の裏返しの関係ともいえることですが，金銭的報酬でつながる場合は「金の切れ目が縁の切れ目」ということにもなりがちです。無償であることは，金銭的報酬以外の要素でつながりあっていることになります。

　このつながりあう要素には，夢や目標，ビジョンを共有している，共通の関心や問題意識をもっている，互いの個性を信頼したり尊敬したりしている……など様々なものがあります。金銭的報酬ではなく共感でつながっていることは，活動が経済的な苦境に立っても踏ん張れる土台ともなりますし，共感力を磨いて仲間を広げる起点ともなります。

## （3）金銭的尺度での評価を避けられる

　ある行為に対して金銭的な報酬，つまり対価が提供されると，対価という経済的価値に応じた"成果を期待"されたり，同額の対価を得る他者との間で"成果や能力を比較"されたりすることが起こりがちです。無償の活動の場合は，それぞれの違いは個性といった捉え方で済むことも多いのですが，金銭的報酬が介在すると，その行為が価格づけされてしまいやすいのです。

　共感や使命感から取り組む行為に対して，こうした価格づけがなされると疎外感を覚えることもあります。これは，まず貨幣が交換の手段であることから，価格づけによって自身の取り組みが他者と交換できる代替可能なものとみなされていると感じるからです。また，関わり方の個性など様々な特徴が，金銭という一律の基準で評価されてしまうとも感じます。他ならぬ自分が取り組むことの意味を実感することで育まれる自負心が，こうした扱いによって萎えてしまうことも起こりかねません。

　それに，金銭的評価が難しいから，価値が低いことにはなりません。かつてクレジットカードの宣伝で使われた「プライスレス」（priceless）という英語は，「値段のつけられないほど貴重なもの」を意味します。ボランティア活動などの取り組みは，無償であることによって，かえって金銭的評価を超える高い位置づけで捉えられることもあるのです。[5]

## （4）共感性の高い発信力や調整力が生まれる

　無償の行動は，自己の経済的な利益につながらないだけに，有給スタッフによるものに比べ，よりインパクトの高いものとなりやすくなります。無償の取り組みは「私欲がない」行為，つまり自己本位ではなく，他者や社会全体の利益を思って取り組まれる行為と受け止められるからです。見返りを期待せず公共的な目標を実現するために努力する姿が，多くの人々の心に強い印象を与え，共感が広がり，ボランティアの参加や寄付者の拡大を促す場合があります。

　また，身銭を切って努力することで，難しい交渉の妥協点を見出す調整力が発揮されることも少なくありません。無償の関わりによって，利害対立を超越

しやすくなるからです。

　地震や津波，水害，雪害等の災害の際に起こる「災害ユートピア」と呼ばれる状況も，人々がそれぞれにできる努力を無償で提供し合う中で生まれるものです。そこに金銭が持ち込まれると，温かい関係が崩れてしまいます。このように，無償の活動には，様々な面でプラスの側面もあります。

<h2>3　いわゆる「有償ボランティア」をめぐる議論</h2>

### （1）「有償ボランティア」是非論争

　このように無償の活動には積極的な意義がありますが，1980年代後半から少額の謝礼を得て活動する「有償ボランティア」と呼ばれる活動が広がり始めました。

　「有償ボランティア」による活動が広がった背景には，有償の社会活動が成立しうる環境の変化があります。たとえば在宅高齢者への生活支援などの場合，要介護状態は所得の多寡に関係なく起こる上，年金制度の一定の成熟もあり，支援を受ける人にそれなりの経済力があるケースも増えてきました。さらに無償の援助に「恩恵的」「慈善的」なイメージを感じ，多少とも謝礼を支払った方が気が楽だという依頼者も出てきました。額の多少はともかく謝礼を支払えば，雇用主や消費者（顧客）という立場になることもできます。

　また福祉施設などでの活動に比べて，担い手の責任が重くなりやすい点も有償化の要因となりました。買い物や掃除，洗濯など「ためられる（まとめてできる）ニーズ」の場合，昼食を朝のうちに用意できる「作り置き」の例のように時間的な拘束度が低く，余暇時間を活用すれば無償の活動でも何とか対応できる場合も少なくありません。しかし，たとえば下の世話のように「ためられない（待ってくれない）ニーズ」である身体介護などへの対応は，サービスを常時安定的に提供する必要があります。そのため，スタッフを専従にしたり事務局を整備したりする必要があり，この資金確保のため，サービス受給者にも一定額の経費負担を求める団体も出てきました。このように様々な事情から，

市民活動の中に，有償でサービス提供を行う活動が生まれてきたのです。

　しかし，この「有償ボランティア」という表現をめぐっては，言葉が登場した当初から厳しい意見対立がありました。というのも，英米で volunteer とは一般に，対価を得ない行為を行う人を指しますから[8]，「無償の活動を意味するボランティアという外来語に“有償”という言葉を組み合わせるのはおかしいし，活動の内実が違ってくる」[9]との反発がありました。一方，「有償ボランティア」という言葉を使う人々は，「助け合いなどの理念に共感し，一般的な相場に比べれば随分と低い謝礼額にしている。“ボランティア精神”でやっているのだから，適切な表現だ」と主張し，激しく対立したのです。

　ただし「ボランティアは無償の活動だ」と主張する人も，多くは有償活動自体を否定しているわけではありません。「有償サービスの意義は認めるが，それをボランティアと呼ぶことには反対だ」という立場です。

　実際，この言葉が広がる中で，ボランティアセンターなどの相談窓口でも無償活動と有償活動の相談が混在するなど混乱が生じました。そこで，1987年，全国社会福祉協議会・全国ボランティア活動振興センターは，「実費弁償を超えた報酬を得る活動はボランティア活動とは呼ばない」との見解をまとめる一方，会員制，互酬性，有償性の3つの特徴をもつ在宅ケアグループに対して[10]，「住民参加型在宅福祉サービス団体」という呼称を作り，ボランティア活動とは用語を区別する形で，その活動を認知するという調整をはかりました。図4−1に示すように，その数は介護保険制度が始まるまで増え続け，介護保険制度が始まった後は，介護保険事業にも参入するほか，介護保険の給付外のサービスを提供するなどして，現在も各地で活発に活動を続けています。

## （2）多用される「有償ボランティア」

　しかし，「有償ボランティア」という日本独特の造語は相変わらず多用されています。1993年，中央社会福祉審議会地域福祉専門分科会が意見具申「ボランティア活動の中長期的な振興方策について」をまとめた際に，「互助的有償活動」をボランティア活動の中に位置づける見解を発表するなど，活動推進の

図4-1　住民参加型在宅福祉サービス団体の推移[11]

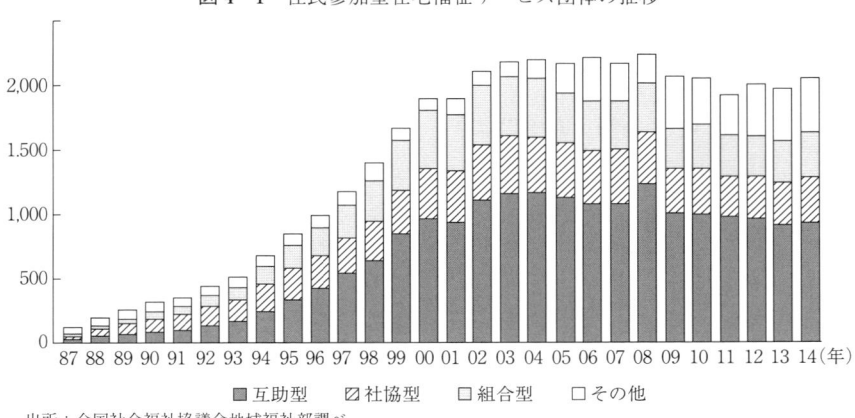

出所：全国社会福祉協議会地域福祉部調べ。

　現場では賛否が分かれる状況でした。

　一旦，全国社会福祉協議会で「有償ボランティア」を避ける見解が示された
にもかかわらず，この用語が使われ続けるのは，依頼する側にとって便利な用
語であり，かつ活動する側にも一定の経済的メリットがあるからです。

　実態は「アルバイト」と変わらなくても（熱意のあるアルバイト？），「有償
ボランティア」と呼ぶと，ボランティアという言葉に伴う自発性が連想され，
能動的イメージが込められます。そこで「アルバイト募集」とするよりも，活
動に共感度の高い人たちを得られやすくなります。しかも，最低賃金よりも低
い条件であっても「ボランティアなのだから」と説明でき，「人件費」を圧縮
できます。その上，わずかでも謝礼を支払うことで，無償で依頼する場合より
も気楽に活動を頼みやすくなる。そんな思惑がうかがえます。

　一方，活動する側も「お小遣い」的とはいえ謝礼が得られます。賃金のため
に働くイメージが伴うアルバイトよりも，社会的にも評価されているように感
じる人もいます。中には「無償のボランティアより重要な活動を任されている
から有償なのだ」と受け止める人さえいます。[12]

　依頼する側も活動する側も便利な呼称，それが「有償ボランティア」です。
そこで近年の歳出圧縮政策のあおりを受けて人材確保に苦しむ社会福祉施設や

資金力の乏しい NPO，さらには財政危機に瀕する自治体などが，積極的にいわゆる「有償ボランティア」の"活用"を進めるようになっています。

### （3）「有償」と「無償」の境界は？

　この議論には，明快に決着をつけるのが難しい事情があります。そもそも何を「無償」とし，何を「有償」と捉えるかを明確に切り分けにくいからです。というのも「無償」と「有償」の活動の間には，たとえば以下のような連続的な段階（経費負担と金銭的報酬に関する諸段階）があります。

　A　交通費等の活動に伴う実費も含め，すべて自己負担
〈↑①完全な手弁当〉
　B　交通費等の実費は受け取るが，食費など活動しなくても必要な費用は自己負担
　C　活動中の食費は外食となり出費がかさむので，活動先から出してもらう
〈↑②実費弁償[13]の範囲での経費保障〉
　D　お歳暮の品や施設の自主製品等を感謝の気持ちとして受け取る
　E　活動時に提供されたユニフォームのTシャツ等を記念品としてもらう
〈↓③活動量に応じた報酬の授受〉
　F　交通費等の実費弁償に加えて，最低賃金よりも低い対価（謝礼）を受け取る
　G　特殊な技能などを，最低賃金を上回るが「相場よりも低い」謝礼で提供する[14]
〈↓④一般の労働〉
　H　相場に応じた報酬を受け取る


　Aはまったくの手弁当であり，Hは一般の労働と同様ですが，その間のBからGのどこかに「無償」と「有償」を線引きするとしても，根本的には相対的な差でしかないともいえるからです。経済的に余裕の少ない人も市民活動に参

加できるための保障という意味もあり，上記の「②実費弁償の範囲での経費保障」の範囲までは，無償の活動の一形態とされる場合が一般的です。さらに次のＤ，Ｅの場合も臨時的であったり実費弁償に代わるものであったりすることから，それをもって有償活動だと見なされることはほとんどありません。

ただし，「③活動に応じた報酬の授受」の段階，特にＦの状態が日常的に継続する場合は，ボランティア活動とはかなり様相が異なってきます。つまり「有償ボランティア」と言う場合，このＦ，Ｇの形態の活動を指すといえます。

## （4）システム化するほど「労働」に近づく「有償ボランティア」

問題は，特に「Ｆ」の状態の場合，その活動がシステム化すればするほど，労働者保護法規で定義する「労働者」（雇用労働者）に近づき，「有償ボランティア」と呼ぼうとも，体のいい低賃金労働として違法性をはらむ可能性が高まることです。しかも，「ボランティア」という言葉が加わることで対価を超えた危険を背負う場合もあり，[15]この点でも問題となる可能性があります。

労働基準法では，労働者を「職業の種類を問わず，事業又は事務所（以下「事業」という。）に使用される者で，賃金を支払われる者」（第9条）と定義し，この労働者に対して雇用主は最低賃金法の遵守や労働者災害補償保険法などによる労働者保護などを行わなければなりません。

「労働者」とみなすかどうかのポイントは，「使用される」という規定です。「使用される」状態にあるかどうかは，一般に「使用従属性の有無」で判断されます。「使用人」や「従業員」という言葉に象徴されるように，他人の指揮監督下にあり，他人に従属して労務を提供しているかどうかが判断基準となるわけです。具体的には，使用者の指示に対して諾否の自由があるか（諾否の自由があれば労働者ではない），業務の内容・遂行方法の指揮を受けているか（内容を自らの判断で自由に企画できれば労働者ではない），自らの判断で代替者や補助者を使えるか（自由に代替者などが使えれば労働者ではない）……などの判断基準で個々の事例が検討されます。

つまり，いつでも休めたり活動内容を選べるなど，ボランティアならではの

自由な活動が保障されていれば「労働者」とはみなされませんが，逆にシステム化が進み，自由に休むことが難しかったり固定した活動をし続けたりすると，労働保護法規でいう「労働者」に近づくことになります[16]。

　元来，労働者には従業員・使用人の立場で職務に専念する義務がありますが，この点に象徴されるように，賃金を受けとる代償は時間などの拘束です。つまり有償化によるコストの対価として期待されるのは，安定した活動継続という点も含めた「指揮のしやすさ」にあります。しかし「有償ボランティア」という呼称を使うと，この厳然たる指揮命令の関係を「ボランティア」という表現によって曖昧化し，しかも最低賃金にも達しない対価で相手の積極的関与（実際は約束どおりの活動への従事）を期待することになります。建前と本音を使い分けているような状況です。

### （5）「有償ボランティア」という言葉の使用は避けるべき

　一方，「有償ボランティア」の問題点は，社会保障費の過度の圧縮などの問題の深刻さが社会の表面に現れにくくなっていくこともあります。たとえば2003年度に始まった指定管理者制度で，「公の施設」の管理にも民間活力を活かそうとする政策が始まりました。しかし，そこで期待される"民間活力"として特に効率性（要はコストの低さ）が重視された結果，施設管理業務のために"安価なマンパワー"の確保が横行していることが課題になってきました。同様の傾向は「骨太の方針2006」で社会保障費を5年間で1兆1,000億円を抑制する方針が決定され，その後も財政健全化計画が進められ，厳しい抑制策が推進される中，経費不足となった社会福祉施設などでも起こりがちです。いわゆる「有償ボランティア」は，こうした背景の下，スタッフ確保に苦しむ現場が苦肉の策として募集する場合も少なくありません。

　このように見ていくと，マスコミなどでは相変わらず「有償ボランティア」という言葉が多用されており，今さらという観もありますが，やはり呼び方の問題としては，こうした活動をボランティアと呼ぶことは避けるべきです。つまり，「ボランティア」という場合は54頁中の①②に該当する活動までとし，

③④の行為をボランティアと呼ぶのは止め，「有償スタッフ」などと呼ぶべきでしょう。

## 4　NPO（非営利組織）と市民活動の関係

　ここで，NPO という用語の意味も整理しておきます。

　「有償ボランティア」に関しては，「ボランティアに含むか，含まないか」という相互に排斥し合う議論が生じやすかったのですが，そこに両者をつなぐ言葉として出てきたのが NPO という概念でした。

　無償のボランティアグループも有給スタッフが活動を進める団体も，利益を得るための活動ではない（not-for-profit）点で共通の性格をもつ存在，つまり両者はともに同じ NPO です。「NPO」という，無償か有償かを問わない，より大きな概念を得ることで，両者は同じ範疇の中での異なる活動スタイルをとるだけと考えることができるようになります。ある範疇の内か外かという捉え方だと，「含まれない」とされた側に疎外感が生じてしまいます。しかし，同じ範疇の中でのスタイルの違いとして位置づけられるなら，そのような疎外感は生じません。そこで，NPO というより広い概念によって，有償か無償かという対立を乗り越えられやすくなったわけです。

　また，「市民活動」という言葉も，無償，有償の違いにこだわらず，市民として社会問題を解決するために進められる活動を指します。ボランティアとして無償で活動する場合も，市民団体の有給スタッフとして活動する場合も，いずれも市民活動に参加していることになります。

　さて，NPO とは nonprofit organization のこと。「non＝非」＋「profit＝利益」＋「organization＝組織」ですから，そのまま受け止めれば「非・利益・組織」。まるで利益の出ない赤字企業のようです。

　この曖昧さを嫌い，アメリカには別の言葉も存在します。NPO の反意語は PO ではなく FPO（for-profit organization）。利益を目指す組織，つまり営利企業です。そして，この反意語は Not-for-profit Organization。営利を目的とし

図4-2 NPOの多様な定義の関係

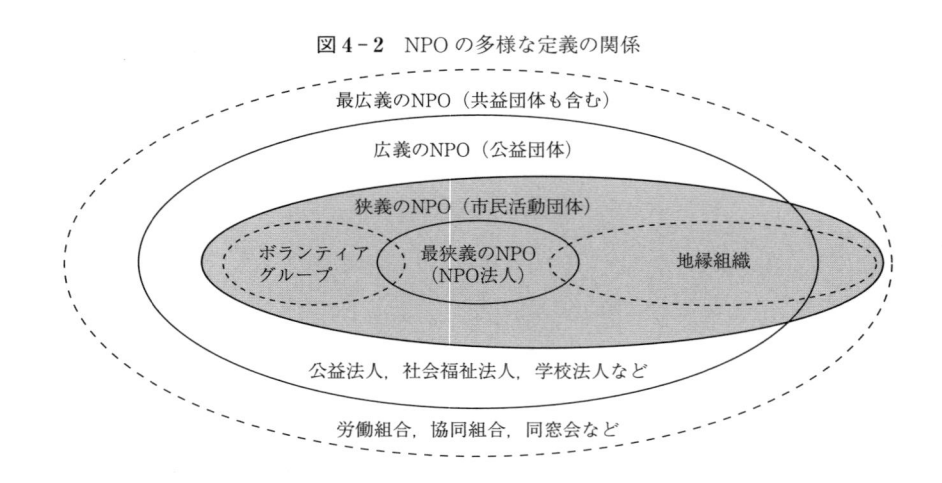

ない組織というわけです。ここで，その意味をより明確化するために，英語の構文，not A, but B（A ではなく，B だ）を当てはめると，NPO とは，Not-for-profit, but-for-mission Organization といえます。つまり，「利益拡大のためではなく（非営利），社会的使命（mission）実現のために活動する組織」，それが NPO だということになります。

ところで，この NPO という言葉が包含する存在は，非常に多様です。ボランティアグループはもとより，公益法人，社会福祉法人，私立学校（学校法人），私立病院（医療法人など），自治会や子ども会，有償活動に取り組む市民団体，政党，宗教団体……。最広義には共益団体である労働組合や生協，農協などの協同組合，同窓会や同好会も含まれるなど，実に多様な組識が存在しています。

その関係を図4-2に示しました。図で太い実線部分が一般的な NPO のイメージである市民活動団体（狭義）となりますが，最狭義（特定非営利活動法人〔略称 NPO 法人〕のみ），広義（すべての公益団体），最広義（共益団体も含むすべての非営利団体）など，多様な NPO のイメージがあります。そもそも，特定非営利活動法人は一般に NPO 法人と呼ばれていますが，本来はすべての非営利法人は NPO ですし，NPO 法人と呼んでもおかしくはありません。なお本

書では，内閣府のホームページでも表記されていることから，特定非営利活動法人の略称として NPO 法人を使うこととします。

　市民活動団体には共益の活動もあるので，共益部分まで広げています。NPO 法人の2割は一人も有償役職員がおらずボランティアグループといえるので，楕円が重なっています。また地縁組織は，元来，共益組織ですが，防犯や消防など公益的活動にも取り組むことがあり，中には NPO 法人格を持っている団体もあるので NPO 法人と重ねて示しています。

## 5　「時間預託」「地域通貨」などの取り組み

　ここまで「有償ボランティア」という呼称を使うことの問題点を整理しましたが，この仕組みに似た活動に「時間預託」や「地域通貨」といった取り組みもあります。この取り組みの特徴についても見てみましょう。

### （1）「時間預託」システムの可能性と課題

　「時間預託」とは，1973年に大阪で生まれた「ボランティア労力銀行」が始めたのが最初とされ，その後，1991年に発足した「さわやか福祉財団」や1994年に発足した「ニッポン・アクティブライフ・クラブ（NALC）」などの全国組織を通じて普及が進みました。ボランティア活動の実績を時間単位で「預託」し，自身や家族がボランティアの援助を受けたい時に"引き出す"（預託した時間に応じて応援を求める）仕組みとなっています。

　活動の実績によって，将来，活動者自身がサービスを受けやすくなる"対価"的な効果を得られる仕組みにより，活動に参加するハードルを低くしようと工夫されたユニークな取り組みです。ただし，サービスを交換し合う互助活動特有の限界があることも理解しておく必要があります。

　この互助活動の課題を理解する際にわかりやすい事例に，「売血」から「預血」，そして「献血」に発展した輸血用血液制度の変遷があります。かつて日本の輸血用血液は売血で確保されていましたが，暴漢に襲われたライシャワー

駐日大使が輸血のため肝炎に感染したことをきっかけに，売血の弊害が注目され，1964年，売血を中止し献血で輸血用血液を確保する方針が閣議決定されました。しかし，供血者が必要時に供血分に応じた血液を得ることのできる「預血」の仕組みが残り，供血の実績を示した預血証書が売買されることもしばしばありました。ところが，身体が弱くて供血できない人などは預血ができず，必要時に大変な苦労を強いられました。そこで，1974年に預血制度も廃止され，血液の提供を受ける際に供血実績が問われない献血のみで血液を確保することになったのです。

この事例が示すように互助活動には，その仕組みに“参加できない人々が排除される”性格が伴います。これは時間預託の場合も同様で，現に家族の介護に追われるなど時間的な余裕のない人は参加できません。もちろん，このことをもって互助活動の社会的意義が否定されるものではありませんし，実際には会員外へのボランティア活動に積極的に取り組んでいる例も少なくありません。ただし，互助活動自体の限界は認識しておく必要があります。

### （2）多様な「地域通貨」の仕組み

一方，「地域通貨」は，この互助活動の一形態として取り組まれているもののほか，地域経済活性化などのための割引券やポイント形式のものもあり，実に多様です。上記の時間預託の一つ，さわやか福祉財団の「ふれあい切符」は[17]「時間通貨」とも呼称していて地域通貨の一種と説明されています。

ただし時間預託は“今，ためて，将来の不安に備える”ことを特徴の一つとしていますが，地域通貨の中には逆に溜めることを抑制する設計のものもあります。そもそも少子高齢化が急速に進む日本社会で，義務的に徴収している年金制度でさえ加入率の低下が問題となっているのに，「時間貯蓄」という自発性に依存した仕組みで将来も安定的に担い手を確保し続けられる保障はなく，「将来の備え」とはなりにくいといわざるを得ません[18]。

一方，“ためない”ように工夫されている地域通貨とは，ためた“通貨”に有効期間を設定したり時間とともに価値が下がっていくようにしたりして，

"通貨"の流通——つまり助け助けられる活動を活発にしようとするものです。新たなコミュニティの創造を目的とした地域通貨の中には，こうした工夫が取り入れているものも少なくありません。

　また，地域通貨は数年程度の取り組みを経て終了することもよくあります。その背景には，信頼性や利便性の点では法定通貨に大きく劣る中，共感度の高い目的の設定や独自の魅力的"用途"の開発，主催者の信頼性構築などのシステム設計が難しいことがあります。これに加え，特に人々の交流促進を目的とした地域通貨の場合，活動が進むうちにわざわざ地域通貨を介することが「水臭い」となりやすく，地域通貨が使われなくなっていく場合もあります。後者の場合は，地域通貨がなくても人々の間で助け合える関係ができたわけで，所期の目的を達成した（プロジェクトが成功した）からこそ地域通貨の利用が減ったことになります。

　「時間貯蓄」も「地域通貨」も，従来のボランティア活動では参加しにくかった人々に，参加の機会を提供するユニークな取り組みです。ただし，ここまで解説してきたように，それぞれの特性があり，存在意義があります。そこで，これらの特性を理解しながら参加の多様なスタイルを認め，社会活動に参加する人々の輪を広げていくことが大切だといえます。

## 6　「営利を目的としない」姿勢の象徴，ボランティアの参画

　「非営利」とは利益獲得を目的とせず使命実現を第1に考える（Not-for-profit, but-for-mission）営みですが，この営みの中には使命の実現を目的に"利益を得る"ため収益活動に取り組むものも含みます。つまりNPOは収益活動に取り組むこともできます。学校法人が経営する私立学校は授業料を徴収していますし，社会福祉法人が経営する保育所も保育料を徴収します。

　しかし，その利益（収益から職員の人件費や事業費を差し引いた残額）を構成員（役員や会員など）に分配せず，使命実現に向けた活動のために用いるのがNPOです。企業の場合，利益は株主に配当として提供するか将来の事業活動

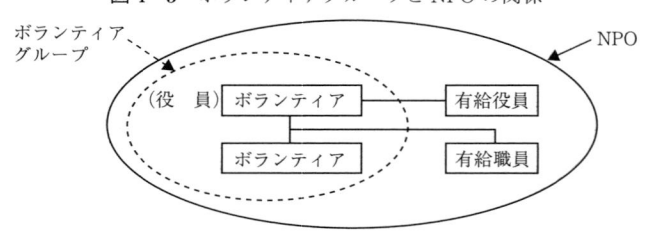

図4-3　ボランティアグループとNPOの関係

のために内部留保とするかのいずれかですが，NPOは内部留保だけですし，組織を解散する際の残余財産も，使命の近い他のNPOなどに寄贈し，構成員で分配しません。企業は，たとえ赤字になっても，利益追求を"目的とする"組織だから営利組織。NPOは，たとえ剰余金が発生しても全額を翌年以降の事業推進に活用する組織だから非営利組織というわけです。

　しかし，このfor，つまり「○○のために」という志向は，実際上，組織の経営陣の「心」の中にあるわけであり，その「心」の中の本音をうかがい知ることは，そう容易なことではありません。NPOがいかがわしく見られてしまう理由が，ここにあります。

　実際，利益を分配しないといっても職員に相場を大きく超える高額の給与を支出したりすると，給与に名を借りた利益の分配のように見えてしまいます。そこで，NPOの非営利性を象徴するのが，無給の役員やボランティアスタッフが組織運営や事業推進に参画していることです。NPOとは，元来，「ボランティアが経営と事業推進に参加する組織」です。

　NPO運営の中核には，本来，ボランティアがいます。「何とかしたい」とNPOを立ち上げる人は，当初はボランティアだからです。図4-3に示すように，そのボランティアが，同じボランティアとともにグループを作るとボランティアグループになります。しかし，メンバーが全員無給では余暇活動の域を越えることが難しい。そこで専従スタッフを雇い，安定的で専門性をもった活動をしようということで有給職員を雇うと，ボランティアだけで構成しているわけではないので，ボランティアグループとは呼べません。でも，NPOでは

あるわけです。つまり NPO は，ボランティアと相反する存在ではありません。それどころか，ボランティアが経営し，あるいはボランティアが活動する場という点で，ボランティアと切っても切れない関係にある存在なのです。

　社会福祉法人や学校法人も含めて多くの NPO は，理事などの役員の大半は無給のボランティアですし，NPO 法では法人の「役員のうち役員報酬を受ける者の数が，役員総数の3分の1以下であること」という制限を設けています。これは，NPO 法人が利益追求に走らずに使命遂行を第一に求める組織とするための規定ということになります。

## 7　「交換条件つき報酬」が意欲を下げる！——『モチベーション3.0』の指摘

　以上，「無償性」を切り口に様々な論点や取り組みを検討してきましたが，最後に，そもそも報酬の提供が活動意欲を下げたり，マイナスの影響を与えたりしてしまう場合があることを紹介します。

　この驚くべき事実を紹介しているのは『モチベーション3.0』[19]という書籍です。同書ではコンピューターと同じように，社会にも人を動かすための基本ソフト（OS）[20]があるとして，その発展を3段階で整理し，生存を目的とする人類最初の OS「モチベーション1.0」，アメとムチ＝信賞必罰に基づく，与えられた動機づけ（外発的動機づけ）による OS「モチベーション2.0」，そして自分の内面から湧き出る「やる気」に基づく「モチベーション3.0」と名づけ，この「モチベーション3.0」が発揮される条件などを解説したものです。

　この書籍では，内発的動機づけの研究で有名な心理学者エドワード・デシの実験結果などを紹介しながら，人々が意欲的に行動できるための条件などを整理していますが，本章の内容との関連では，「もし～をしたら，……を与える」といった条件を提示した報酬がもたらすマイナスの影響です。以下，主な内容を簡単に列記します。

　①　内発的動機づけを損ない，かえって成果が挙がらなくなる

　私たちは，好奇心や関心など内発的意欲から行われていた行為を，「お礼を

支払うから，それをしてほしい」などと金的的報酬などで外から意欲づけよう
とすると，内発的な行動意欲が下がってしまうことがあります。これを「アン
ダーマイニング効果[22]」と呼びます。外から指示されることで，自分の行動を自
分自身でコントロールする状況が損なわれ，自らの内から湧いていた意欲が萎
えてしまうのです。

② 創造性をむしばむ

報酬は，しなくてもよいのにする行為といえる「遊び」を，しなくてはいけ
ないからする「仕事」に変えてしまうことから，自由な創造性を損なってしま
う場合があります。芸術家の作品を分析した結果，注文を受けて作成したもの
よりも，みずから自主的に取り組まれたものの方が優れた作品が多かったとい
う調査結果も，この書籍には紹介されています。報酬は焦点を狭めやすく，解
決への道筋がはっきりしている場合には有効ですが，新たな発想が問われるよ
うな場合には広い視野や創造性を鈍らせてしまいがちだということです。

③ 好ましい行動への意欲を失わせる

望ましくない行為を抑制しようと罰金を課すと，罰金がなかった時には迷惑
をかける相手をおもんぱかってなされていた利他的行動が抑えられ，「罰金を
払うのだからよいだろう」という発想が生まれ，かえって望ましくない行為が
増えてしまうこともあります。献血をすれば報酬を提供すると約束したグルー
プと，何も提供しないグループを作ると，報酬を提供すると言われたグループ
の方が献血率が低かったという実験結果もありました。報酬によって，善行を
積みたいという自発的欲求が阻まれてしまったからだと分析されています。

④ 報酬への依存性が生じる

一度，交換条件つきの報酬を提供すると，次に似た事態が起こった時，報酬
が提供されないと行動しなくなってしまい，かつ，まもなくその報酬では十分
ではなくなり，より高額の報酬を求めるようになることも，多くの実験で確認
されています。「報酬には〈麻薬のような〉依存性がある」という表現が，こ
の書籍には出てきます。

もちろん，金銭的な報酬は，常に内発的な意欲を損なうわけではありません。

たとえば「わずかなお礼しか出せず申し訳ないけれど，あなたにしか頼めないことなのです」といった形で，報酬を"エサ"に行動を促されるのではなく，正当に能力を評価されていると実感できる場合は，意欲が高まります。

この内発的動機づけを高める関わり方については，第9章で詳しく触れます。大切なことは，内発的な動機づけが高まるための条件を考慮せずに，報酬さえ出せば相手が行動するだろう，あるいは行動しなければ罰を与えるといえばよいだろう……などと考えると，当てが外れてしまうことが多いのです。

注

(1) 2001年の改正で，学校教育法第31条は「小学校においては，前条第1項の規定による目標の達成に資するよう，教育指導を行うに当たり，児童の体験的な学習活動，特にボランティア活動など社会奉仕体験活動，自然体験活動その他の体験活動の充実に努めるものとする」（下線筆者）と規定された。この規定は第49条で中学校に，第62条に高等学校にも準用するとされている。

(2) 1638年とする説もある（早崎 1960）。いずれにせよ17世紀前半ということになる。

(3) アメリカ独立戦争の記録でも volunteer（corp）の活躍が数多く紹介されている。これら市民革命を経て国民国家が成立し徴兵制度が整備される中，「徴兵」と比較で志願兵の用語が普及した。

(4) 施設の名称は，施設創設に尽力したアーノルド・トインビー（1852-1883年）に由来するが，トインビーは創設運動の最中に病に倒れ，彼の指導者でもあったスラム街の司祭サミュエル・バーネット（1844-1913年）によって創設された。

(5) 著名なタレントなどに活動への協力を求める際に，下手に中途半端な謝礼を提示するとかえって反発を受ける場合もある。交通費などの経費の提供は不可欠だが，謝礼については，団体の運営状況を丁寧に説明し，ボランティアの立場で協力を求める方がスムーズに進む場合も少なくない。ただし，この場合，謝礼を辞退されていることを公表したり，心のこもった礼状を送ったりするなど，謝意を示すことに努力しなければならない。

(6) この状況を解説した書籍に，レベッカ・ソルニット著，高月園子訳『災害ユートピア——なぜそのとき特別な共同体が立ち上がるのか』亜紀書房，2010年がある。

(7) 筆者は「有償ボランティア」という表現は不適切だと考えており，"いわゆる有償ボランティア"という意味で，カッコ付きで示すこととする。

(8) たとえば『ロングマン現代アメリカ英語辞典』では volunteer は someone who does something without being paid（無給で何かをする人）と解説されている。また，アメリカ農業省自然資源保護局のホームページでは，volunteer definition として Volunteers are individuals or groups who give their time, talent and abilities to a cause they believe in, <u>without pay</u>（ボランティアとは，<u>無給で</u>，その信じるところにより，時間や才能，能力を提供する個人ないし集団）としている。

(9) 教会で牧師や神父に対する手当を労働者への賃金（salary, wage）と区別して stipend といい，学生に対する奨学金的手当や NPO などで一般的賃金より低く支給される手当も，こう呼ぶ場合がある。また，青年が貧困者を支援するアメリカ政府のボランティア活動プログラム VISTA（Volunteers in Service to America）等でも，この種の手当が支給される活動を stipend volunteer と呼んでいる。

(10) 後述の中央社会福祉審議会地域福祉専門分科会の意見具申では，この活動を「従来型のボランティア活動とは異なり，ボランティア意識を基盤としつつ，会員制，互酬性，有償性を特色とする組織的・システム的な活動である。住民の福祉活動への参加を容易にする有力な選択肢であり，福祉コミュニティを育むものとして，また，住民の福祉ニーズを受け止める供給組織として，一層の発展が期待されるところであり，その自発性を尊重しつつ支援に努める必要がある」と高く評価している（厚生省社会・援護局地域福祉課 1993：115）。

(11) 図 4 - 1 で「互助型」とは住民が自主的に互助団体を創設運営しているもの，「社協型」とは社会福祉協議会が事務局を担って運営しているもの，「組合型」とは生活協同組合や農業協同組合，ワーカーズコレクティブなどが運営しているもの，「その他」には行政関与型，施設運営型などが含まれる。

(12) ただし，時間数で活動を評価される面もあり，他の活動者と活動量が比較されやすくなるなど，謝礼を受けることで，かえって活動者の精神的負担が増える場合もある。しかも依頼者が「雇用者」的にふるまうと，活動者は単なる「安価な労働者」となってしまい，活動者の意欲は一挙に低下する。

(13) 労働の対価ではなく，活動にかかる交通費や材料費，弁当代などの活動に伴う経費を支払うこと。

(14) たとえば弁護士に相場より低額の謝礼で弁護を依頼するような事例。なお，英米では弁護士や公認会計士など専門職が，自らの専門性を活かして，弁護士ならば法律相談や弁護活動，公認会計士ならば税務書類の作成などに無料で取り組む活動を「プロボノ（ラテン語の pro bono publico＝公共善のため，の略語）」と呼ぶ。たとえば，米国法曹協会では年50時間以上のプロボノ活動の実施を推奨している。近年，日本でも，企業人などがその専門的技能を活かして市民団体の運営を支援する活動を，「プロボノ」と呼んで推進する取り組みが広がっている。

⑮　労働政策研究・研修機構（2007）では，同機構の2005年の調査で，「有償ボラン
　　ティア」の謝礼金は平均時給775円，中央値650円。平均では最低賃金以上の謝礼を
　　得ながら「ボランティア」と呼ばれる一方，約半数の人は最低賃金以下の謝礼とな
　　っている。また「有償ボランティア」があげた活動上のデメリットでは，「怪我や
　　事故などの危険が伴う」の回答が20.1％。同様の質問をパートタイムなどの非正規
　　雇用職員に聞いた結果は19.4％であり，怪我などの危険への不安を感じている「有
　　償ボランティア」は労働基準法の保護を受けている非正規雇用者よりも多いことに
　　なる。

⑯　実際，労働基準監督局から違法な運営の疑いがあると警告を受けた例もある（筒
　　井 2017）。

⑰　全国各地の「地域通貨」を紹介するサイトもある（http://cc-pr.net/list/，2018
　　年 2 月12日，閲覧）。

⑱　全国社会福祉協議会が設置した「国民たすけあい介護時間貯蓄制度のあり方に関
　　する調査研究会」は1993年に「住民参加型在宅福祉サービスにおける時間貯蓄・点
　　数預託制のあり方について」と題する報告書を発表し，「将来，同じサービスを保
　　証できないことがありうると事前に合意を得ること」「貯蓄時間の上限設定，貯蓄
　　者が死亡した場合，金銭に換算して遺族に払い戻すこと」などを，この仕組みの導
　　入・普及の条件とするよう提言した。

⑲　ダニエル・ピンク著，大前研一訳。講談社。2010年。

⑳　Operation System の略。

㉑　1970年代前半，アメリカの心理学者エドワード・L・デシとマーク・R・レッパ
　　ーがそれぞれ独立に行った実験によって発見された。

㉒　undermine の動名詞。undermine には，（名声などを）ひそかに傷つける，（健
　　康などを）いつのまにか害する，（浸食作用で）土台を削り去る，等の意味がある。

| 第5章 | 「自発性」の持つ力 |
|---|---|
| | ──市民活動は行政を超える |

　以上，ボランティア活動の要素の一つである「無償性」に関して，様々な角度から検討してきましたが，次にボランティア活動をはじめとする市民活動の中核的な特性である「自発性」が持つ力を見ていくことにしましょう。

　「参加の力」は，まさにこの「自発性」が生み出す力だといえます。

## 1　「自発」の取り組みゆえの強み
──市民と行政の取り組みの違い

### （1）「強み」の理由は自発的だから

　自分の好きな，心が動くテーマに関わることから社会につながり，社会を良くしていく機会を得る。自発的に，自身の内側から（時にじんわりと）湧いてくる共感や好奇心や怒りや……など，ともかく自らの思いを起点に，自身の関心や問題意識，能力などを活かして活動が進む。それがボランティア活動，そして広く市民活動のスタイルです。そして，この「私」発で自主的・自発的な活動であることこそは，現代社会で市民活動が注目される核心的な理由です。

　特定非営利活動促進法（いわゆるNPO法）の制定前後から注目されるようになったNPOという言葉は，アメリカ英語であるNonprofit Organization ないしはNot-for-Profit Oraganization の略語。営利を目的としない非営利組織のことですが，非営利という点では行政も同様です。しかし，このNPOが注目されるようになったのは，これから解説するように，これまで公共活動の主要な担い手とされてきた行政では実現が難しいことを，NPOが容易に実現できる特長があるからです。

　ではなぜ，行政を超えた活動ができるのか。それは，自主的・自発的に行動

できるからです。NPO に対応するイギリス英語は Voluntary Organisation ですが，NPO の特性に注目すれば，イギリスでの表現の方が，その本質を現わしているといえます。

　そこで，ここからは無償の活動であるボランティア活動だけでなく，市民による自発的な社会活動全般に視野を広げ，その取り組みがどのような点で行政を超えていくのかを見ていきましょう。

### （2）多彩な取り組みが生まれる

　市民活動の優れた特長の一つは，多彩な活動やサービスを生み出すことです。市民活動は，一人ひとりの「私」がそれぞれの創意で，それぞれが気づく課題に，それぞれの得意な方法で取り組むため，市民活動全体を俯瞰（ふかん）して見ると，とても多彩になります。

　突然の災害時などでも，がれきの撤去や泥出し，炊き出し，救援物資の整理と配布などだけでなく，障害のある人やケアの必要な人たち，女性，子ども，外国人などへの支援，アレルギーのある人たちに適した食事提供，ペットの世話，ネット環境の整備，全国ないし海外の支援団体との連絡調整等々，実に多様な取り組みが始まります。時には思いつきから始まることもありますが，それによって見落とされがちな課題の解決を進める場合も少なくありません。

　しかし，こうした対応は，行政ではなかなか難しい作業です。行政は「全体の奉仕者」ですから，住民"全体"（の代表者である議員）の少なくとも過半数が賛成することしかできないため，住民の賛同が得られる最大公約数的なサービスにとどまらざるを得ないからです。この最大公約数的なサービスとは，人権の保障という人々の生活の土台を支えるものでもあります。この土台の確立は行政の重大な使命ですが，その土台の上にそれぞれの価値観や志向で選べる多様な暮らしを築けなければ，私たちの暮らしは質的な豊かさを実現できません。つまり，「選べる社会」にはなりません。

　もし，住民の間に多様性がなく，みんなが同じものを求めるのならば，行政サービスだけでもよいでしょう。しかし，現代社会は，それぞれに個性をもち，

個別的な悩みを抱え，さらに人々の価値観の広がりに伴って，それぞれ違う夢や志向をもって生きています。この多様性を認めるには，多様なサービスの並立が不可欠です。

　市民活動は，それぞれが多様な社会サービスを創造していくことで，人々がその中から自分に合うものを"選べる"社会を作っていくことになります。

　なお，多様性の内容としては，サービスとともに価値観も大切です。LGBTとして生きていくことは今も困難ですが，その暮らしを支える活動があり，また当事者自身による取り組みが進められています。法的には認められていない夫婦別姓などについても同様です。市民活動は，サービスの点でも，生き方の点でも，人々の多彩な生活を支えるものです。

### （3）個々に応じた温かい対応ができる

　また，先にボランティア活動（そして，広く市民活動）は公平にできないし，公平にしなくてもよいと解説しましたが，これは市民活動の限界を示すものである一方，逆に長所ともなります。市民活動が公平さを最優先しなくてもよいからこそ，その取り組みは一人ひとりの状況の違いに応じた対応ができ，結果として「温かさ」を生み出しやすくなるからです。そう，温かさとは不公平さです。特別扱いで他の人には不公平だと思わせる関わりこそ，本人にとっては温かい対応となるのです。

　一般に公平であることは，とても良いことだと思われがちですが，しかしそれは，一律で画一的な対応とならざるを得ないものです。一方，「他ならぬ，あなたのために」という関わりは，公平ではありませんが，温かみを感じさせる対応となります。たとえば地域にある複数の福祉施設に公平に対応しようと，毎月，順番に回って活動するといったスタイルのボランティア活動もあってよいのですが，そうではなく，「自分は，あの福祉施設の運営方針にとても共感する。だから，その施設で活動する」というスタイルもとれるのがボランティア活動です。ボランティアを受け入れる立場からは，後者のような共感してくれるボランティアに来てもらえる方が，やはり嬉しいでしょう。

　しかもここで，相手とボランティアとの間が共感で結ばれている点も大切です。共感する相手を思う気持ちから細やかな配慮や気配りがなされますから，心のこもった対応が可能になるからです。強制され，渋々取り組むのではない自発的取り組みの意味がここにもあります。

### （4）先駆的・開拓的・創造的な取り組みに挑戦できる

　自発的な活動は原則的に自己責任で行動することになりますから，現状を改革し，未知の取り組みや開拓的な方法に果敢に挑戦することも容易です。行政の取り組みは，議会などでの協議を経て得られた全体の合意の下で実行され，結果に対する責任も全体で負う仕組みですから，実行に当たって慎重な検討がなされ関係者との調整が求められます。さらに過去の受益者との公平性を保つという論理から「前例踏襲」が繰り返されがちです。そのため，他に例のない新たな取り組みを実行するためのハードルがとても高くなります。

　しかしボランティアをはじめとする民間の場合，自らが結果責任をとる覚悟と能力さえあれば，公序良俗に反しない限り，他者との合意がなくても自由に活動できます。しかもボランティア活動など営利を目的としない活動には，「収益が得られないから」と企業が手をつけない分野でも，新たな社会サービスを創造するべく果敢に挑戦してきた事例が数多くあります。

　現在，制度として展開されている行政サービスの大半も，元はといえば市民の試行錯誤の中から創造された活動が広がり，一定の実績を挙げたことで，全体に普及させるために制度化されたものなのです。

　「民間活力」という言葉は，決まったことを実行するだけにとどまることもある行政に対し，利益の極大化を目指す企業の創造力やエネルギーを指して使われる場合が多いわけですが，「ほうっておけない」「なんとかしたい」という市民の意欲もまた，「民間活力」の一つだといえます。

### （5）機動的な対応も容易にできる

　自発的な活動は思い立てば動けるという点で，機動性の求められる際にもフ

ットワークよく行動できます。この点は，特に災害時などに行政の限界を超えることになります。

　行政は「平等」が大原則です。ところが大災害の発生時，この平等原理が行政の動きを止めがちです。というのも，まず平等に動くためには「全体」の把握が不可欠です。しかし，災害はその規模が大きければ大きいほど，この「全体の把握」が困難です。災害の規模が大きいほど，発災前の状況からの変化が大きくなりますが，この新たな状況への対応に「公平原理」が邪魔をします。

　たとえば，「水汲みを手伝ってくれ」という依頼が行政の窓口に寄せられたとしても，そこで担当者はすぐにヘルパーを派遣できません。その依頼者が住民「全体」の中でどの程度の優先度があるかわからないまま，即座にヘルパーを派遣すれば「早い者勝ち」になってしまうからです。そこで，一旦依頼を受け付け「全体」の状況が把握できた時点で……とならざるを得なくなります。このような事情から行政サービスは，いわば後手後手の対応になりやすいのです。つまり災害時，行政は「全体の奉仕者」として動かざるを得ないがゆえに，機動性を奪われがちです。

　災害時によく問題になる義援金の配分がすぐにできないのも，同様の事情です。義援金の配分額は，単純化すれば，義援金の総額という"分子"を，配分すべき被災者の数という"分母"で割ることで決まりますが，どれだけの寄付が集まるかという"分子"の見通しがつくのにはかなりの時間が必要ですし，被害の尺度としてよく利用される全壊・半壊の判定などにも相当の時間がかかり，"分母"の見通しも簡単にわかりません。つまり義援金は，原理的に，即座に配分できるものではないのです。

　一方，ボランティアには，この「全体による拘束」はありません。それこそ，水汲みで困っている人がいたなら，「私が手伝いましょう」と言えばよいのです。自分なりに気づき，自らの責任で行動する意志さえあれば，どの場所でどのような課題にどんなペースでどの程度関わるかは，すべて自由です。だから「全体」の状況が把握できていなくても，ともかく目の前の課題に機動的に取り組んでいくことが可能となり，機動性を発揮できるのです。

## （6）アクシデントを乗り越える自発的姿勢

　自発的に活動するとは，主体的に自ら進んで役割や責任を引き受けることです。最初は軽い気持ちから始めることができるボランティア活動ですが，活動を通じて応援する相手の状況が他人事とは思えなくなってきたり，活動の成果が蓄積されてきて自負心が高まってきたりすると，強い責任感の下で活動が進められることも少なくありません。

　責任という言葉は，「責任を追及する」といった形で使われるように，責任を追及する側が「悪いのは自分ではない。自らには責任がない」という立場で，他者に問題解決を迫る際に使われる場面が多く，この言葉を使われる対象にとっては受身になって責められる重いイメージがあります。

　しかし自発的な活動では，役割を自ら買って出るわけで，責任を主体的に引き受けることになります。この場合の「責任」は，上記のような責め立てられるものではなく，内なる信条から他者の呼びかけや期待に積極的に応えていこうとする姿勢を示すものとして使われます。「責任」を意味する英語 responsibility は respond と ability を組み合わせた言葉ですが，respond とは（他者の問いかけや訴え・求めに）応えることを意味します，他者からの求めや期待に積極的に応える力を発揮することが，責任を果たすということになります。[1]

　その際，その取り組みは他ならぬ自分の特性・能力を活かすことで実践できるという自負心がもてると，高い責任感の下で活動を進めていけます。困難な課題解決のために粘り強く活動を進めてきた市民活動家の多くは，この自負心に裏づけられていたからこそ，その自発的な取り組みを継続できたのです。この自発的な姿勢が，アクシデントなどへの対応力を生み出すことも，見逃してはならないものです。

　日本のスポーツイベントにボランティアが参加したのは，1985年に開かれたユニバーシアード神戸大会が最初ですが，近年，オリンピックをはじめとする大きなイベントで，ボランティアが参加することは常識となってきました。大きなイベントでは，一時に大量のスタッフが必要となります。一方，市民の間にも，イベントを「支える側」，つまり「主催者側」の一員としてイベントに

参加したいという意欲が高まっています。しかも長い準備段階に一般市民が関わるのは大変ですが，大会期間中といった短期間の参加ならば関わりやすくなります。実際，当日の運営こそは「本番」となるわけで，こうしたことからオリンピックのような大イベントは，数多くのボランティアの参加を得て開催されるようになってきました。

ここで，このボランティアの参加には，「マンパワー」確保といったレベルを超える重要な意味があります。ボランティアの自発的な参加という姿勢は，ハプニングの多発するイベント時に決定的に重要な意味を持つからです。

ともかく大きなイベントではハプニングが多発します。天候不良，観客の殺到と交通渋滞，迷子，落とし物，時には文化の異なる外国人とのトラブルなどと，想定を超える事態がよく起こります。こうした状況下で最も重要なのは「状況から逃げない」ことです。現実に問題が起こった時，その解決責任を他者に転嫁する「たらいまわし」は，事態をより深刻化させやすいからです。しかも「動員」や「派遣」等の他律的な関わりでは，事態の収拾を「動員をかけた者」「派遣を指示した者」に任せようとしがちです。しかし自発的に参加した場合，そこでトラブルに巻き込まれても「人のせい」にはできません。つまり，状況から逃げず，誠実に事態と向き合う姿勢になりやすくなります。

実はこのような姿勢をとるだけで，問題は解決に向けて歩み出すものです。トラブルに見舞われた観客に親身になって関わるボランティアの姿を想像すれば，このことは容易に理解できるでしょう。

実際，大きなイベントの際にボランティアが，「よろず屋」的な形で臨機応変な対応で奮闘する事例をよく見聞きします。柔軟できめの細かい取り組みの積み重ねが，大きなイベントに温かい人間のぬくもりをもたらしているのです。

## 2 「市民の参加」ならではの意味
### ——「当事者意識」を広げ，市民の自治力を高める

### （1）民間ならではの良さは企業も同じ
以上，ボランティア活動などの特長を列記してきました。しかし，実はこれ

らの特長は，前述の先駆性・開拓性・創造性について解説した際に言及した「収益の得にくい分野でも活動を創造する」という重要な特性を除くと，民間活動全般に共通する性格であって，実は企業の取り組みにも当てはまる特長です。

　実際，企業は他社との競争の中で多彩な商品を創造し続けていますし，経営者や現場スタッフの果敢な判断で，機動的に対応する例も少なくありません。東日本大震災などでも，多くの企業が緊急救援から産業復興まで多彩な被災地復興活動に取り組んでいます。

　また，多彩さや機動性，創造性はともかく，企業に「温かさ」はあるだろうかと思われるかもしれません。しかし，いわゆる"お得意様"や"常連客"への特別待遇は徹底していて，その点で企業も個々に応じたサービスを展開しているといえます。

　そもそもこれまで私たちは，代表者を選挙で選び税金を納めることで組織した政府・自治体によって生活の土台を保障する仕組みを作りつつ，企業が提供する商品を選択し購入することで，彩りのある生活を営んできました。逆にいえば多彩なサービスは企業からしか提供されてこず，生活の豊かさは経済力に左右されることとなってきました。

　しかし，市民活動やNPOの活動が活発化することにより，置き去りにされがちだった人々にも，様々なサポートが提供されるようになります。実際，最近よく話題になる活動だけでも，子ども食堂，居場所づくり，フードバンク，学習支援，認知症カフェなど，実に多彩な活動が展開されています。

## （2）当事者意識を高め解決の担い手になる

　もっとも，市民活動が活性化することの意味は，このように多様なサービスを享受できる人が増えることに留まるものではありません。このような社会問題解決の取り組みに「参加」できる人が増えることにこそ，大きな意味があります。つまり，社会サービスの消費者としての豊かさだけでなく，その生産者・創造者としての豊かさが高まるということです。

この点を「当事者」というキーワードを基に考えてみましょう。

　「当事者」という言葉は，「その事または事件に直接関係をもつ人」（『広辞苑』）を指す言葉です。たとえば，介護を必要とする高齢者や障害者，その家族，シングルマザー，外国籍住民，ひきこもっている人たちなど，日々の暮らしの中で様々な生きにくさを抱えている人たち自身を指します。そして，この当事者の反対語は「第三者」。当事者を自身とは関係ない彼ら，彼女らと遠くに見ている。いやいや，そもそも見ていない場合もあります。「可哀想だな」と同情することはあっても，だから何かをするということには至らず，結局は他人事として済ませてしまう。私自身も含め，そうした関わりに留まることも少なくありません。

　しかし，市民活動に参加することによって，この立場が変わっていきます。当初は「当事者ではない」人々が，具体的な社会の課題と接し，当事者である人たちと話し合いや交流を深め，課題解決のために試行錯誤を重ねていくうちに，その課題が他人事ではない自分自身の問題でもあるという意識が高まってくるからです。他人事であったものが「自分事」（厚生労働省が提唱する「地域共生社会」流に言えば「我が事」）化し，「当事者になる」わけです。これは課題を抱える当事者が社会の中で孤立せず，課題を理解し共にその解決に努力する仲間を得ることでもあります。そして，その結果，人々は課題解決のための新たな取り組みを創造し推進する立場に立つことになります。

　この社会サービスの消費者から創造者への転換は，人々が「お客様」的立場から脱却することでもあります。「お客様は神様だ」ともてはやされたりはするものの，消費者という立場で事態を改善するには，提供された商品・サービスの欠陥に苦情を言い募るぐらいしかできません。いわば，商品に依存する暮らしを続けることになります。これを社会課題の解決にあてはめると，「消費者」的立場では，社会問題の多発と行政などの制度の不備を問題だと告発し不満をぶつけるものの，その解決は行政に委ねざるを得ず，傍観者ないし観客として事態を見守ることになります。人々は自身に課題解決の力を実感できず，解決への意欲が高まらず，それどころか課題への無関心さえ広がりかねない事

態が進行しかねません。

　しかし，自ら社会サービスを創造し推進する立場に立つと，自らの工夫で主体的に状況を改善し，その苦労の過程で同様な努力を重ねる行政や他の市民団体などとも連携を深め，いわば自治の主体として課題解決の担い手になることができます。その努力で一定の成果が挙がれば，人々の意欲も高まります。

　ピーター・ドラッカー[2]は「『非営利』機関は，財やサービスを供給することもなく，統制することもない。その『製品』は，一足の靴ではなく，効果的な規制でもない。その製品は，『変革された人間』である。つまり，非営利機関は，人間変革機関である。その『製品』は，治癒した患者，学ぶ子供，自尊心をもった成人となる若い男女，すなわち，変革された人間の人生そのものである」（ドラッカー 1991），「現代社会では，もはや直接的な市民性の発揮は不可能である。我々が行えるのは，投票し，納税することだけである。しかし，NPOのボランティアとして，我々は再び市民となる。社会的秩序，社会的価値，社会的行動，社会的ビジョンに対して，再び直接の影響を与えられるようになる。自ら社会的な成果を生み出せるようになる」「『社会的な課題に誰が取り組むか』との問題への答えは，政府でもなければ企業でもない。新しく登場してきたサードセクターとしてのNPOである。しかもNPOはもう一つ重要な役割を果たすようになっている。市民性の回復である」（ドラッカー 2003）と言っています。

　この点を，シーズ・市民活動を支える制度をつくる会を創設した松原明氏は，次のように明快に説明しています。

　　「ドラッカーは，『企業の目的は顧客の創造にある』と言った。では，NPO（市民活動）の目的は？　多くの人が，『NPOの目的は，社会的課題の解決にある』と言う。しかし，それは間違いだ。
　　NPOの目的は，「社会課題を解決する人々の創造」にある。これが分かるだけで，NPOの成果や戦略に関するアプローチが全然変わってくる。[3]」

このメッセージの意味するところを第8章でより深く解説しますが，人々が市民活動に参加することは，問題が起こる際に被害者意識ばかりが広がる無気力な社会から，自らの力で問題を解決していこうという能動的・自治的な社会に変えていく起点となる可能性を開くものだといえます。

　また，福祉施設やゴミ処理施設などの開設に際して現地住民と開設者側との間に時として起こる「地域社会コンフリクト」（地域住民との対立）も，住民も社会問題解決の主体なのだという意識が高まることで合意点を見出しやすくなる可能性もあります。

### （3）自殺対策に見る当事者自身の参画の意味

　この活動への参加の意味は，課題を抱える人たち自身にも当てはまりますし，より重要だともいえます。当事者が，自らその課題を社会に訴えていくなどの行動をとらなければ，真の課題が見えづらく，解決の方向性も定まらないことが多いからです。このことを示す事例として，まず自殺対策基本法が制定される過程を紹介しましょう。[4]

　1998年，年間自殺者数が前年より8,000人以上も増えて3万2,800人を超え，社会に大きな衝撃を与えました。しかしそれ以前も，日本では長く自殺者が年間2万人を大きく超える状態が続いていました。毎年，交通事故死者の数倍の人々が自殺していたにもかかわらず，当時，自殺対策といえる施策はありませんでした。[5]　その大きな理由は，自殺問題には「当事者がいない」ことでした。

　自死者自身が命を絶っているため，自殺問題の当事者は遺族です。[6]　しかし，自殺は忌避されやすい死であることに加え，「私の関わり方が悪くて死んでしまったのでは」などと遺族が自らを責めることも多く，遺族自身が自ら自殺者が生まれない社会づくりに立ち上がることは，極めて稀です。当事者の存在が社会的に見えないまま，自殺問題は遺族の間の悲しい出来事にとどまり，いわば沈殿してしまう状態が続いてきました。[7]

　しかし，貸し渋りの広がりや山一證券の破綻に象徴されるように，経済環境が悪化した1998年に一挙に自殺者が増えたことが，1999年に公表されました[8]

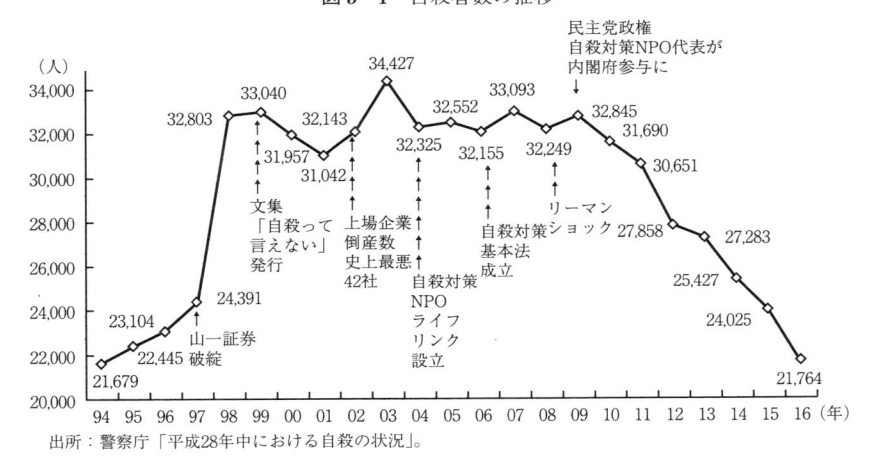

図5-1 自殺者数の推移

出所：警察庁「平成28年中における自殺の状況」。

（図5-1）。自殺で親を失った遺児（以下，自死遺児）にも奨学金を支給していたあしなが育英会は，自死遺児支援のための街頭募金を実施することになりました。その街頭募金の際，自殺で親を失った2人の遺児が自らの体験を公開の場で発表しました。自殺問題の当事者が初めて公の場に姿を現すことになったのです。

　その後，あしなが育英会では「自死遺児ミーティング」の開催，遺族の手記集『自殺って言えない』の発行，遺族も登壇したシンポジウム，街頭キャンペーンなどを実施しました。そしてこの過程に参加する中で，自殺で親を失った学生の間に「親を自殺で失ったことは，自分が引き受けないといけない社会問題だ」という意識が芽生えてきました。

　社会的運動を進めていく上では，その立場にあるというだけでは当事者とは言えません。意志をもって問題解決の役割を背負うことで，初めて当事者に“なる”のです。それまで親の自殺という辛い体験を封印して生きてきた学生たちですが，自殺対策の整備に向けた運動の中核を担うことになりました。

　問題に直面する（直面した）当事者がいないと，問題に関わる周りのスタンスが定まらず，周囲が独走して真の問題解決からずれた対策がとられることも

少なくありません。当事者の登場により運動の方向性が定まり，自殺が社会的な要因を背景に起こり社会的対策が必要なこと，新たな自殺者を出さないことに加え，自死者遺族を癒すことも柱とした自殺対策基本法を制定する運動が広がっていきました。

　その後，関係者をつなぐ「自殺対策支援センター　ライフリンク」の誕生や，選挙の票にはならないこの問題解決に奔走する政治家の努力などもあり，2006年，自殺対策基本法が制定されました。さらに民主党政権下で政権にNPO関係者が加わる中，ライフリンクの代表が内閣府参与として政権に加わったことを契機に対策が進み，ようやく自殺者が減り始めました。

### （4）当事者の問題提起で方向性が転換

　以上，個人的な事情による死と捉えられていた自殺が，自死遺児が自殺問題の当事者として活動を進めたことを契機に，社会問題として理解されるようになり，政府や地域社会が自殺対策を進めるテコとなった経緯を，簡単に紹介しました。当事者の登場によって問題の存在が認識ないし重要視されるようになった事例は，犯罪被害者や過労死，拉致問題など，他にも数多くあります。問題に直面する（直面した）市民が，当事者として運動に立ち上がることは，問題の存在を知らせる意味もあるのです。

　障害者運動の展開も，問題に直面する当事者によって運動の方向性を変えた具体例です。障害当事者自身が運動の中心に立つことで，新たな問題解決の視座が提起され，従来の取り組みが根本的に問い直されたからです。その転換点となったのは，1970年に母親による障害児殺しに対して厳正裁判を要求した神奈川青い芝の会の運動です。障害児を抱える母親による心中未遂事件で，母親への減刑嘆願運動を鋭く批判した主張は，全国の障害者が介護者に庇護される[10]存在から「生活の主体者」へと意識を高める上で，大きな影響を与えました。この運動にも触発されて，1970年代以降，障害者の移動権保障やバリアフリー化運動が全国各地で活発に展開されていきました。このような例は，LGBT[11]の人々の人権運動などにおいても，同様に新たな視点の提示がなされています。

このように市民活動には，活動に参加するまでは第三者的に問題を見ていた人々が，活動を進める中で問題と自身との関わりに気づき，当事者としての意識を高めていく意味があります。人々に参加の機会を提供することで，人々は社会問題を自分事（我が事）と受け止めるようになり，その解決の主体と自覚し行動するようになります。その意味で市民活動は，まさに政治的主体としての「市民」を創造していく活動ともいえます。

ドラッカーの指摘のように，NPOは人々が市民性を回復し，社会の課題を自治的に解決する機会を生み出す存在なのです。

## 3　人を取り巻く4つの関係

ここまでの検討とともに，ボランティア活動などでつむがれる人々と私たち自身との関係について，以下に整理してみました。

ボランティア活動などでの人間関係と血縁などでのそれとを比較するため，私たちの暮らしにおける「関係」を「人を取り巻く4つの関係」として図式化すると，図5-2（次頁）のようになります。

図5-2では，その関係が主体的に自由に選べるかどうかを縦軸に，その関係に主観的な配慮（共感）が入り込むかどうかを横軸にとり，理念型として4つの関係を表現しています。つまり個人の主体性の軸と，共感による連携の軸の両面から関係を分析したものです。

まず個人の主体性にかかわる「選ぶ」という点で自由なのは，ボランティア活動や友人との関係と市場を通じた交換し合う関係です。そこで多様なオプションの中から，自らの志向（指向・嗜好）に応じて対象を選べる多元的な世界です。逆に「選びにくい」のは，行政との関係と血縁や地縁の関係です。移民や帰化，結婚と離婚などで選択の余地もありますが，そもそも生まれる国や出身地，親は「選べない」からです。

一方，共感や情愛といった主観的配慮の入る余地は国や市場では少なく，家族や郷土，友人やボランティア活動では多くなります。この対比は情緒的な一

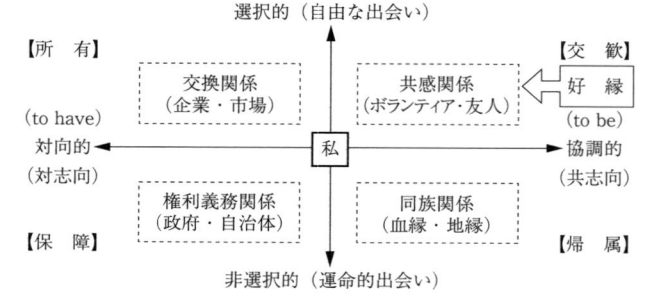

図5-2　人をつなぐ4つの関係

選択的（自由な出会い）

【所　有】　　　　　　　　　　　　　　【交　歓】

交換関係　　　　　共感関係　　　←　好　縁
（企業・市場）　（ボランティア・友人）
(to have)　　　　　　　　　　　　　　　　(to be)
対向的　　　　　　　　　　私　　　　　　協調的
（対志向）　　　　　　　　　　　　　　　（共志向）

権利義務関係　　　　同族関係
（政府・自治体）　（血縁・地縁）

【保　障】　　　　　　　　　　　　　　【帰　属】

非選択的（運命的出会い）

体感の強弱，ないし協調的か競争・闘争的かの対比ともなります。「法の目標は平和であり，それに達する手段は闘争である」（イェーリング 1978）という法制度，つまり国との関係や市場競争の世界と，家族内や友人との世界との違いです。

　この4つの関係を，それぞれ「共感関係」「同族関係」「交換関係」「権利義務関係」と名づけました。ボランティアや友人は「共感」でつながる関係です。血縁や地縁を「同族関係」と呼ぶのは，構成員の間に"同じである"ことを基盤とし，その関係を維持するために同化志向をもつ場合も多いからです。企業・市場とはギブ＆テイクの「交換」の関係です。また政府・自治体とは人権を保障する一方で種々の義務を課す点で「権利義務関係」と名づけています。なお，それぞれの関係の横に示した「交歓」「帰属」「所有」「保障」という言葉は，それぞれの関係の目標を象徴化したものです。また「共感関係」の右にある「好縁」は，『国民生活白書 平成12年版』で使われた造語を借用しています。

　私たちが社会で暮らす上で，この4つの関係をバランスよく保つことが大切です。

## 4　活動する人自身も元気になる

### （1）社会活動で長生きになる

　この「市民性の回復」とともに，あるいは「市民性の回復」によって，ボラ

図5-3 静岡県で高齢者1万4,000人の10年後を追ったら……

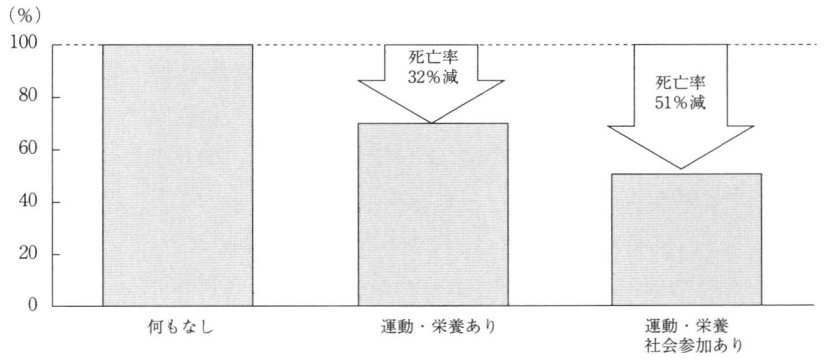

出所：静岡県総合健康センター「第1期高齢者コホート調査」2012年（東海公衆衛生学会発表資料）。

ンティア活動などの市民活動に参加することは，活動する人々自身を元気にする効果があることも見逃せません。

　静岡県総合健康センターが1999年度から3年ごとに2008年度まで10年間にわたって，65歳以上の高齢者1万4,000人[13]を対象に実施した「高齢者コホート調査」によると，「外出などにより1日に合計30分以上歩きますか」との質問で週5回以上と回答した人を「運動要因あり」，それ以下の人を「運動要因なし」とし，「肉・魚・大豆製品・卵などを含むおかずを食べましたか」との質問に1日に3回以上と回答した人を「栄養要因あり」，それ以下の人を「栄養要因なし」とし，「町内会の作業・ボランティア活動などの地域活動をしていますか」との質問に「週2回以上」と回答した人を「社会参加要因あり」，それ以下の人を「社会参加要因なし」としました。

　最初の調査で，この3項目での「あり」「なし」で回答者を分類し，その後を追った結果，10年後に図5-3のような結果が出ました。つまり，3項目とも「なし」と答えた人の死亡率を100とした場合，運動面と栄養面が「あり」という人は死亡率が32％も下がり，これに加えて社会参加面も「あり」であれば，死亡率が51％も下がったのです。

　つまり，ボランティア活動などに熱心に参加している人（週に2日以上ですから，かなり熱心です）は寿命が伸びているのです。役割を持ち，活動仲間と

交流する機会が多くなることで生き方が前向きになることが，健康にプラスの効果を生み出しているといえます。

実際，ボランティア活動に参加している人は幸福度が高いという調査結果もあります。[14]「平成21年度国民生活選好度調査」によると，ボランティア活動への参加と幸福度に相関関係があることが示されました。具体的には，「現在，あなたはどの程度幸せですか。『とても幸せ』を10点，『とても不幸』を0点とすると，何点くらいになると思いますか」との質問に対して，ボランティア等の活動参加者の回答は平均6.73であったのに対し，それ以外の人（無回答を含む）の平均は6.38でした。またボランティア等の活動参加者の59％が7点以上と回答しましたが，それ以外の人で7点以上と回答したのは52％でした。こうした調査から，ボランティア活動に参加する機会を得ることで，前向きな生き方ができることは確かだといえるでしょう。

諸外国に比べ日本の子どもの自己肯定感は極めて低い[15]ですが，子どもたちがボランティア活動を自主的に“楽しめる”環境を整えれば，自信を高め，将来に向けた夢を抱く若者が増えるのではないかと思われます。

## （2）認知症の発症と社会活動との関係

少し視点を変えて，私たちの暮らしで大きな不安要因となっており，また現に日々介護に奮闘されている人も多い認知症について見てみましょう。図5-4は年代と性別で分析した認知症の有病率です（東京都健康長寿医療センター2014：9）。認知症の有病率は高齢になるほど高まるのは予想どおりですが，意外なのは，年齢が上がると女性の有病率が男性よりも高くなることです。女性は平均寿命が長く男性より健康面で優れていると思われるのに，なぜこのような性差が生じるのでしょうか。

この謎を解明するヒントになるかもしれないのは，図5-5の高齢者の配偶者との死別・離別率です。これは国勢調査（2015年）のデータを基に作成しているため，85歳以上の年代のデータは細かく分析されていませんが，ともかく図5-4の認知症有病率の状況と配偶者の死別・離別率は関連が深いと予測さ

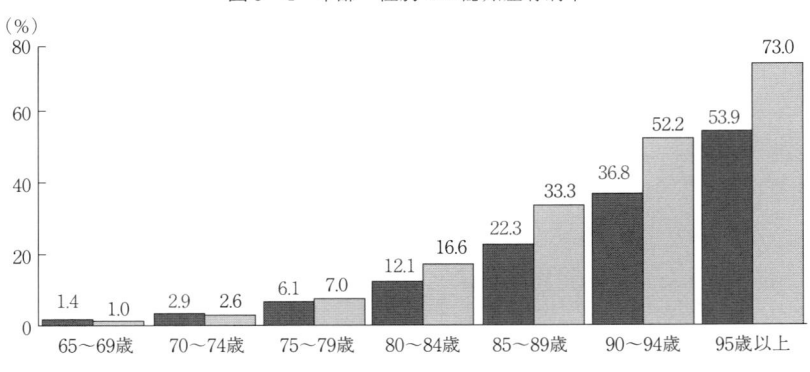

図5-4 年齢・性別での認知症有病率

出所：東京都健康長寿医療センター（2014）。

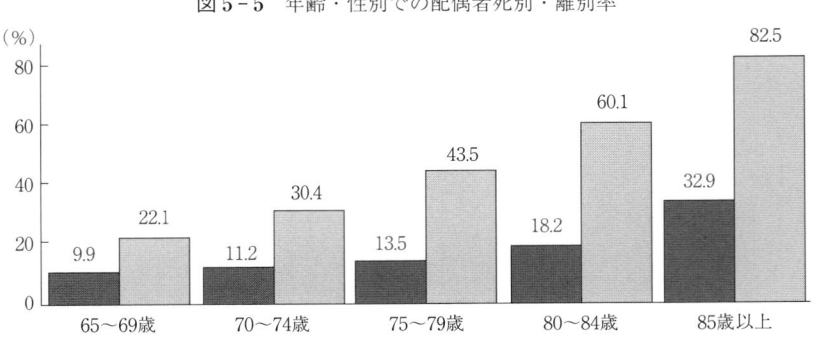

図5-5 年齢・性別での配偶者死別・離別率

出所：国勢調査（2015年）を基に筆者作成。

れます。つまり，共に暮らす家族がいなくなることが認知症の発症に影響している可能性があるわけです。

　ところが，地域別の認知症有病率を比較した調査（朝田ら 2013）では図5-6（次頁）のように驚くべき結果が報告されています。地域活動が活発なことで有名な島根県隠岐の島にある海士町では，加齢が進んでも認知症の有病率が低い水準で留まっているのです。

　なぜ，このようなことが起こるのでしょうか。海士町といえばユニークな地

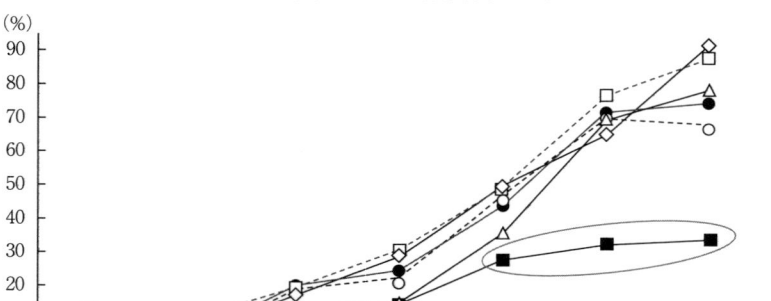

図5-6　認知症の地域別有病率の比較

出所：総合研究報告書『都市部における認知症有病率と認知症の生活機能障害への対応』2013年。

域づくりで全国から注目されている町ですが，2009年に町の住民が中心となって，住民自身でできる地域づくりのヒント集『島の幸福論（別冊）海士町をつくる24の提案』[16] を作成するなど，住民の地域活動が活発に展開されています。そうした実績と先の静岡県の調査結果もふまえると，海士町では，地域活動への住民の参加によって島民相互の交流も深まり，配偶者が亡くなって一人暮らしになっても，隣人との交流があり，また地域で役割を得る機会が多いため，認知症の発症が抑制されている……，かもしれないということです。

### （3）介護予防とボランティア活動の接点

　このように見ていくと，近年，焦眉の課題となっている介護予防と，ボランティア活動の参加には一定の関連性がありそうです。

　こうしたこともあって，いわゆる「介護支援ボランティア制度」[17] などと呼ばれる仕組みが全国各地で導入されるようになってきました。高齢者が介護施設などで活動を行うとポイントが付与され，このポイントを貯めて一定ポイント以上になると，現金に換金したり寄付したりできる仕組みです。

　ただし，第4章第5節でみたように，金銭的報酬の提供で参加意欲が下がったり，報酬が提供されなければ活動をしなくなったりするなどの弊害も心配されます。自主的なボランティア活動への呼び水，きっかけとなることを願うとともに，より自主性を引き出すための配慮をするべきだろうと思います。この自主性を高めるためのサポートについては，第8章で解説することにします。

注

(1)　詳しくは，鷲田清一（2010）。

(2)　Peter F. Drucker。1909-2005年。経営学者，社会生態学者。

(3)　2017年11月13日に発信された松原氏の facebook から。

(4)　市民活動総合情報誌『ウォロ』2007年12月号（大阪ボランティア協会）の特集となった拙稿「『自殺対策基本法』をつくった市民たち」で，この経緯を詳しく報告した。なお同特集は以下で全文を読むことができる（http://www.osakavol.org/volo/volo0712feature.pdf）。

(5)　自殺対策基本法の制定以前は，自殺対策は厚生労働省におけるうつ病患者への支援策程度しかなく，多重債務，過労，いじめなど，自殺にいたる原因を総合的に見ながら自殺を防ぐ施策はなかった。また自治体などにも自殺対策に関する部署は存在しなかった。

(6)　行為を意味する時は「自殺」，遺族や遺児に対しては「自死」を使うという全国自死遺族総合支援センターのガイドラインに従う。

(7)　その状況を，自殺対策基本法の制定に奔走した故・山本孝史参議院議員は「自殺対策は誰も望んでいない」と感じたと述懐していた（『ウォロ』2007年12月号，通巻431号，12頁）。

(8)　山一證券の破綻は1997年11月だが，1998年以降，自殺者が急増した。

(9)　1999年にあしなが育英会が発行し，延べ13万部を無料配布。2002年には増補する形でサンマーク出版から『自殺って言えなかった。』（自死遺児編集委員会・あしなが育英会共編）が発行されている。

(10)　横塚（1975）で，その思想が語られている。2007年に立岩真也の解説を付して，生活書院から復刊された。

(11)　たとえば車いすで歩ける街づくりを進めるため，1969年に仙台市で「福祉のまちづくり」，1971年に町田市で「市民懇談会」，1972年に京都市で「車いすで歩ける街づくり運動」，1976年に「誰でも乗れる地下鉄をつくる会」（大阪市）が発足など，各地で運動が広がった。このうち，「誰でも乗れる地下鉄をつくる会」については，

牧里・早瀬（1981：147-186）で詳しく解説している。

⑿　この図は『国民生活白書 平成12年版』に同様の名称で一部，修正のうえ紹介されている。図の備考に「経済企画庁国民生活展望研究会資料（2000年）を参考に作成」とあるが，同研究会でその資料を配布したのは筆者であり，その出所が示されなかったのは残念である。なおこの図の初出は，早瀬（1995）。

⒀　調査は静岡県内74市町村の高齢者（65〜84歳）2万2,000人をランダムに抽出して実施され，初回に回答があった1万4,001人に対して追跡的なアンケート調査を実施した。解析に用いる質問項目の欠測により，最終的な解析対象者は1万363人。

⒁　なおボランティア等の活動参加者は全回答者の25.9％だった。

⒂　『子ども・若者白書 平成26年版』によれば，日本を含めた7カ国の満13〜29歳の若者を対象とした意識調査で，「自分に満足している」との回答率は，アメリカ86.0％，イギリス83.1％，フランス82.7％，ドイツ80.9％，スウェーデン74.4％，韓国71.5％であったのに対し，日本の若者の回答率は45.8％だった。

⒃　http://www.town.ama.shimane.jp/gyosei/pdf/4soushin_betsu_prologue.pdf

⒄　厚生労働省が2007年に地域支援事業交付金を介して導入の支援を始めた。いわゆる「有償ボランティア」活動の一種ともいえるが，ボランティアという用語を使うことには批判も多い（筒井 2007，等）。こうした見解も受け，「介護予防ポイント」などの名称を使う自治体も多い。

## 第6章　「強み」が「弱み」に
—— 自発的社会活動の弱点

　ここまでボランティア活動など市民の自発的な社会活動の自由さや，その特長，意義について解説してきました。ここまでの解説を通じて，この活動の活力や多彩さや創造性や機動性や自治を生み出す力は，活動を自発的に進めることによって生まれることをご理解いただけたと思います。

　しかし，この市民活動には，少し解決がやっかいな弱点もあります。しかも，この弱点が生まれる背景には，市民活動の長所の理由となっていた「自発的に進められる」ということがあります。

　以下，この課題を紹介するとともに，その克服策を考えていきます。

### 1　「ボランティア拒否宣言」から学ぶこと

**（1）ボランティア拒否宣言**

　まず，いきなりですが，かなりショッキングな詩をご紹介します。タイトルは「ボランティア拒否宣言」です。

### ボランティア拒否宣言

花田　えくぼ

　それを言ったらオシマイと言う前に
　一体私に何が始まっていたと言うの
　何時だってオシマイの向うにしかハジマリは無い
　その向う側に私は車椅子を漕ぎ出すのだ

ボランティアこそ私の敵
私はボランティアの犬達を拒否する


ボランティアの犬達は　私を優しく自滅させる
ボランティアの犬達は　私を巧みに甘えさせる
ボランティアの犬達は　アテにならぬものを頼らせる
ボランティアの犬達は　残された僅かな筋力を弱らせる
ボランティアの犬達は　私をアクセサリーにして街を歩く
ボランティアの犬達は　車椅子の蔭で出来上っている
ボランティアの犬達は　私をお優しい青年達の結婚式を飾る哀れな道具に
　　　　　　　　　　　する
ボランティアの犬達は　私を夏休みの宿題にする
ボランティアの犬達は　彼等の子供達に観察日記を書かせる
ボランティアの犬達は　私の我がままと頑なさを確かな権利であると主張
　　　　　　　　　　　させる
ボランティアの犬達は　ごう慢と無知をかけがえのない個性であると信じ
　　　　　　　　　　　込ませる
ボランティアの犬達は　非常識と非協調をたくましい行動だと煽りたてる
ボランティアの犬達は　文化住宅に解放区を作り自立の旗を揚げてたむろ
　　　　　　　　　　　する
ボランティアの犬達は　私と社会の間に溝を掘り幻想の中に孤立させる


私はその犬達に尻尾を振った
私は彼等の巧みな優しさに飼い慣らされ
汚い手で顎をさすられた
私は　もう彼等をいい気持ちにさせて上げない
今度その手が伸びてきたら
私は　きっとその手に噛みついてやる

　　ごめんね

　　私の心のかわいそうな狼

　　少しの間　私はお前を忘れていた

　　誇り高い狼の顔で

　　オシマイの向う側に

　　車椅子を漕ぎ出すのだ


　この詩が発表されたのは1986年。障害者とボランティアで結成した団体「お
おさか行動する障害者応援センター」の機関誌『すたこらさん』（1986年10月
号）でした。

　これほど鋭いボランティア批判はそうはないだろうと思えるほど，厳しい内
容です。「ボランティアの犬」という表現が実に辛辣で，その言葉が使われる
前の行でも「ボランティアこそ私の敵」との断言もあって，「あまりに否定的
で，とても受け止められない」といった感想もありました。


### （2）どんなボランティアが拒否されているのか

　しかし，確かに厳しい言葉が並ぶものの，この詩をよく読むと，感情的に怒
りをぶつけているのではなく，実は論理的に批判をしていることがわかります。
そのポイントは，「ボランティアの犬達は」で始まる14行です。この"ボラン
ティアの犬達は・14連発"で，作者はどんなボランティアを拒否しているかが
わかるからです。

　まず，最初の4行は「自滅させる」「甘えさせる」「頼らせる」「弱らせる」
と，すべて使役動詞で終わっています。障害者の主体性を尊重せず，ボランテ
ィアの勝手な思いで介助するような関わり方を拒否している訳です。特に「優
しく自滅させる」「巧みに甘えさせる」という部分は，ボランティアが"上か
ら"の視線から保護的に関わるばかりで，本人の自尊心を傷つける関わりがな
されてきたと読めます。だからこそ，後段で「誇り高い狼の顔」という表現が
使われているのでしょう。また，「アテにならぬもの……」のくだりからは安

易に安請け合いを繰り返すボランティアの姿が想像されます。この詩の作者は，そんなボランティアを拒否しています。第1章でボランティアにとって“自律”が重要だということを「ネコ」にたとえて解説しましたが，応援する相手の“自律”も尊重しなければなりません。共に生きるとは，そういうことです。

　次の5行では，すべて障害者が物か対象として扱われています。「アクセサリー」や「蔭」を作るもの，「道具」として扱われ，「宿題」や「観察日記」のための対象です。強い疎外感が示される背景には，ハンディを抱えつつ自分らしく生きようと頑張る花田さんに，ボランティアが共感を寄せ，その花田さんの生き方を支えよう……といった姿勢を感じられないことがあります。さらに，後段にある「彼等をいい気持ちにさせて上げない」という表現からは，自分がボランティアの自己満足を得るための手段として扱われていたと感じていることもうかがえます。このようなボランティアも拒否するということです。

　最後の5行は，障害者問題に関する当時の様々な運動の状況をふまえなければなりません。この詩が書かれた当時，障害者の現状改善を目指して様々なグループが運動を展開していましたが，その中には従来の枠組みを大きく変革する運動もありました。1970年代には公共交通機関が車いすを利用する障害者を拒否することもあったわけで，その現実を改革しなければならないのは当然ですが，その運動の中ではかなり過激な闘争もありました。[1]そのような運動の中には，ボランティアがリードして障害者を教化する動きもありましたが，ここで指摘されているのは，その主張が詩の作者にとっては共感できないものだったということでしょう。自らが正義だとする主張のために障害者を利用するような運動に，強く反発しているといえます。

　このように読むと，この詩の作者はボランティアという存在自体を「拒否」しているのではなく，上記のような態度をとるボランティアを拒否していると考えられます。

## （3）ボランティアへのラブレター？

　詩の最後に「私の心のかわいそうな狼」とありますが，人間が狼を狩猟用に

家畜化したのが犬だとされていることを考えると，ボランティアを犬と呼び，自らを狼としていることにも意味があると思います。つまり，ボランティアのペットのような扱いを受けてきたと感じている作者が，今後，自らの人生を主体的に生きていく決意を示すため「誇り高い狼の顔で／オシマイの向う側に／車椅子を漕ぎ出すのだ」と結んでいると考えられるからです。

このように読むと，詩で使われている表現は激しいものではあるものの，ここで書かれているのは不信感から来るボランティアの否定ではなく，逆にボランティアへの期待を込めた一種のラブレターだとも考えられます。というのも，この詩が掲載されたのは，障害者とボランティアが「障害の有無に関わらず，共に」より良い社会づくりを目指している団体の機関紙だからです。

とはいえ，この詩で私たちに届けようとしたボランティアへの問題提起には，真摯に応えなければなりません。ボランティアとボランティアが応援する相手との協働関係については，本章第4節で再度検討しますが，両者が共に生きる「共生」の関係づくりが重要になります。

## 2 独善化とマンネリ化──客観的評価システムにさらされない弊害

### （1）「独りよがり」「マンネリ化」の危険性

#### 1）「善意」が「効果」を生む保証はない

「ボランティア拒否宣言」が批判するような事態をボランティアが起こしてしまう背景に，ボランティア活動が自主的に取り組まれるものであり，ボランティアの人間観や感性次第で，その姿が大きく変わってしまうという点があります。

そもそも，ボランティア活動などの民間非営利活動は，それぞれ多様な価値観に基づいて取り組まれるため，客観的な評価指標の設定が困難です。政府・自治体ならば国民（住民）全体の合意，企業ならば利益の額が評価の基準になります。しかしボランティア活動などでは，それぞれ異なる目標に取り組んでよいわけですし，その多様性自体に意味がある世界です。

しかしこのことは，基本的人権の尊重といった普遍的に守られるべき原則は別として，何を目標に，どのようなことを価値あることと意味づけるかは本人ないしメンバーが自由に決めてよいわけで，客観的にその妥当性を判定するのが困難な活動だということでもあります。

　このため，ユニークで先進的だと自己評価している活動が独善的と受け止められたり，永く伝統を守って活動を続けていると自負している活動がマンネリと見られたりすることもあります。しかもそのような評価を外部から受けたからといって，実際に独りよがり，あるいはマンネリに陥っているかどうかは，本人やメンバーの考え方，受け止め方次第です。「独りよがり」や「マンネリ」に陥る危険性はあるものの，それを客観的に判定するのはとても難しいのです。

　とはいえ，「ボランティア拒否宣言」の告発のように，応援をする相手からの評価は謙虚に受け止めなければなりません。ただし，このような形で明確に評価が示されることは，そう多くはありません。特にボランティア活動の場合，無償の応援を受ける立場にあるため，多少，不満があっても我慢する場合も少なくないからです。「不満が言われにくい無償の活動だからこそ，きちんとしなければならない」。活動にあたって，そう自らを戒めるボランティアに出会ったことがありますが，こうした姿勢は特に大切です。

　要は，動機が「善意」の活動であるからといって，それが「善行」――つまり「効果」を生み出す保証はないわけで，この点を自覚していることが重要だといえます。

### ２）「善行」と考えて活動することの落とし穴

　もっとも周囲から「自分のこともできないくせに」とか「タダで手伝うなんて変わり者」などと見られても，自分の活動は「正しいことだ」「善い行いだ」と考えることが，孤軍奮闘するボランティアを支えることもあります。しかし，この「善行意識」は，以下のような弊害をもたらす場合もあります。

　まず，「正しいからする」という姿勢は，自らの発想や方法論を絶対視し，それとは違う動きや考え方を排除しやすいということです。

　市民活動で意外に多いのが「仲間割れ」ですが，その原因の一つに，活動に

熱心なあまり，自分と異なるスタイルを受け入れられなくなってしまうことがあります。人は自発的に動こうとする時ほど，「他ならぬ自分がするのだから……」といった形で，自分の行為に自負ないしこだわりを持ちがちです。しかも市民活動の場合，打算的に動くことは少ないため，それぞれのこだわりの差，つまり小さな志向の違いを調整できず，決定的な対立に結びつきやすいのです。このような対立は，熱心な者同士の間でこそ起こりやすいので，対立がきっかけでグループが分裂したり退会者を出したりしてしまう場合，下手をすると最も活動的な仲間を失うことにもなりかねません。

### 3）自己満足

また「善行意識」への安住は，「自己満足」化をもたらすこともあります。社会には様々な課題が山積しています。世界各地で頻発する紛争，大量の難民の発生，貧富の格差や飢餓の深刻化，気候変動の進展……。もちろん日本国内でも様々な問題が起こっています。ただし，熱心に市民活動に取り組む人でも扱えるテーマは限られており，私たちはその大半の課題に対し，気にはかけつつも，何もできないまま放置する暮らしを続けざるを得ません。しかし，何もしないということは，結果的に現状を容認することにつながってしまいます。その意味で厳密に考えれば，私たちには「加害者」という側面もあります。また，自身が取り組む活動には一定の意味があるにせよ，課題の背景にひそむ社会問題を，すべて解決できるまでには至っていない場合が一般的です。その点で，完璧な活動ができているわけではありません。

自身のこのような立場や問題の深さ，重さに思いをはせることなく，活動後，「今日は良いことをした」という感慨をもつ"だけ"で終わってしまっていると，「偽善だ」とか「自己満足ではないか」と非難されることになります。

もちろん，何もしないよりは，ずっとマシです。どんなに努力しても何も変わらないと無力感に苛まれすぎるよりも，「駄目で元々！」とめげずに頑張ることで，困難な課題を乗り越えられることも少なくありません。要は，活動を前向きに進めつつも，視野を広げ，活動を深めていく姿勢が大切なのです。

かつて，観光地・嵯峨野の美化を目的に空き缶回収に取り組むうちに，毎回，

大量の空き缶が回収されることに「満足」ではなく「疑問」を感じ，空き缶のリサイクル推進システムであるデポジット制導入の条令制定運動に取り組んだ活動（長尾 1984）がありました。この活動のリーダーだった故・長尾憲彰氏が目前の課題の背後にある，より本質的な問題に迫ることができたのは，日々の活動に安易に満足しなかったからです。

売上高や利益など貨幣的な評価基準が存在し，市場での厳しい競争を通じて常に外側から評価される企業と違い，市民活動の世界で客観的な評価システムを構築するのは，そう容易ではありません。それだけに，社会の変化を自分の活動とつなげて考えるとともに，日常の活動の中にも課題を見出すことができるビビッドなセンスが大切になります。

### 4）自発性は揮発性

「熱しやすく冷めやすい」という言葉がありますが，新たな出会いや気づき，体験など何らかの刺激的な体験が得られなければ，同じ思いを持ち続けることは容易ではありません。いわば，「自発性は揮発性」なのです。特に活動がマンネリ状態だと思う状態だと，この意欲の低下が進みやすくなります。

制度などに縛られていないことはボランティア活動の良さですが，逆に制度などの支えがない中，活動のエネルギーを支えるのは担い手の意欲だけです。この意欲を高めるためには，成し遂げられた実績の共有や新たな目標の設定と挑戦，その目標実現に向けた学習機会の提供，他の地域や分野などで活動しているボランティアなどとの交流の機会づくりなど，様々な対策も必要になってきます。これらは「リテンション」（retention：テンションの再引き上げ）とも呼ばれます。実際，長く継続している市民活動では，現状に満足せず，新たな課題解決に向けて開拓的，挑戦的に活動を進めている場合が多いといえます。


## （2）全体への「影響」に対する配慮

また，「全体の奉仕者」である行政とは異なり，全体からの拘束を受けず，それぞれのスタイルで自由に活動を始められるというボランティア活動の特性そのものから生ずる問題もあります。

　ボランティアは自分の関心や能力を活かして活動できることで，多彩な取り組みが展開できますし，全体状況を見極めずとも動けるので，災害時などには極めて有用な機動性をもった活動ができます。しかし，その反面，全体のバランスを崩すなどの問題を生ずることもあるのです。

　たとえば大災害が起こると，被災地には人々の善意の結晶ともいうべき大量の救援物資が集まります。ただし，この物資を無料で大量に配り続けることで，かえって被災した店舗の復興が妨害されたり，被災した人々の自立への意欲を萎えさせたりしてしまうことがあります。救援物資の配布はもちろん「善意」から発するわけですが，「善意」の行為だからといって，相手に喜ばれるという保証はありません。動機はともかく，行為の結果に対する想像力が欠けてしまうと，かえってマイナスの結果をもたらすことさえあるのです。

　それに救援物資の配布は一種の配給システムですが，必要度の差に関係なく平等に配布しようとすると，たとえば避難所に暮らす人全員分の物資がない場合は配布を見合わせる……などといった不効率なことも起こります。このような問題に解決するには，自律的に物資の需要と供給が調整される市場経済システムを1日も早く復興すること，つまり企業活動の活性化が必要です。しかし市場システムの復興だけでは，震災で財産を失い経済力を失った人たちが排除されてしまいます。そこで行政の復興により経済的な保障体制などを再整備することも必要になってきます。

　第5章で，大災害などではボランティアが行政を上回る機動性を持ち得ることを紹介しました。しかし，その"活躍"の背景には，全体状況が把握できず公平性が確保できなくなってしまう「非常時」という特殊要因がありました。つまり，単なる思いつきとなりかねないことが，結果として多彩さと評価されたのも，災害発生直後で行政は最低限のサービスを公平に供給することに力を入れざるを得なかったという事情があってのことだと思い至ることが大切です。

## ── コラム 1 「不幸産業」ということ<sup>(5)</sup> ──

「僕の仕事は不幸産業ですから……」

10年以上前のこと，TBS 系で放送されている「NEWS23」で，故・筑紫哲也氏のインタビューに高名な医師がこう答えました。病いに倒れた人がいるからこそ，自分の仕事がある。その成果を賞賛する声に包まれる中，医師は自らの仕事が成立する土台として，病いに苦しむ多くの人々に思いをはせていました。

この言葉にハッとしたのは，阪神・淡路大震災の際，マスコミが繰り返し報道した「ボランティアの活躍」の"現実"を思い出したからです。

1995年は「ボランティア元年」とまで呼ばれました。現地に出向いた人だけでも140万人を越え，募金や救援物資で協力した人も加えれば，日本に暮らす人の 8 割以上が何らかの行動を起こしたという統計もあります。市民による復興への支援活動が多彩に展開されました。

そんな中，大阪ボランティア協会も各地の市民団体などと連携して，被災地東部に日本初の災害ボランティアセンター「被災地の人々を応援する市民の会」を立ち上げました。平時に培ってきたボランティアコーディネーションのノウハウと全国の市民団体や企業等とのネットワークが活き，結局，2 万1,000人以上のボランティアが集う被災地内で最大のボランティア活動拠点となりました。

その一方で，NHK の取材拠点になるなど，メディアへの露出も多くなりました。そこで，冗談か揶揄か，災害時の対応を考える，あるフォーラムに出席した際に，私を「国民的英雄」と紹介され，ゾッとしたことがありました。なぜ，ゾッとしたのか。私には「ボランティア活躍」の"陰"ともいえる，苦い記憶があるからです。

「こんなもん，いらんわ！」

その言葉が，今も耳から離れません。

現地事務所ではボランティアと被災地の人々の仲介活動に加え，全国から寄せられる救援物資の配布にもあたっていました。その夜も，明日の対応を検討する会議が遅くまで続く中，少し休憩しようと，私が事務所の外に出た時でした。一人の男性が，事務所の前に積み上げられた救援物資の束を探っておられました。

「これ，もらえるか？」

そこで「はい，どうぞ」と，すぐに言えば良かったのです。ただ，その物資は先程の会議で，翌日の訪問活動時に持参しようと話していたものでした。そこで「あの……」と，一瞬，戸惑ってしまいました。その私のモゾモゾとした反応にぶつけられたのが，その言葉でした。

「あぁ，なんてことをしてしまったのだ」と思っても，もう後の祭。走り去る男性の背中は，屈辱でふるえているようでした。物乞いのような行為をしたい人はいません。しかし背に腹は変えられず，おそるおそる手にとられたのでしょう。その

立場に立って，その痛みを共有する感性を磨けていれば，私は違う対応ができたはずです。ところが，「応援する側」の立場にとどまったまま，予期せぬ被災で途方にくれる人をさらに傷つける行為をしてしまったのです。

　災害のたびに言われる「心のケア」についても，同様のことがよく言われます。恐怖の体験や今の苦しさを吐露することで，ストレスを昇華できる場合があります。そこで「心のケアだ！」と，被災者の話を聴く活動が広く行われます。もちろん，その活動には少なからず意味があるでしょう。

　しかし，「なんぼ話を聴いてくれても，それで家が戻るわけやない。家さえ戻れば，この暗い気分は簡単に晴れるのに……」とこぼされたことがありました。具体的な生活課題の解決こそが，ストレスを解消する根本的な対策です。その問題にまで迫らないまま，「心のケア」ができたと満足してしまってはいなかったか，ボランティアの"活躍"の陰で，こんなことも実は少なくなかったと思います。

　これに対して，「みな，良かれと思い，身銭をきってかけつけたのだ。そこで多少とも成果が挙げられたなら，それを素直に評価すればよいのであって，変にケチをつけることはない」といった意見もあるでしょう。確かに，他者を支える行為を過剰に難しいものとしてはならないでしょう。それに，行政こそが公共活動の担い手という見方が強かったこの国で，ボランティアやNPOが行政を超える機動性や多彩さを発揮し，「もう一つの公共活動の担い手」の意味を広く示したことなどは，積極的に評価しなければなりません。

　さらに，被災地での厳しい現実が街を覆い尽くすがごとき中にあって，「明るい話題」としてボランティアなどの活動を大きく取り上げることで，復興に努力する人たちが決して孤立していないことを伝える意味もあるでしょう。大切なことは，そうした肯定的評価に酔いしれてしまわない視点をもつことです。「不幸産業」という言葉は，ボランティアが変に思い上がってしまうことを正してくれます。そして，この言葉は，災害救援に限らず，多くの市民活動の場面でかみしめねばならないものでしょう。

　しかし，この「不幸産業」という言葉にも落とし穴があります。それは，この言葉が応援する相手を「不幸な人」と決めつけてしまいかねないことです。辛い体験をされていることは確かですが，自らを「不幸」だと，その運命を呪っている人ばかりではありませんでした。そもそも，ボランティアが頑張れるのも，「いつまでもクヨクヨしてても，しゃあないがな」と復興を目指す人たちの頑張りに，励まされていた面が大いにありました。いわば「不幸」に負けない「元気」との出会いです。

　「不幸産業」の側面を持ちつつも，「不幸」を乗り越える人々との出会いに支えられて自分たちの活動が広がっていきます。市民活動を進める際に，自らのこの立場を見失わないでいたいと思います。

# 3 自発性パラドックス

　自発的な取り組みを進める中で，「自らの意志で進めた行動の結果として，自分自身が苦しい立場に立たされる」ことが起こることもあります。以下，慶應義塾大学の金子郁容教授が「自発性パラドックス」（金子 1992）と名づけたこの逆理（パラドックス）的な状況は，なぜ生じるのか。そして，それをどう克服すればよいのかについて考えます。

## （1）人権の「擁護」はできても「保障」は難しい
### 1）問われるのは，私の姿勢
　市民活動の課題の一つに，人権の“擁護”はできても，人権を“保障”することは難しいということがあります。

　人が，誰でも，どこででも，どんな時にも保障される“べき”もの，それを私たちは「人権」と呼んでいます。つまり権利とは“されるべき”という義務的な対応によって初めて保障されるものです。たとえば「義務教育」は子どもたちの教育を受ける権利を，保護者の就学保障義務[6]と自治体の学校設置義務[7]，[8]ならびに事業所の避止義務[9]（義務教育期間中の児童の就学を妨げる形で就業させてはいけない義務）によって保障されています。

　しかし義務としてなされる行為は，自発的な活動とは呼べません。確かに自らの意思で自主的に人権を保障“しようとする”ことはできます。しかし，そこで活動に様々な工夫や設計を施さなければ，相手の重い課題を一人で抱え込んでしまい，場合によっては活動の「挫折」につながってしまうことも少なくありません。

　というのも，自発的な取り組みには「ここまですればよい」という普遍的な基準がありません。企業なら損が出ない範囲で，行政なら法律などにまとめられた住民，国民の合意の範囲で，という明確な基準があり，その範囲内でのサービス提供でよいとされます。当然，商品の価格も法令の規定も持続可能な水

準で設定されます。

　しかし市民活動には，こうした普遍的基準はありません。そもそも戦場で命を賭けて活動することもある国際赤十字などのような活動もあれば，深夜，長時間の電話相談活動に携わるボランティアもいます。逆に何もしない人も大勢います。ボランティア活動はどんなテーマを選ぶかという自由に加えて，どんなペースで活動するのかも自由です。そのような中で，個々のボランティアや市民活動家は，どこまで取り組むのかを自分自身に問いながら活動を進めることになります。

　この時，相手の辛さに気づき見て見ぬふりができない人ほど，責任感の強い人ほど，深い問題意識を持っている人ほど「ほっておけない」となりがちです。

## 2）世界の平和・家庭の不和

　しかし，それは結局，活動に無理を生じさせやすくなります。しかも，この無理が重なれば，当然，疲れてしまいます。そこで，やむなく休んだり活動のペースを落としたりするのですが，すると「だからボランティアは当てにならない」と不満を言われたりします。

　ここで，たとえば「私の力にも限界があって……」と釈明することもできますし，応援を求める相手に「無理を押して頑張っているのに，そのように要求される筋合いはありません。厚かましいですよ」ときっぱり拒絶することだってできます。ボランティアには断る自由もあります。

　そもそも，市民活動を進める上で，結構大変なのは，家族との関係です。以前，PHD協会で総主事代行を務めていた藤野達也氏の名言（迷言？）が「世界の平和，家庭の不和」。活動に頑張るあまり，家の用事や家族と関わる時間が圧縮されてしまい，日々，小言が絶えない……という話をよく聞きます。

　かくいう私も「自分のこともできないくせに……」と，何度，言われたことか。ある時など「誰があなたの部屋を片づけていると思ってるの！　たまには，家のボランティアをしなさい」と言われて，返す言葉がありませんでした。こんな状況は，熱心に活動する多くのボランティアの日常的な状況です。

　しかし，そこで「他にお願いできるところもなくて……」と肩を落として帰

ろうとする依頼者の姿を見たりすると、「やはり、もっと頑張らねば」と思い直すことも少なくありません。

　こうして、さらに無理をしてしまいます。そこでまた疲れ、しかし休むと不信や不満をぶつけられ、あるいは自責の念が高まり、そうして再度活動に取り組む中で疲れ果て……。いわば「疲労と不信の悪循環」。活動に真剣に取り組む人ほど、責任感の強い人ほど、こうした事態に自らを追い込みやすいわけです。実際、この悪循環の話をすると、「私、それ3周目です」と答えたボランティアもいました。明治・大正時代に活躍した小説家・有島武郎の評論の書名[11]『惜しみなく愛は奪ふ』そのものともいえるこの状況は、自発的取り組みに特有のものです。それこそ「孤軍奮闘という形の消耗戦」。結局、疲れ果て、最後には活動を休止してしまう場合さえ少なくありません。

　しかも、このような事態は、自発的に取り組む時にこそ深刻化します。誰かに頼まれて活動する場合は、なんらかのトラブルに遭遇した場合、頼んできた相手に文句を言い、事態の収拾を求めることもできます。しかし、自ら気づき、自主的に課題と向き合う場合は、そうはいきません。誰かのせいにして済ますことができず、「気づいた自分が悪かった」という事態になってしまいます。

　その上、元来、「人権」として保障されるべきニーズに対応しなければならない状況では、その事態から逃げにくくなってしまいます。たとえば2000年に介護保険制度が開始される以前、実際上、介護サービスの提供を受けることは社会的な権利とはされておらず、親などの介護は家族の奮闘によって取り組まれるのが一般的でした。しかし、1999年の実態調査では老親介護の中心的な担い手は嫁か娘などの女性が84％、かつ約半数は60歳以上。主な介護者が1日8時間以上も介護している要介護世帯が21.7％、12時間以上が10％となっており[12]、また家族介護者の34.6％が要介護者に「憎しみを感じる」との調査（日本労働組合総連合会 1995）も発表されるなど、まさに「介護地獄」ともいえる状況が生じていました。「介護の社会化」を進める介護保険制度が創設されることとなったのは、このような現実があったためです。

　家族はもちろん、ボランティアや市民団体を行政サービスの代替にしようと

安易に考える発想の問題点は，ここにあります。本来，人権として保障しなければならない課題の解決を，自発性，つまり愛情だけで対応しようとすると，「惜しみなく愛は奪ふ」状態となってしまい，愛情が深く無理をしてでも頑張る人が倒れてしまうのです。

## （2）「自発性パラドックス」の克服策

「自発性パラドックス」に陥らず，この「悪循環」から抜け出すには，一般に以下の3つの対策（ないし，これらを組み合わせた対策）が取られます。すなわち，①現状と今後に対する認識を変え目標を組み立て直す，②課題を取り巻く環境を変える，そして③自らの態勢を変える，の3つです。

### 1）現状と今後に対する認識を変え目標を組み立て直す

端的にいえば「（当初の目標達成を）あきらめる」，つまり一旦，現実を受け入れることです。「こう，あらねば！」という想いと現実とのギャップが悩みのもとなのですから，想いよりも現実に合わせるわけです。これには2つのパターンがあります。

一つは「"当面の"目標」を設定し，理想的な根本的解決を将来の最終目標としつつ，問題は残るものの今の現実に即した「一歩前進」的中間目標を設定することです。それは，無念の選択となる場合もあります。しかし，現状を悲観的にばかり見ずに，「以前よりは改善している」といった形で，過去からの時間軸の中で現状を評価し，一歩ずつ事態を改善していく。この積み重ねによって，成果が着実に積み重ねられていく場合も少なくありません。

そしてもう一つは，問題とみなしてきた現実自体を見直し，新たな発想法のもとで活動を展開することです。1982年に創設された「過疎を逆手にとる会」（2001年に「逆手塾」に改称）も，そうした事例の一つです。それまで過疎を止めようと努力してきた人々が，いくら努力しても徐々に過疎が進んでいく現状を受け止めて発想を転換し，過疎を「逆手にとる」活動を始めたのです。

同会の「過疎を逆手にとる法」には，「過疎」は「魅力ある可能性」と信じること／「ない」ということは「なんでもやれる」という可能性があること／

目標は「東京にはできないこと」をやること……などの言葉が並んでいます。創設30年を経て，その取り組みでつかんだ大切な視点として，ナンバーワンよりオンリーワンのまちづくり，逆境をバネにしたまちづくり，遊び半分のまちづくり，熱意全面のまちづくりが大切……といった総括もされています。[13]

　まさに，新たな価値観やビジョンを実践的に紡いでいるといえますが，このような展開は「現実を受け止めて，目標を組み立て直す」好事例だといえます。

### ２）現状を改革し制度整備などの運動を進める

　一方，課題を取り巻く環境を変える，つまり政府や企業，さらに世論に働きかけて，新たな社会制度やシステムを創造・改善する「改革運動」（アドボカシー）を展開することも極めて重要です。

　ボランティア活動などの市民活動は"お手伝い"，つまりサービスの提供だけにとどまるものではありません。社会的な背景と結びつく問題を私的な努力だけで解決するのは，当然，限界がありますから，これまでも新たな社会制度の創設を求めて多くの運動が展開されてきました。そもそも，人権として保障されねばならない課題の解決を愛情（つまり自発性）に任せれば，まさに「惜しみなく愛は奪ふ」事態を招きがちだということは先に指摘しました。その結果，たとえば高齢者の介護にあたる家族が虐待を起こしてしまうほどに追いつめられる事態も起きているわけで，だからこそ介護の社会化を進め介護保険制度を創設するための運動が展開されたのです。[14]

　先に解説したように，自発的営みには人権保障が難しい，公平なサービス供給が難しいといった弱点がありますが，この弱点を補完するために，私たちは政府を作っているともいえます。ボランティア活動は一人ひとりに合わせた温かい活動ができる反面，公平にサービスを行き届かせることは苦手です。しかし，人権の保障は公平になされねばなりません。そこで，この公平実現のため，市民の立場から行政などの責任を追及し，新たな制度的サービス創設に向けて努力することも，ボランティアや市民団体の大切な役割といえます。

　この市民による社会変革活動には，まず市民が主権者として政策変更に関わり民主的な社会を築いていくという意味がありますが，それとともに社会の課

図6-1 政策アドボカシーと地域サービスの組み合わせで，社会的影響力が高まる

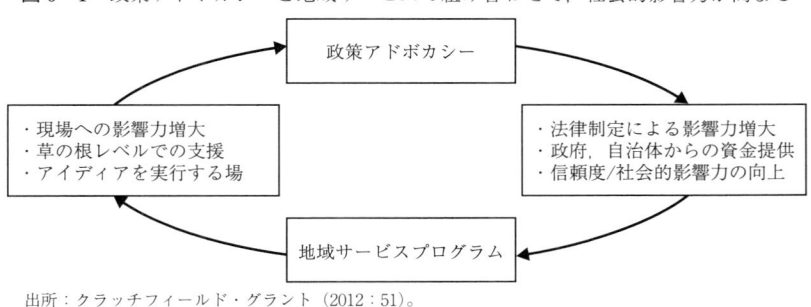

政策アドボカシー

・現場への影響力増大
・草の根レベルでの支援
・アイディアを実行する場

・法律制定による影響力増大
・政府，自治体からの資金提供
・信頼度/社会的影響力の向上

地域サービスプログラム

出所：クラッチフィールド・グラント（2012：51）。

題解決運動とサービス提供の取り組みが図6-1のように好循環を生み出せる可能性がある点も重要です。

　図6-1は『世界を変える偉大なNPOの条件』に掲載されているものです。地域の課題に丁寧に対応する一方で，そこで把握した課題を整理し，その解決に向けた政策提言などの社会変革活動を進めることで，日常的な活動自体の質を向上していくこともできるのです。

　ただし，この展開に隘路があることも指摘しておかなければなりません。というのは，制度の整備を進めた後，その実際の推進にあたって行政から事業受託を受けることがよくあります。その分野の課題などに精通しているからこそ運動を展開してきたわけですし，その課題解決についての専門性があるため，そこを見込まれて実際の事業推進を担うことになるわけです。しかし，その際に寄付や会費，あるいは自主事業収入などの他の財源も一定程度確保できる体制をとっておらず，受託収入が財源の過半になってしまうと，少しずつ団体が下請事業者化し，元来，団体がもっていた民間性（その内実としての柔軟性や創造性，さらには運動性）が弱まってしまうこともあります[15]。

　この財源問題については第8章で詳述しますが，社会制度の整備には大きな意味があるものの，先に解説したように市民活動／NPOには制度では対応しがたい個別的あるいは創造的な取り組みができる点で，制度のサービスと並立する重要な機能があります。制度の中に入り込むことで「トロイの木馬」的な

戦略であったはずが,「ミイラ取りがミイラになる」ではありませんが,制度に取り込まれ,民間活動に固有の特性を失ってしまうこともあるのです。このような点にも留意しておく必要があるでしょう。

### 3) 支援者を確保する――努力する市民を孤立させない

社会制度の創造や改善は重要ですが,もちろん,すべてが制度の充実で解決できるわけではありませんし,政府・自治体では実現の難しいことを容易に実現することは,市民活動／NPO の重要な特長でした。そこで,ボランティア活動など自主的活動ならではの課題解決の視点と手法を活かしつつ,「自発性パラドックス」に陥らないような対策をとることも必要です。

では,どうするのか？

問題は,「孤軍奮闘」状態に陥ってしまうことにありました。その状態を脱するには,問題の解決を自分たちだけで抱え込まず,周囲に「仲間」を広げ「支援者」を得て,自らの体制を強化することが必要になります。つまり,多様な人々を仲間として迎えて「参加の力」を活かし,他の団体とも連携し,さらに行政や企業とも協働関係を築いていくことが必要です。

これはボランティアを取り巻く社会の側からすれば,「頑張るボランティア(市民)を孤立させない」社会を作るということでもあります。頑張っている人が燃え尽きてしまわない社会こそが,健全な「市民社会」だともいえます。第 8 章以降では,この点について解説していくことになります。

## 4 応援を求める人をどう見るか？

### （1）仕方なく選ばれる（？）ボランティア

この「支援者を確保する」とは,周囲に SOS を発信し,応援を求めることです。しかし,これはそう容易なことではありません。

個人が困難な事態に陥ったとき,まず頼ろうとするのは血縁で結ばれた親族という人も多いでしょうし,あるいは行政による解決を要求することもあるでしょう。一番,楽なのは,対価を支払って企業のサービスを買うことかもしれ

ません。赤の他人に，権利としても要求できない中で，お礼も払わずに協力を仰ぐことを躊躇する人は少なくないでしょう。

　逆にいえば，頼れる家族が身近におらず，社会制度の狭間にある問題を抱え，しかも経済的に困窮しているから，ボランティアの応援を求めるという場合も少なくありません。この場合，もし親族や社会制度や経済力のいずれかでカバーできるならば，ボランティアには頼らないということになります。そうなると，ボランティアは「仕方なく選ばれる」存在となってしまいますし，ボランティアと応援を求める人とは強者と弱者のような関係になってしまいます。

　ここまでは個人を想定しましたが，組織の場合でも似たような状況になることがあります。実際，NPOのリーダーの中にも，「ご協力をお願いします」と頼まなければならないボランティアや寄付ではなく，質の高い商品やサービスを提供して対価を得る事業収入を確保し，有給職員の雇用で事業を進めたいという人もいます。

　しかし，再度，書きますが，ボランティアとはそのような「仕方なく選ばれる」存在なのでしょうか。ボランティアと応援を求める人や組織との関係は，どうあればよいのでしょうか。

### （2）「共同の企て」としてのボランティア活動

　この問題を考える際の鍵は，"応援を求める人や組織の立場から"考えることです。

　頼れる親族もなく，行政のサポートも期待できず，経済的にも厳しい状態だという場合，「もう，あきらめる」という人も少なくないでしょう。しかし，そこで「あきらめられない」「何とか解決したい」という思い，つまり未来に向けた夢や願いを抱く時，ボランティアなど外からの応援を求めようということになります。その願いや夢とは，「障害のある我が子が地域で伸びやかに育ってほしい」ということであったり，「豊かな自然環境を次の世代に残したい」，あるいは「被災地に活気を取り戻したい」，さらには「多くの人々の参加を得て，組織のミッションを実現したい」といったものであったりします。

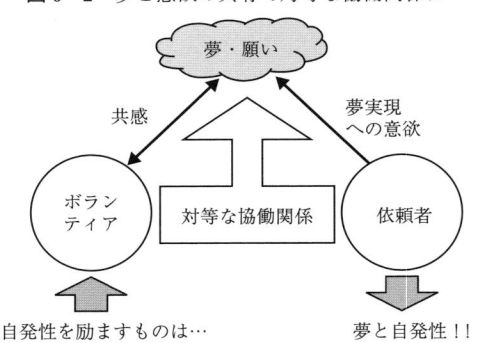

図6-2 夢と意欲の共有で対等な協働関係に

夢・願い

共感

夢実現
への意欲

ボラン
ティア

対等な協働関係

依頼者

自発性を励ますものは…

夢と自発性！！

ボランティアや寄付者などの応援を求める人や組織は，この夢や願いを抱くがゆえに，ボランティアや寄付者などの応援を求めるのです。

そしてボランティアや寄付者は，応援を求める人や組織の，このような夢や願い，目標に「共感」するから活動し，寄付をすることになります。ということは，「共感」を通して，応援を求める人や組織の願いや夢は，ボランティアや寄付者にとっての夢や願い，目標となります。この時，ボランティアや寄付者と応援を求める人や組織との関係は，昔の CM ではありませんが「私，する人。あなた，される人[16]」という与え手・受け手の関係ではなく，立場は異なるものの，同じ夢や願い，目標や夢を実現しようという点で共通の土台をもつ対等な「仲間」「同志」になります（図6-2）。このような状態での取り組みを，大森 彌 氏は「共同の企て」（大森 1981）と呼びました。

このことは，障害者など応援を求める人とボランティアなどとの関係だけでなく，NPO と支援者（ボランティアや寄付者など）との関係においても重要です。両者に「共同の企て」を実現しようという関係が成立するよう努力する組織は，組織としての「自発性パラドックス」を克服し，支援者とともに意欲的に活動を展開することができ，まさに燃え尽きない運営が可能になります。

この組織経営のポイントについても，第8章以降で詳しく解説しましょう。

### （3）受 援 力

ここで，応援が必要な人が，実際にボランティアなどに応援を求めようと一歩踏み出すには，ハードルがあることを理解しなければなりません。厚かましくお願いしてよいものかと逡巡し，結局，あきらめてしまう場合もあるでしょう。でもそうなると，何も始まりません。

　この心情は，災害時に特に配慮しなければならないことです。被災された方々は，当初，茫然自失の状態に陥りますし，自らの不幸を呪ったり，十分に備えられなかったことの後悔の念にとらわれたりしがちです。発災の直前までは普通に暮らしていたのに，突然，災害に見舞われ多くのものを失った，あるいは奪われたという現実を受け止めることは容易ではありません。この喪失感や，被害の大きさを前にした無力感を克服し，現状を打開するための努力をしようという気力が湧いてくるには時間がかかります。それに天災では，事態の発生や問題解決の責任を問うべき相手を見出すことが難しいことも少なくなく，そうした場合，やり場のない怒りを内にためこんでしまうこともあります。

　こうした時期を経て，被災された人々が再び前向きに状況の改善を目指そうとの思いを高め，その実現のためにボランティアなどに応援を求めようという意欲・姿勢を持てる力を「受援力」と呼びます。災害時などのボランティアコーディネーションでは，被災された人々がこの「受援力」を持てるようになるまで，待つことが大切です。災害時，ボランティアは意気込んで被災地に出向き，血気にはやって活動を進めようとしがちですが，こと被災者に直接関わる活動については，ボランティアと被災された人々との「温度差」をふまえて行動することが必要です。

### （4）自発性を励ますものは夢と自発性

　ここまで，ボランティアの活動意欲を高めるエネルギーの源泉は，元をたどれば応援を求める人や組織の願いや夢であり，その思いの強さであることを確認してきました。つまり，応援を求める人の強い思いにボランティアが共鳴することで，活動への意欲が高まっていくわけです。応援を求める側，求めに応える側のそれぞれの思いが結びつき，刺激し合うことで，創造的な取り組みが実現していきます。

　そこで相互の思いを伝え，立場が違って理解しにくい場合には，一種の"翻訳"をする存在が必要です。この役割を担う専門職をボランティアコーディネーターと呼びます。この職名ではなくとも，ボランティアコーディネーション

┌─────────────────────────────────────────────────────────┐

──── コラム2 「心」はどこにあるのか？ ────

　かつて私の尊敬する先輩市民活動家の皆さんが，子ども向けに福祉活動を学べる副読本づくりを進めていた時，こんな発見がありました。「障害」ということを考える教材づくりを進めていたのですが，その中で「心はどこにあるのだろう」という話になりました。「そんなもの，脳みその仕業に決まっているじゃないか。心は頭の中にある」。すると「いや，強心臓なんて言うから，意外に胸だったりして……」「肝がすわっていると言うから，おなかというのもある」などと冗談を言い合っていましたが，みんな内心は脳なんだろうなとは思っていました。

　ところが，「なんかスッキリしないな」と感じていたメンバーの一人が，その夜，ふっと気がついたそうなのです。

　それは，「心は“間”にある」ということです。

　私たちは美しい花を見て，「きれいだ」という気持ちになります。人を感動させる行動に接して，心が洗われる思いをするわけです。「心」は，私と，私を取り巻く環境との間に生まれるわけです。

　そう考えると，心の美しい人がいるというよりも，心の洗われる体験を数多くできた人が，他人を信頼したり物事を肯定的に受け止められたりできるようになるということにもなります。

　ともあれ，災害が起こるとフットワークよく被災地に向かい，あるいは募金を呼びかけた人というのは，自分のまわりの動きをビビッドに受け止められる姿勢の持ち主だと思います。いわば，社会の問題を受け止める形で心が「開いている」と，自然と行動を起こしてしまうわけです。

　以前，大阪ボランティア協会でキャッチフレーズを作ろうということになった時，最後まで残った（結局，現在のものに敗れた）案に，「お尻ムズムズ」というものがありました。なかなか刺激的なキャッチフレーズだと思ったのですが……（ちなみに最終的に決まった案は「あなたが動く　社会が変わる」。多数決にすると無難な案に落ち着いてしまう典型的な例だと思います）。

└─────────────────────────────────────────────────────────┘

力を発揮することで，協働関係や人々の意欲の増進をはかる役割は様々な領域に広がっています。ボランティアコーディネーターの関わりによって，地域や組織が創造的に変わった実践を集めた事例集（日本ボランティアコーディネーター協会 2016）も発行されているので，具体的な実践が学びやすくなっています。

　なお，ボランティアのパートナーである応援を求める人や組織は，強い思いの下，組織や施設，あるいは家を“開”いてボランティアを迎えようとします。

高い意欲をもつ点で「自発性」があり，周囲に開くわけですから「社会性・公共性」があるといえます。それに，ボランティアの応援を求める人や組織は，それで利益を得ようというわけではないのが一般的で，「無償性」も伴っています[19]。これらはボランティア活動など市民による公益活動の本質をなすものでした。つまり，ボランティアの応援を求める人や組織も，またボランタリーな存在である時に，ボランティアと依頼者との共感で生まれる協働関係が，創造的な形で成立することになるのです。逆に，お人好しのボランティアに無償で手伝ってもらうと助かる……といった「ボランティア活用」の姿勢では，早晩，共感は失せてしまい，ボランティアが去ってしまうことにもなります。

　ここで，応援を求める人の夢や願いが，その本人の問題を解決するだけではなく，より広く多くの人々にとっても意味があるものである場合，その応援依頼は，単なる応援の要請にとどまらず，社会改善のための行動を呼びかけるものになります。こうした場合，賛同し呼びかけに参加する人の輪は，当然，広がります。その意味で「夢」「願い」をどう示すかは，応援する人々を増やす上でとても重要です。


注
(1)　たとえば1977年に展開された「川崎バス闘争」では，車いすを利用する障害者の乗車拒否をきっかけに，バスの前に座り込んで運行を妨害したりバスの中に消火液をまいたりするなどの激しい実力行使がなされた。ただし，この運動は障害者自身がリードしたもので，詩で批判されている形態ではない。
(2)　同会の定款に記された会の目的は「本会は，障害者をはじめとするすべての人々の人権を確立することを目的とし，障害の有無に関わらず，共に人間的な自由で，かつ，活き活きとした暮らしを営む『おおさか』を築くために，まちづくりを推進し，さまざまな形で教育研修を行う。また障害者の社会進出を応援し，この為に関係各団体との連携を図り，差別や偏見がない社会づくりの促進を図る。もって社会全体の人間らしい暮らしの増進に寄与するものである」となっている（下線筆者）。
(3)　1926-2012年。前・常寂光寺住職。元・花園大学教授。
(4)　日本NPOセンター（2017）は，わかりやすい入門書となっている。
(5)　市民活動総合情報誌『ウォロ』2005年3月号「V時評」。

(6) 日本国憲法第26条「すべて国民は，法律の定めるところにより，その能力に応じて，ひとしく教育を受ける権利を有する」。

(7) 日本国憲法第26条第2項「すべて国民は，法律の定めるところにより，その保護する子女に普通教育を受けさせる義務を負ふ」。

(8) 学校教育法第38条「市町村は，その区域内にある学齢児童を就学させるに必要な小学校を設置しなければならない」。

(9) 労働基準法第56条「使用者は，児童が満15歳に達した日以後の最初の3月31日が終了するまで，これを使用してはならない」。

(10) 1981年，「ネパールの赤ひげ」と呼ばれた岩村昇氏が創設。Peace（平和），Health（健康），Human Development（人づくり）の頭文字をとって名づけられ，神戸市を拠点に草の根の人々による国際交流・協力活動を進めている。

(11) 1878-1923年。『カインの末裔』『ある女』などの小説も執筆した。

(12) 小椋正立・鈴木亘・周燕飛「日本の介護保険制度の評価」（http://www.geocities.jp/kqsmr859/icu/survey.doc，2018年2月12日閲覧）。

(13) http://kasosaka.com/sakatejuku/index.html（2018年2月12日閲覧）。

(14) このあたりの経緯は大熊（2010）で詳細な報告がなされている。

(15) ブラック企業，ブラックバイトの告発を続けるNPO法人POSSEは，若者からの過酷な労働相談に若者自身が日常的に対応しつつ，調査活動なども通じてその内容を客観的に整理し，労働現場の改革に向けてキャンペーンや政策提言を進めている点で，アドボカシーとサービスの両立／好循環を生み出している好例である。しかも，政府・自治体からの支援を受けず，民間性を堅持している。

(16) 1975年にハウス食品が放映したCM「私作る人，僕食べる人」は男女役割分担の固定化につながるとして厳しく批判され，2カ月で放映が中止された。

(17) 本書でボランティアコーディネーションに関わる箇所では，「支援」ではなく「応援」を使うこととしている。応援を受ける人の思いに“応えて”ボランティアが活動するという立場を強調したいためである。

(18) 障害児教育自主教材編集委員会（1985）。当該の話し合いの結果は，以下のサイトに紹介されている内容となった（http://www.bea.hi-ho.ne.jp/good-luck/book/kokoro.html，2018年2月12日閲覧）。

(19) 災害時に被災した農業や漁業などの復興に向けて作業を手伝う「生業支援」の是非が問題になるのは，この「無償性」の点で疑問を感じる場合があるためである。

<table>
<tr><td>第7章</td><td>市民活動のための法人格誕生<br>――特定非営利活動促進法の成立</td></tr>
</table>

　第3章では民法第34条によって規定された官尊民卑的な公益法人制度が長く運用されてきたことを紹介しました。しかし第5章で見たように，阪神・淡路大震災での復興過程で，市民活動が行政を超える特性を持つことが明らかになりました。そこで，非営利団体の法人格取得規制を大幅に緩和することになったのが特定非営利活動促進法，いわゆるNPO法です。

　第8章以降で市民活動の運営を考える前に，まずこの法制度の改革を解説しておきましょう。

## 1　100年続いた制度が大改革された理由

### （1）災害ボランティアは「初心者向き」？

　市民が自発的に進める社会活動には行政を超える力がある！　このことを強く人々に印象づけたのは1995年1月17日に発生した阪神・淡路大震災でした。延べ活動者約140万人とも言われる多くの市民が被災地に駆けつけ，ボランティアとして復興活動に参加しました。現地に出向けない人も地元で街頭募金などに立ち上がり，義援金の総額も約1,800億円にも達しました。阪神・淡路大震災では，まず，この市民が動いた規模，"量"が注目されました。

　これほどに多くの市民が被災地に駆けつける起点となったのは，神戸市役所の対応でした。神戸市災害対策本部は震災発生翌日の1月18日未明に「救援ボランティア窓口」を設置し，医師や看護師など専門職，その他のボランティアの受付を開始しました。固唾をのんで震災の被害状況を見ていた人々が，この報道に接し「私にも何かできることがあるのだ！」と気づいたことが，「ボラ

ンティア革命」とも呼ばれた，その後の震災ボランティアのうねりを生み出すことになりました。[1]

　ただし，そもそも災害時に多数のボランティアが活躍できる理由の一つに，実は災害復興活動には「初心者向け」とでも呼べる側面があることがあります。阪神・淡路大震災でも東日本大震災でも，多くのボランティアが被災地の救援・復興などに関わりましたが，その中には「生まれて初めてボランティア活動をする」という人たちもたくさんいました。[2]

　しかし，その「初めて」という人たちも大きな貢献ができました。というのも求められた役割は，特別の研修など必要ないものが大半だったからです。断水で生活用水確保のため水汲みが必要になりました。でも，水汲みの講習会などしません。「これがバケツと言いまして……」などと説明しだしたら，漫画です。炊き出しをする時に，おにぎりの握り方を教えることはありません。瓦礫の片づけも引っ越しの手伝いも体力勝負ではありますが，特別の研修が必要なものではないのです。

　しかも，災害時の活動では，１日だけ，２日だけといった短期間の活動でも役に立てることが少なくありません。長い活動経験の後にようやく技を極める……といったことではないわけです。

　こうしたことから人々は，ともかくフットワークを活かして現地に出向き，ボランティアコーディネートに長けた団体と出会うことさえできれば，みんなボランティアになることができました。


### （2）法人格問題が焦点となった背景

　しかし，時間が経つにつれて明らかになってきたのは，市民活動の“質”の違いでした。第5章第1節で紹介したように，機動性や柔軟性，多彩さ，新たなプログラムの開発等の点で，市民（ボランティア）の取り組みはその特長を十二分に発揮しました。

　行政の補完的な存在でしかないと思われていたボランティアや法人格をもたない市民団体が，実は行政を超える力を持っていることが明らかになる一方，

主務官庁の規制を受けていた当時の公益法人の一部には，機動性などの点で相対的に劣った対応となる団体もありました[3]。にもかかわらず，その市民団体は法人格を持たないため，団体として契約ができないなど組織的に事業を進める上で不都合も多く，現実の対応力と法的な位置づけの間に大きなズレがあることが広く実感されるようになってきました。

　その後，民法施行（1898〔明治31〕年）からちょうど100年後の1998年に制定された特定非営利活動促進法により，1世紀にわたって続いてきた公益法人の法人格取得規制が大幅に緩和されることになった契機は，阪神・淡路大震災という未曽有の大災害を前に立ち上がった多くの市民の自主的で自由で多彩な復興支援活動の結果でした。この法律により，容易に法人格を取得して自由に市民活動を進めることができるようになりました。

　ただし，その前史として，1992年に「日本ネットワーカーズ会議」がアメリカの NPO の仕組みを紹介し，新たな公益法人制度の創設方法を研究した『NIRA 研究報告書 市民公益活動基盤整備に関する調査研究』（総合研究開発機構）が1994年3月に発行され，「東京ランポ」[4]（現・まちぽっと）が研究会を始め，法制定に関わるロビイングを中心的に担った「シーズ・市民活動を支える制度をつくる会」が大震災直前の同年11月に発足していた……など，数多くの先行的な取り組みがあったことも見逃せません。

## （3）法人格がないと何が困るのか

　もっとも，主婦連合会や各地の経営者協会のように，今も任意団体ですが，大変，重要な事業を進めている団体もあります。これらの団体は，そもそも旧来の公益法人制度では官庁からの規制を受けやすいため，あえて法人格を持たないものの，自主的に公益法人並みの規程などの体制整備や積極的な情報公開を行ってきました。団体の信用力が高く，法人格を持たずとも，支障なく事業を展開できているわけです。

　ただし，このような運営ができるのは，そう多くはないでしょう。表7-1（次頁）に示すように法人格を得ることで，規約による組織運営や組織の意思

表7-1　法人格がないと，何が困るのか？

| | 任意団体 | 法　人 |
|---|---|---|
| 契約（所有や雇用など）の主体 | ×代表者などの個人（代表の交代があると，すべて変更が必要） | ○法人（代表者の交代があっても法人代表としてスムーズに継承） |
| 個人（代表者）と団体の資産区分 | △不明確になりやすい | ○明確に区分 |
| 事業委託 | △やや受託しにくい（元来は個人でも受託可能） | ○組織の信頼性の点で，任意団体より有利 |
| 介護保険制度での立場 | △基準該当サービスのみ（市町村域。償還払い） | ○指定事業者になりうる（府県域で事業可能） |
| 情報公開 | ・しても，しなくてもよい | ・法令上の義務を遵守（アクセスされやすい） |
| 事務負担（法規制との関係） | △いい加減にしても法令違反とはなりにくい | ×法令に基づき官庁への届出や社会保険加入などが必要になり負担増 |
| 税負担 | ○課税主体として捕捉されにくい（元来は任意団体であっても法人税などが課せられる） | ×所得税の源泉徴収義務発生，収益事業を行うと法人住民税課税，利益が上がれば法人税も課税 |

決定の記録の整備，税負担の増加など，一定の事務負担が発生します。しかし，先の著名な団体はともかく，一般の団体にとっては，そのような体制をとっている組織とみなされることで，組織の信用力を高めることができます。また，介護保険の事業者となる場合，法人格を得ていないと，かなり事業が制約される面があるほか，実際上，事業委託についても，法人格を得ていることが有利になるのが現実だといえます。

　そこで，旧来の公益法人制度にあった法人格取得の高いハードルを下げ，また官庁から過剰な指導を受けない形で法人格を得られる仕組みを整備することで，市民団体の組織力を高めることが必要だったのです。

　ボランティア活動の振興策などではなく，公益活動に取り組む市民団体の法人格取得に関する規制を緩和する制度づくりが焦点となったのは，このような経緯があります。

## 2　特定非営利活動促進法の成立<sup>(5)</sup>

### （1）特定非営利活動促進法の意味

#### 1）法制定に至る経緯

　そこで，新たな法人格を創設することになりましたが，その検討では，官が民の上に立つ公益法人制度とは異なる非営利法人制度の創設が焦点となりました。官の規制から自由に活動できた市民団体こそが阪神・淡路大震災で活躍し，また主務官庁制度の弊害は広く認識されるようになっていたからです。

　そこで，1995年2月には18省庁による「ボランティア問題に関する関係省庁連絡会議」<sup>(6)</sup>が開設され政府主導での法律制定が進みかけます。しかし，与党3党（自由民主党，日本社会党，さきがけ）と新進党は議員立法での検討作業に着手しました。市民団体も法案を政府が提出すると旧来の仕組みの延長線上のものとなりかねないと反発し，4月に「ストップ！　18省庁連絡会議」をスローガンとする「市民活動の制度に関する連絡会」（以下，市民活動連絡会）を結成。11月に省庁連絡会議の中間報告を官房長官に提出し，与党のNPOプロジェクトチームが「議員提案で立法する」旨を官房長官に申し入れ，中間報告の発表が見送られました。結局，表7-2（次頁）に示すように議員立法で成立し，その後の法改正も常に「NPO議員連盟」の主導で市民団体とも協議しつつ進められています。

　この法制定の過程では，国会議員と市民活動関係者の対話・連携に加えて，1990年頃から活発化した企業社会貢献活動を通じた協力関係の蓄積をもとに経団連1％クラブを介した経済界の賛同と後押しが得られた<sup>(7)</sup>ことも法律制定の大きな推進力となりました。

　また，それまで活動分野ごとに蛸壺的な閉じた活動となりがちだった市民活動の世界に共通の課題が提示されたことになり，地域と分野を超えて法律制定運動が展開されました。この全国的なネットワークの構築が短期間で進んだ背景には，1970年代から毎年開かれていた「全国ボランティア活動研究集会」<sup>(8)</sup>の

表7-2 特定非営利活動促進法成立までの主な動き

| | |
|---|---|
| 1992年10月 | 日本ネットワーカーズフォーラム「NPO」を議論 |
| 1994年3月 | 総合研究開発機構「市民公益活動基盤整備調査に関する調査研究」報告書発表 |
| 10月 | 新党さきがけ「ノンプロフィットセクター研究会」発足 |
| 11月 | 市民活動を支える制度をつくる会＝シーズ，設立 |
| 1995年1月 | 阪神・淡路大震災 |
| 2月 | 18省庁「ボランティア問題に関する関係省庁連絡会議」設置 |
| 6月 | 新進党「市民公益活動を行う団体に対する法人格の付与等に関する法案（骨子）」(11月，国会に提出) |
| | 与党3党（自社さ）NPOプロジェクトチームがNPO法案に関する合意内容発表 |
| 1997年2月 | 民主党，「市民活動促進法案に対する民主党の考え方」発表 |
| 6月 | 与党3党・民主党修正案「市民活動促進法案」衆院可決 |
| 12月 | 与党3党，「市民活動促進法案」から「特定非営利活動促進法案」へ名称変更合意 |
| 1998年3月 | 特定非営利活動促進法，成立。12月，施行 |

存在がありました。この集会は開催地を毎年変え，活動のスタイルや分野の違いを超えて市民活動に関わる人々が集う場となり，ここでのつながりも法律制定の基盤となりました。

### 2）行政に裁量の余地を与えない仕組み

こうして成立した特定非営利活動促進法（以下，NPO法）は，表7-3に示すように行政の裁量的判断の余地を極力排し，必要条件さえクリアすれば法人格を得られる仕組みとすることになりました。

法律の制定後に閣議で決定される法施行令などで細かな規制がされないように，法人認証の諸手続きもできるだけ法律に書き込み，たとえば設立認証に必要な書類は，①設立認証申請書，②定款，③役員名簿（役員の氏名及び住所又は居所並びに各役員についての報酬の有無を記載した名簿），④役員の就任承諾書及び誓約書の謄本，⑤役員の住所又は居所を証する書面，⑥社員のうち10人以上の氏名及び住所又は居所を示した書面，⑦認証要件に適合することを確認したことを示す書面，⑧設立趣旨書，⑨設立についての意思の決定を証する議事録の謄本，⑩設立当初の事業年度及び翌事業年度の事業計画書，⑪設立当初の事業年度及び翌事業年度の活動予算書の11種類のみです。所轄庁の判断で他の書類の提出を求められることはありません。

法人格取得を申請した団体の98.8％が法人の認証を得ている[9]のも，この制度

表7−3　旧来の公益法人制度と特定非営利活動法人制度の比較

| | （以前の）公益法人制度 | 特定非営利活動法人 |
|---|---|---|
| 手続き | ・許可<br>（行政に裁量権。理由の明示不要） | ・認証（宗教法人と同じ）<br>（不認証の場合，理由の通知義務） |
| 公益の概念 | ・「公益」性は必須要件<br>・その内容は主務官庁の裁量 | ・恣意的解釈を排し「公益」の表現なし<br>・不特定／多数の利益の増進に寄与 |
| 法人の要件 | ・具体的規定はない（行政の裁量） | ・社員（正会員）10人以上など具体的に明記 |
| 必要書類 | ・具体的規定はない（行政の裁量） | ・定款，役員名簿，設立趣旨書，事業計画書，収支予算書など11種類 |
| 行政の関与 | ・主務官庁に監督責任 | ・団体自治が基本（法令違反に相当する理由があれば，所轄庁が検査） |
| 情報公開 | ・規定なし。主務官庁が評価。 | ・義務づけ。市民が評価 |
| 市民参加 | ・不要 | ・参加／退会に不当な条件を付さない |
| 税制の特典 | ・資産利息非課税等（原則非課税） | ・任意団体と同様（原則非課税） |

表7−4　特定非営利活動法人の認証条件

| | |
|---|---|
| A | 営利を目的とせず，活動目的が法定されている20分野（保健・医療・福祉の増進，まちづくりの推進など大半の分野を網羅）である。 |
| B | 活動対象が不特定かつ多数である。 |
| C | 10人以上の正会員（法律上の表現は「社員」。入退会にあたって不当な条件をつけない）を得，理事3人以上，監事1人以上を置く。役員は非会員でも可。役員のうち報酬を受ける者の数が役員総数の3分の1以下，同一親族の役員などが役員総数の3分の1を超えない。 |
| D | 宗教の教義を広め，儀式行事を行い，及び信者を教化育成することを主たる目的としない。 |
| E | 政治上の主義を推進し，支持し，又はこれに反対することを主たる目的としない。 |
| F | 公職選挙法上の特定の候補者・政党を推薦・支持・反対することを目的としない。 |
| G | 暴力団ではなく，暴力団の統制下にない。 |
| H | 法令に則った定款となっている。 |

が形式を整えれば，ほぼ機械的に法人格を得られる仕組みだからです。

## （2）特定非営利活動法人の認証要件

　NPO法によって法人格を取得できる特定非営利活動法人（以下，NPO法人）の主な認証要件を表7−4に示しました。法人設立に必要な資産の規定もなく，過去の活動実績が評価されるわけでもありません。旧来の公益法人制度と比較すると，手続きの透明性が高く，法人格取得のハードルが大幅に下がりました。

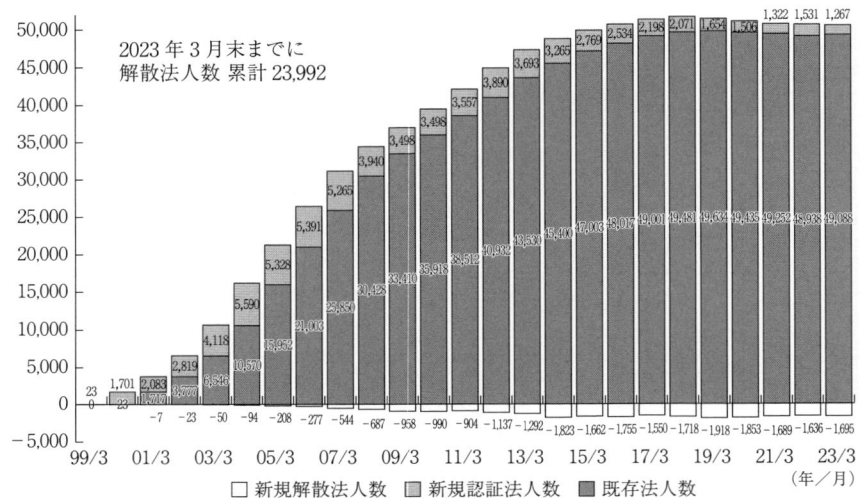

図7-1　特定非営利活動法人の認証数の推移

注：既存法人数は，前年の活動法人数から当年度の解散法人数を引いて算出。
出所：内閣府ホームページデータを基に筆者作成（2023年9月末）。

　そこで，NPO法施行から19年10カ月目となる2017年9月末までに約6万6,000団体がNPO法人格を取得しました。既に解散した約2万4,000団体（うち約3,200団体は認証取消）を除き，約5万400法人が全国各地で活動を進めています（図7-1）。

### （3）多様な分野で活躍する特定非営利活動法人

　また，法人が定款で掲げている活動目的別の法人数の全法人数に対する比率を図7-2に示します。複数の目的を掲げている場合もあり，合計は100％を大きく超えます。

### （4）情報公開を進める取り組み

　ところで，以前の公益法人制度は主務官庁が法人への監督責任を負い，監査などを通じて細かく法人の運営をチェックした上で法人に"お墨付き"を与える仕組みでもありました。しかし，これでは官尊民卑の関係になってしまうた

図7-2　特定非営利活動法人の活動目的別の構成比

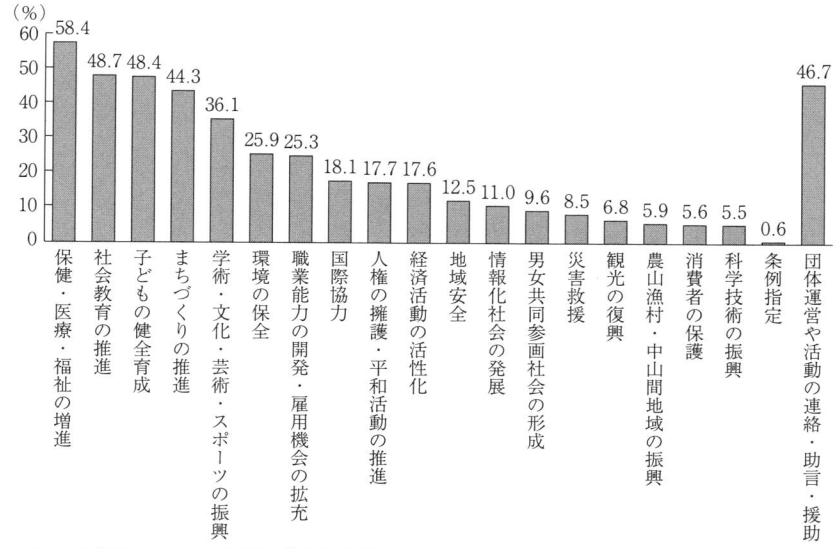

出所：内閣府ホームページを基に筆者作成（2023年3月末のデータ）。

め，NPO 法では NPO 法人に自らの情報を公開することを義務づけ，その情報によって市民自身が団体を評価する仕組みとしました。

そこで，NPO 法人は毎会計年度終了3カ月以内に事業報告書，活動計算書，貸借対照表，役員名簿などを所轄庁に報告するとともに事務所で閲覧できる状態にしなければならず，また所轄庁も団体から得た情報をホームページなどで公開しています。

さらに2001年に日本 NPO センターが情報公開サイト「NPO ヒロバ」を開設し，全国の NPO 法人の情報を紹介する仕組みを構築。2006年には内閣府も「NPO 法人ポータルサイト」を開設しました。

また2009年には全国の NPO 支援センターなどが連携して NPO 法人会計基準協議会を結成。公認会計士，税理士なども加わり，現場の声を受けつつ体系を整備して，2010年「NPO 法人会計基準」を策定，公開しました。他の公益法人などと異なり官庁が主導しない会計基準が作られ，NPO 法人の運営の透明性を高めています。

## （5）特定非営利活動法人数が減少しはじめている背景

　NPO 法人制度は，旧・公益法人制度のもとでの法人格取得規制を大幅に緩和しました。設立手続きが透明で，法人格取得も格段に容易になり，かつ行政の過剰な管理もないことから，多くの市民団体が，この制度を使って法人化しました。その勢いはまさに爆発的で，図7-1に示したように NPO 法施行から7年目には，NPO 法人の総数が旧・公益法人の総数を上回りました。

　当時，NPO 法人の設立が急増した背景には，NPO 法が施行された時期が，行政の担ってきた公共サービスに民間団体の参入と連携を進める PPP（Public-Private Partnership）政策の進展時期と重なり，それまで行政ないし行政の管理度の強い法人が独占的に担ってきた公共サービスを企業や NPO 法人など広く民間団体に任せる動きが進んだことも影響しました。実際，介護保険制度（2000年），指定管理者制度（2003年），障害者自立支援法（2005年）……など，NPO 法人も担い手となることのできる公共サービスが広がりました。そこで，その受け皿たらんとして NPO 法人格を取得した団体も少なくなかったと思われます。実際，任意団体としての歩みを経ず，いきなり法人格を取得する団体も少なからずありました。

　しかし2007年度以降，新規設立法人数および総法人数の伸びが低下し，2018年度以降は減少しはじめています。これには2つの理由があり，一つは解散法人数が徐々に増加していること（図7-3）。実際，2017年4月には新規認証法人数よりも解散法人数が上回り，NPO 法人数が減るという“事件”もありました。翌月からは，また新規認証法人数が解散法人数を上回ったため，現時点では「一時的」な事態ですが，いずれ解散法人数が新規認証法人数を上回ることが常態化する可能性もあります。

　そして「一般社団法人および一般財団法人法」（通称，一般法人法）が2008年12月に施行され，極めて容易に本人格が取得できるため，2009年度以降は一般法人の形態で法人格を取得する団体が増えるようになりました。[11]

　2012年度までは NPO 法人の新規認証法人数は月平均300法人ほどの水準を保っており，2013年度から徐々に減っていることがわかります。この一般法人

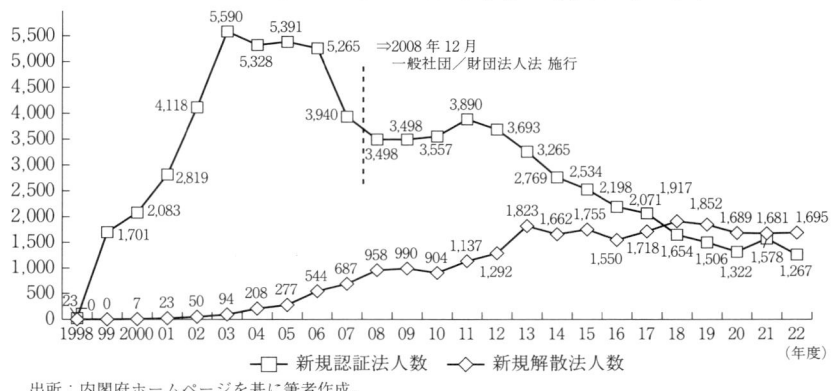

図7-3 特定非営利活動法人の新規認証数と解散法人数の推移

出所：内閣府ホームページを基に筆者作成。

制度や新たな公益法人制度，さらに寄付税制や政治活動規制に関する議論，それに法人格の選択については，第10章で解説します。

注
(1) もっとも，ボランティアコーディネーションの実際が理解されておらず，公表から5日後の1月22日には7,200人もの人々が登録したものの，少なからぬ人々が登録しただけで，活動に参加できない事態に陥った。その分析は，たとえば http://www.showado-kyoto.jp/files/hansin1/124.pdf（閲覧日 2018年2月12日）。この点で，大阪ボランティア協会などが設立した日本最初の災害ボランティアセンター「被災地の人々を応援する市民の会」の登録不要方式が現実的だった。詳しくは『震災ボランティア』（大阪ボランティア協会，1996年）参照。
(2) 阪神・淡路大震災の場合，ボランティアの7割は初めてのボランティアだった。以下のサイトに詳しい。http://www.city.kobe.lg.jp/safety/hanshinawaji/data/keyword/50/k-72.html（2018年2月12日閲覧）
(3) 行政職員が兼任で管理職を担っていた団体から出向者が引上げ，指揮命令系統が混乱したり，主務官庁が活動地域の分担を決めるまで圏域を超えた被災地に出向かなかったりといった事態もあった。もっとも，社会福祉法人である大阪ボランティア協会がいち早く災害ボランティアセンターを立ち上げるなど，機動的な対応をした団体も少なくない。
(4) NPOバンク，助成基金，起業講座などによる社会的起業を支援してきたNPO

法人コミュニティファンド・まち未来と合併と，2007年に「まちぽっと」となっている。

(5)　もっとも成功した議員立法の一つとされるこの法律の制定過程については，以下のサイトに詳しく報告されている。http://machi-pot.org/modules/npolaw/index.php?content_id=8（2018年2月12日閲覧）。

(6)　1995年2月に「ボランティアや市民公益団体が行う公益活動の支援を行うため，ボランティアや市民公益団体に関する制度等の諸問題についての検討を行う関係省庁連絡会議」として設置された。検討テーマは，①市民公益団体の法人格取得，②ボランティアや市民公益団体の公益性を担保する法的枠組み，③ボランティアや市民公益団体に対する支援，④その他各分野で活動するボランティアや市民公益団体に共通する課題。18省庁とは，総理府，警察庁，総務庁，経済企画庁，環境庁，国土庁，法務省，外務省，大蔵省，文部省，厚生省，農林水産省，通商産業省，運輸省，郵政省，労働省，建設省，自治省。当時も幅広い省庁がボランティア活動の振興に関わっていたことが反映されている。

(7)　経団連は1997年10月にNPO法案の早期成立を求める声明を発表した。

(8)　日本青年奉仕協会が主催し，1970年に「全国奉仕活動研究協議会」の名称で開催。1975年に「全国ボランティア活動研究協議会」，1976年から「全国ボランティア活動研究集会」に改称。2003年まで開催された。

(9)　2017年9月末の実績。不認証率は不認証団体811を認証法人数5万1,728と解散法人1万4,343の合計で割り算出した。

(10)　図7-2に示すように20種類ある。

(11)　一般法人には情報公開の義務がなく，その活動内容がわからないため，法人番号検索サイトから総法人数は把握できるが，市民団体としての活動を行っているかどうかはわからないのが実情である。

| 第8章 | 「参加」は"商品"である |
|---|---|
| | ——「参加の機会」を提供して「自立」するNPO |

市民活動は自発的に進められることにより，多彩さや創造性などの特長を発揮できるわけですが，まさに自発的な取り組みゆえに「自発性パラドックス」に陥ってしまう可能性があります。この問題に対する対策として，多くの支援者を得て，共に課題解決に努力する。換言すれば，課題解決に取り組む人々を創造することが大切だということを第6章で解説しました。

では，どのような発想や認識の下，どんな工夫をしていけばよいのかを見ていきましょう。

## 1 参加の受け皿となっているか？

### （1）ボランティア参加度にかなりの幅

まず，最初に現状を点検しましょう。前章では一般法人についても少し触れましたが，この一般法人には情報公開義務がないため，その全体的な傾向はわかりません。そこでNPO法人について，その状況を見てみましょう。

前章でも解説したように，NPO法は「市民活動促進法」として構想された経緯もあり，市民の参画を重視した法人格だといえます。

しかし，法人の実態はこうした理念とずれている団体も少なくありません。内閣府（2016）によれば，「事業活動に携わるボランティア数」（管理，運営，総務，庶務などに関わる者を除く現場で活動するボランティアの年間延べ人数）は図8-1（次頁）のとおりでした。

役員として関わるボランティアなどは除かれているとはいえ，実に全体の3分の1のNPO法人が1人のボランティアも事業活動に参加していません。こ

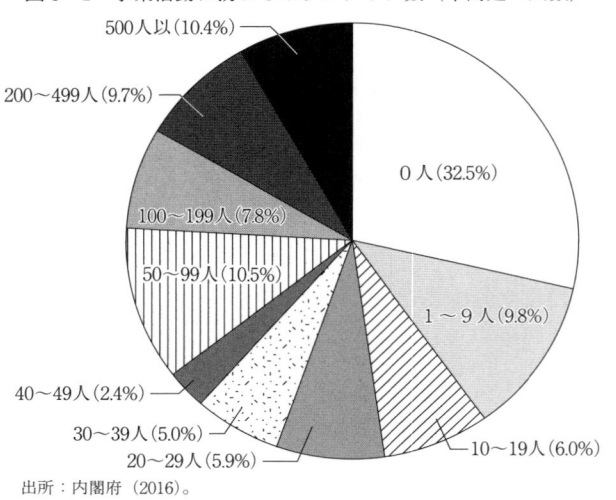

図8-1 事業活動に携わるボランティア数（年間延べ人数）

500人以(10.4%)
200〜499人(9.7%)
100〜199人(7.8%)
50〜99人(10.5%)
40〜49人(2.4%)
30〜39人(5.0%)
20〜29人(5.9%)
0人(32.5%)
1〜9人(9.8%)
10〜19人(6.0%)

出所：内閣府（2016）。

の数字は年間延べ人数ですが，月5人以上のボランティアが活動している法人，1〜4人の法人，1人も活動していない法人が，それぞれ1/3ずつとなっていることがわかります。

一方，職員体制の調査結果は図8-2です。「職員」といいつつ「無給」や「非常勤」の場合も多いことがわかります。有給職員0人の21.9%の団体は実質的にボランティアグループの状況である一方で，7割の法人は1人以上の有給常勤職員がいるものの，6人以上は約3割で，小規模な団体が多いといえます。

この小規模な団体ではボランティアの参加度が高いかもしれませんが，残念

図8-2 特定非営利活動法人の職員体制

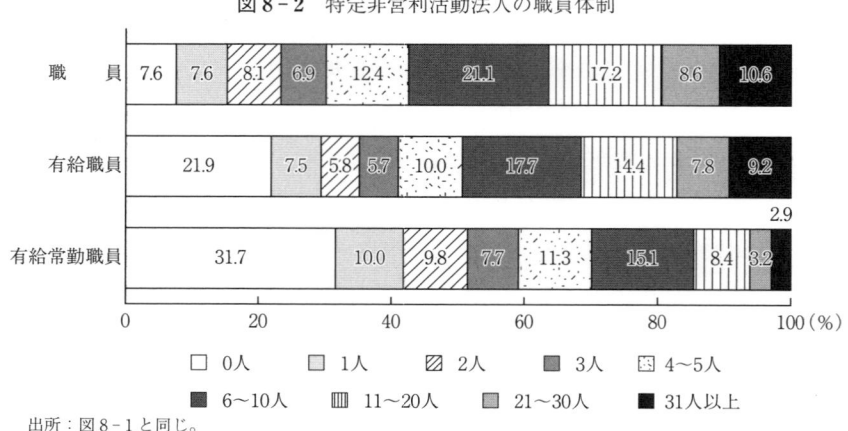

| | 0人 | 1人 | 2人 | 3人 | 4〜5人 | 6〜10人 | 11〜20人 | 21〜30人 | 31人以上 |
|---|---|---|---|---|---|---|---|---|---|
| 職員 | 7.6 | 7.6 | 8.1 | 6.9 | 12.4 | 21.1 | 17.2 | 8.6 | 10.6 |
| 有給職員 | 21.9 | 7.5 | 5.8 | 5.7 | 10.0 | 17.7 | 14.4 | 7.8 | 9.2 |
| 有給常勤職員 | 31.7 | 10.0 | 9.8 | 7.7 | 11.3 | 15.1 | 8.4 | 2.9 / 3.2 | |

出所：図8-1と同じ。

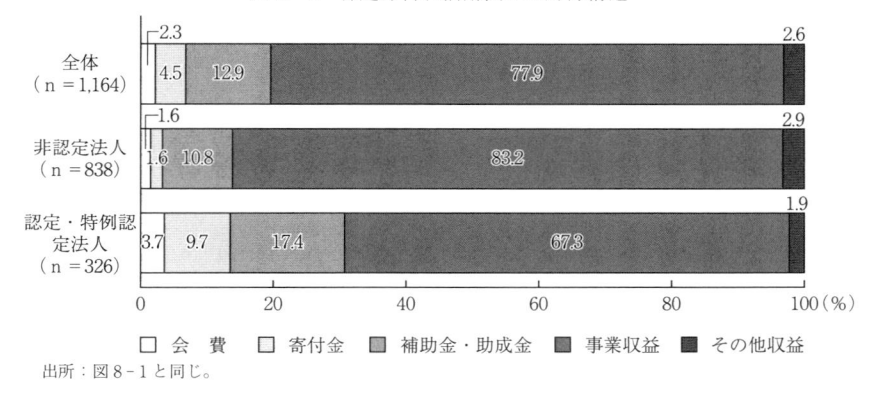

図 8-3 特定非営利活動法人の財源構造

出所：図 8-1 と同じ。

ながらそのクロス集計は報告書に掲載されていません。


## （2）共感性財源の少なさ

　一方，財政面（図 8-3）を見てみても，会費や寄付金など「共感性財源」が
カバーする比率は極めて少ないことがわかります。寄付金への税制優遇がある
認定 NPO 法人，特例認定 NPO 法人では 1/4 以上を共感性財源がカバーしてい
るものの，全体的に事業収益に大きく依存していることがわかります。

　また，寄付の受入額も少なく，最新の「平成27年調査」での NPO 法人の寄
付金の受入状況は図 8-4（次頁）のとおりです。こちらも 1 円の寄付金も得て
いない法人が 3 割強となっています。

　このように見ていくと，元来は市民参加を重視する法人制度として設計され
ながら，現実には参加の受け皿とはなりえていない NPO 法人も一定数あるの
が現状です。

　もっとも，この実情はボランティアや寄付の受け入れに消極的であるという
よりも，受け入れ方がよくわからない NPO 法人が少なくないと見た方がよい
ように思います。後述するように，ボランティアの参加や寄付収入の拡大は
NPO に多くの福音をもたらします。ただし，その活発化には一定の知見が必
要で，その理解が浅いと組織の混乱や財政の不安定化を招くこともあり，それ

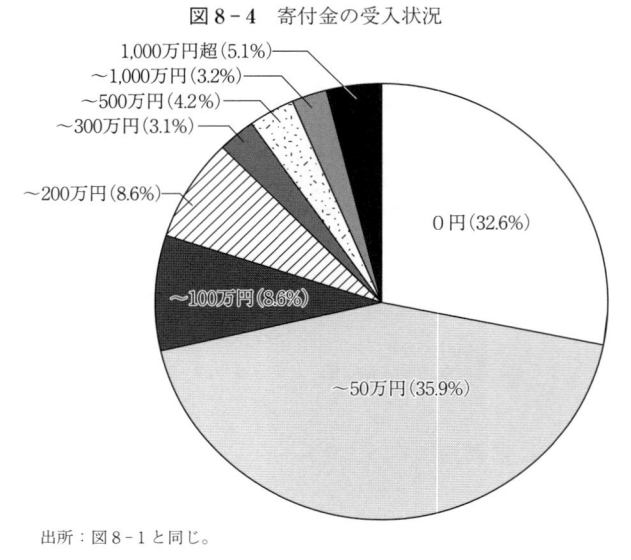

図8-4　寄付金の受入状況

- 1,000万円超（5.1%）
- 〜1,000万円（3.2%）
- 〜500万円（4.2%）
- 〜300万円（3.1%）
- 〜200万円（8.6%）
- 〜100万円（8.6%）
- 0円（32.6%）
- 〜50万円（35.9%）

出所：図8-1と同じ。

ゆえに敬遠される場合もあるからです。

　そこで，以下では第5章で紹介した「NPOの目的は社会課題を解決する人々の創造にある」（松原明）という言葉を具体化し，ボランティアや寄付者を活性化し，拡大していくための方策について検討していきましょう。

## 2　「自立観」を変えよう──「他者に頼らない」ではなく「参加の機会を提供する」

### （1）「自立」の捉え方

　よく，「自立が大切だ」といわれます。この言葉を行政の市民協働課の担当者などから「うちの補助金にばかり頼らずに……」といった言葉とセットで言われると，「あなた方は強制的に税金を徴収できるからよいでしょうが，こちらは大変なんですよ！」と嫌みの一つも言いたくなります。とはいえ，やっぱり「補助金に頼りすぎかな……」と反省することになりがちです。

　というのも，「自立」は英語で independence。依存を意味する dependence に否定を示す接頭辞 in を加えた言葉で，要は「依存しないこと」「他者に頼るようでは一人前ではない」という言葉も思い出して，これではいけない……と考えるわけです。さらにこの発想を突き詰めると，ボランティアや寄付などに"頼らず"，質の良いサービスや商品を開発・提供し，その対価で職員を雇用して事業を進めるのが，「自立したNPO」だということになりそうです。

表8-1 「障害」「自立」についての考え方の変化

| 項 目 | 古い考え方 | 新しい考え方 |
|---|---|---|
| 何が"問題"か | 障害，職業能力の不足 | 専門職や家族への"依存" |
| 問題の所在 | 個人（本人） | 環境（社会）と本人の"関係" |
| 問題の解決方法 | 医師，セラピスト，職業更生相談員などによる専門的指導 | 同じ障害者同士のカウンセリング（ピア・カウンセリング）<br>社会的な隔壁の除去（バリアフリー）<br>新しい自立観の確立 |
| 障害者の立場 | 患者，クライエント | 主体的に選択する一市民，一消費者 |
| 問題解決推進者 | 専門職員 | 障害者自身 |
| 目標とされる結果 | 最大限のADL（日常生活能力）<br>収入の高い雇用 | 「自立生活」＝自己決定できる暮らし<br>自己実現の要求の充足 |

出所：原田政美（元 東京都心身障害者福祉センター所長）の整理を基本に，筆者が大幅に手を加えて再整理。

　この，他者に依存せず自らの力だけで生きていく／支援者に頼らず自主事業収入で組織を維持する，という自立観を"超えた"自立観を提起したのが，障害者による「自立生活運動」です。

　自立生活運動は1960年代のアメリカで始まったもので，日本では1970年代後半から，その発想法や自立生活プログラムの実践が始まりました。その内容を，従来のリハビリテーション重視の「古い考え方」と自立生活運動がよって立つ「新しい考え方」で対比して表8-1に示します。

　ここに示されているのは，障害者自身が主体的に生き，障害者が自己決定できることこそが自立の本質だとする考え方です。この考え方を具体化するものとして，故・定藤丈弘氏は「障害者が他の手助けをより多く必要とする事実があっても，その障害者がより依存的である事には必ずしもならない。人の助けを借りて15分かかって衣類を着，仕事に出かけられる人間は，自分で衣類を着るのに2時間かかるため家にいるほかはない人間よりも自立している」（定藤1993）と説明しています。

　そして，この「自己決定権を保ち続けるのが自立だ」という視点から考えることで，参加を進めることによるNPOの自立的運営の地平が見えてくることになります。

## （2）NPO は支援者に提供できるものがある

### 1）支援者も「顧客」

　支援者とともに事業を進める NPO 経営の特徴を早い時点で理論化したのが，経営学者のピーター・ドラッカーです。彼はボランティアや寄付者などの支援者を「第2の顧客」と捉え，この「第2の顧客」の共感を得ることで，NPO はボランティアや寄付者とともに事業を進めることができると説明しました（ドラッカーら 2000）。

　ここで，サービスや商品を提供する相手に使う場合が多い「顧客」という言葉を，ボランティアや寄付者などの支援者に対して使うのはなぜでしょうか。NPO から積極的に働きかけねばならない存在であること，関心などが移ろうことがあり，その現状や今後の状態を意識しておかねばならないこと，さらにマーケティングの知見を応用した支援者開拓が必要であることなど，様々な背景がありますが，最も重要なことは，NPO が支援者に "提供できるもの" があるからです。

　では，支援を受ける立場の NPO が，何を支援者に提供できるのでしょうか。それは「参加の機会」です。ボランティア活動をしたい人に，その人の能力を活かせる活動プログラムを提供する。あるいは寄付金を介して課題解決の一翼を担える機会を提供する。助成金の効果を最大限に活かすプロジェクトを提案する……。NPO は，魅力的な参加のメニューを開発し支援者に提供することで，多くの人々の自発的な力を得て，共に課題解決を進めることができるのです。

　企業ならば，第1の顧客，つまり消費者に商品を提供し，それに応じた対価を受けます。しかし，NPO の場合，図8-5に示すように，支援対象者が経済的に厳しい立場にあり対価を求めにくかったり，希少生物の保護活動のように支援対象が対価を提供してくれなかったりします。

　そこで，支援者の協力を求めるわけですが，NPO の活動に共感する支援者の善意を漫然と受け止めるのではなく，支援者を「第2の顧客」と意識し，支援者の期待やニーズを分析して参加しやすいプログラムを開発し，「参加の機

図8-5 NPOは支援者に提供できるものがある

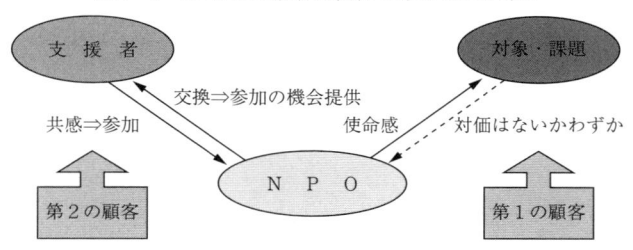

図8-6 「日頃，社会の一員として，何か役に立ちたい」と思っている人の割合

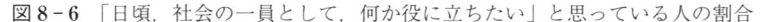
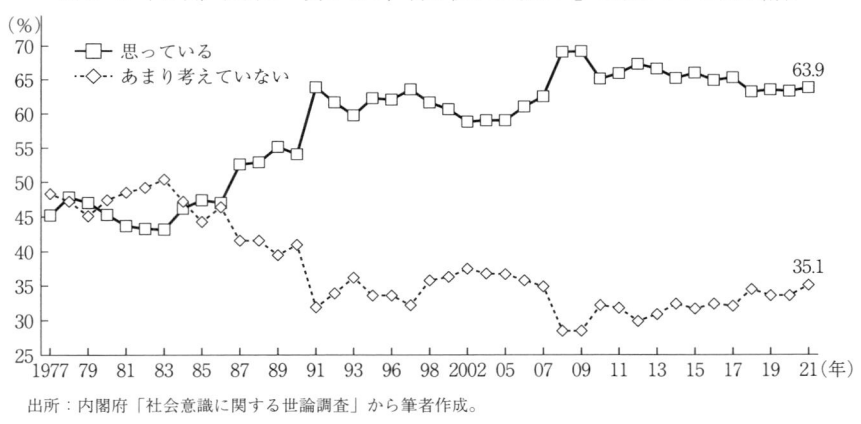

出所：内閣府「社会意識に関する世論調査」から筆者作成。

会」を拡大することで，支援者がより能動的に参加できる状況を生み出す……
ということです。

### 2）人々は参加の機会を求めている

　実際，社会課題の解決に参加したいという人々の割合は高い水準で推移して
います。図8-6は内閣府がほぼ毎年実施している「社会意識に関する世論調
査」で，「日頃，社会の一員として，何か役に立ちたい」と思っているかどう
かとの問いに対する回答です。直近の調査でも「思っている」という回答者が
65.4％で，「あまり考えていない」という回答者（32.1％）を大きく上回って
います。また，ボランティア活動の参加についても，図8-7（次頁）のようなデ

図8-7　ボランティア活動に参加して感じたこと

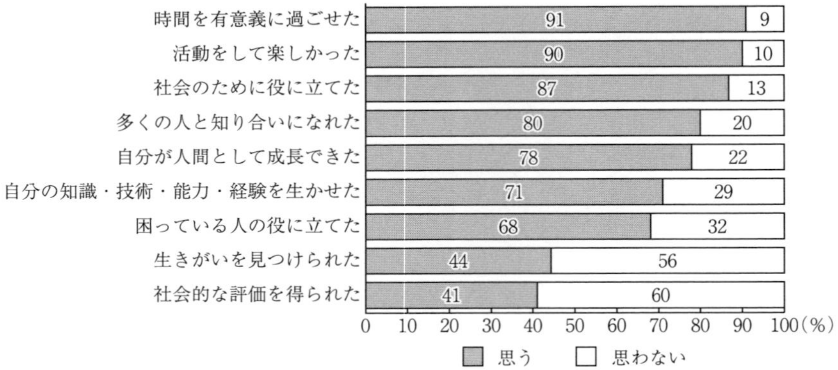

| 項目 | 思う | 思わない |
|---|---|---|
| 時間を有意義に過ごせた | 91 | 9 |
| 活動をして楽しかった | 90 | 10 |
| 社会のために役に立てた | 87 | 13 |
| 多くの人と知り合いになれた | 80 | 20 |
| 自分が人間として成長できた | 78 | 22 |
| 自分の知識・技術・能力・経験を生かせた | 71 | 29 |
| 困っている人の役に立てた | 68 | 32 |
| 生きがいを見つけられた | 44 | 56 |
| 社会的な評価を得られた | 41 | 60 |

出所：経済広報センター「ボランティア活動に関する意識・実態調査報告書」2011年。

ータがあります。プラスの体験ができたという感想が，数多く挙げられています。

　第5章でも活動への参加がボランティア自身を元気にすることを紹介しました。ボランティア活動への参加を促すことは，無償の苦役を強いることではありませんし，寄付の依頼も無遠慮に資金を無心することではありません。人々の社会貢献意欲というニーズに応えつつ，社会課題を共に解決する仲間を増やすことなのです。

## 3　「参加」が生み出す7つの変化

　以上，ボランティアや寄付者などの支援者が活動に参加することの，支援者自身にとっての意味について解説してきましたが，NPOにとっても支援者の広がりは大きな意味を持ちます。以下，主にボランティアの参加に関して，この点を7つのポイントに整理して解説しましょう[2]。

### （1）共感で動く人々の力で課題を解決できる
　まず，当然のことですが，ボランティアの参加や寄付などの支援を得ることで，多くの人々が力を合わせて課題を解決する状況を生み出すことができます。

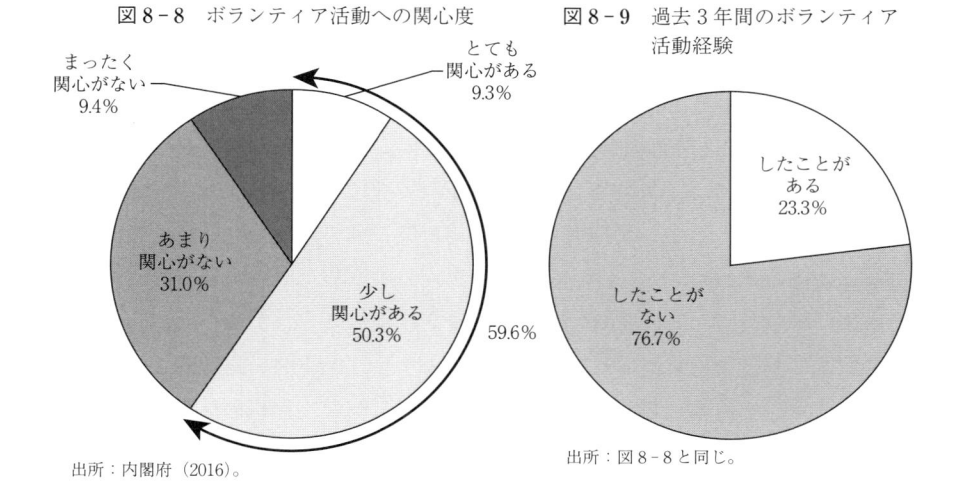

図8-8　ボランティア活動への関心度

図8-9　過去3年間のボランティア活動経験

出所：内閣府（2016）。

出所：図8-8と同じ。

活動の苦労を自分たちだけで抱え込まず，また，その取り組みで実現しようとする夢と，その魅力や面白さを共有し合う仲間を広げることができるわけです。

　前節で，「社会意識に関する世論調査」の回答者の2/3が「日頃，社会の一員として，何か役に立ちたい」と思っていることを紹介しましたが，ボランティア活動に焦点を絞ると，関心度が図8-8，過去3年間の活動経験が図8-9のような状況です。

　ボランティア活動に「とても関心がある」「少し関心がある」人の合計は59.6％いるのに，過去3年間にボランティア活動を経験した人は23.3％と大きなギャップがあります。NPOの側に関心を行動に結び付けるプログラム作りなどの工夫が必要です。この点は後述します。ちなみに，過去3年間に「寄付をした経験」がある人は47.6％と倍以上でした（内閣府 2016b）。時間や場所の制約が少ない寄付は，より身近な社会貢献活動となっています。

　ともあれ，私たちの周りには，社会の役に立ちたいという人々がたくさんいます。こうした人々の存在を信じ，その人々に「参加の機会」を提供して人々の社会貢献意欲を満たすとともに，多くの人々とともに課題を解決していく状況を作り出す。これはNPO特有の課題解決法でもあります。

## （2） 意欲的な人々の関わりで組織が活力を得る

　何度か確認していますが，日本で多用されるNPO（Nonprofit Organization, または Not-for-Profit Organization）という言葉はアメリカ英語。イギリスでは Voluntary Organisation と呼ぶのが一般的です。団体に関わる人々の自発的な（voluntary）思いをエネルギーに事業を進めていくことがNPOの特長ですし，非営利だということならば行政も同じです。第5章で確認した行政を時に超えることのあるNPOの様々な特長は，ボランタリーな人々の結集があるからこそ生まれていました。自発的に関わるがゆえに，それぞれが自らの関心や特技を生かして多彩な事業が生み出されていきますし，先駆的・開拓的な取り組みにも自己責任で挑戦していくことができます。しかも，営利を目的としない活動ですから，「収益が得られないから」と企業が手をつけない分野でも，活動を進めてきた事例が数多くあります。

　そこで，組織内に多くのボランティアが参加していること，あるいはボランタリーな思いから託された寄付などが財源の一定部分を占めていることは，ボランタリーな思いに意欲づけられた組織とするための基盤となります。


## （3） 個々人の「多様な経験や専門性」が活きる

　「ボランティア＝素人」と考える人がいます。確かにNPOの取り組む事業については，職員は，日々，日常的に多くの情報を得ますし，事業に専従することで経験も蓄積されていきます。こうした点では，ボランティアは職員に比べて「素人」かもしれません。

　しかし，多くのボランティアは，それぞれ自身の職務や生活体験を通じてNPOの職員が持っていない高い専門性や豊富な経験を持っています。それらの専門性や経験をNPOで活かしてもらう機会をつくり，ボランティアとNPOの職員の専門性が相乗効果を生み出すことによって，NPOの事業展開力や組織運営の質が高まることは，よくあることです。

　最近，社会人を中心に「スキルド ボランティア」「プロボノ」[3]といった形でNPOに参加するスタイルが普及しつつあるのも，ボランティアの持つこうし

た専門性に注目しているからです。

　個々のボランティアが持つ専門性や経験が社会的に活かされることは，当の
ボランティア自身にとっても嬉しいことですし，活動への意欲を高める鍵とも
なります。また自己の成長や研鑽の機会になる場合もあります。そこで，ボラ
ンティアの特質をきちんと評価し，それぞれに合った活躍の機会を提供するこ
とが大切です。

### （4）財政基盤の強化にもつながる

　寄付者が増加すれば財政に寄与することは当然ですが，ボランティアの参加
が進むことでも，財政基盤の強化という副次的効果が生まれることが少なくあ
りません。その理由は，ボランティアが自主的に活躍することで人件費が抑制
されやすいということだけではありません。

　ボランティアがNPOの中で自主的に活動できる環境が整っていると，NPO
を「私（たち）の団体だと思う意識」（オーナーシップ）が高まり，ボランティ
アがより主体的に活動に参加するだけでなく，活動のベースとなっている組織
自体も支えたいという意欲が向上してきます。その結果，会員や寄付者になっ
てくれる場合も少なくありません。図8-10（次頁）は『寄付白書2015』に掲
載された2014年の状況ですが，寄付もしてボランティア活動にも参加したとい
う人が，寄付額もボランティア活動時間も多くなっています。そこで寄付した
人がボランティア活動に参加でき，ボランティア活動に参加した人が寄付もし
やすくする工夫が必要になってきます。

　さらにボランティアは，周囲の人々にボランティアとしての参加や寄付の協
力などを呼びかけてくれる勧誘者（寄付の場合はファンドレイザー）になる人も
出てきます。この際，無償で活動するボランティアによる勧誘やファンドレイ
ジングは，第3章で指摘したように「私欲のない行動」として，訴求力が高く
なります。また，面識のある人への寄付依頼を，それぞれのボランティアが行
うことにより，幾何級数的な形で応援依頼の広がりを実現できる可能性があり
ます。

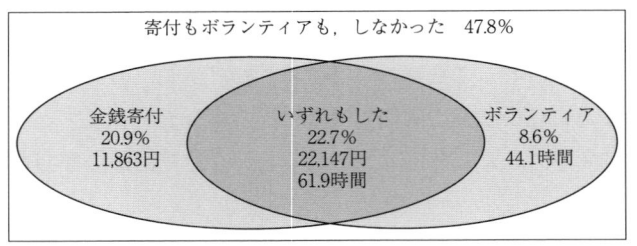

図 8-10 寄付とボランティアの関係（2014年の実態）

寄付もボランティアも，しなかった　47.8%

金銭寄付
20.9%
11,863円

いずれもした
22.7%
22,147円
61.9時間

ボランティア
8.6%
44.1時間

出所：日本ファンドレイジング協会『寄付白書2015』。

表 8-2　ボランティア活動と寄付の比較

| | ボランティア活動 | 寄　付 |
|---|---|---|
| 強み | ・経済的制約が少ない<br>・自身の能力が活かせる<br>・自身の関与を示しやすい<br>・人格的交流が深まりやすい<br>・ファンドレイザーにもなりうる（誘発的に成果を増殖する可能性） | ・時間的・地理的制約がない<br>・経済力以外の能力が問われない（よりうまく出来る人に託す）<br>・いつでもやめやすい<br>・目立たずに社会貢献できる（「街の天狗」的な関わりも可能） |
| 弱み | ・時間的な拘束や地理的制約が生じる場合がある<br>・時に人間関係で傷つく危険性がある | ・一定の経済力が必要（「貧者の一灯」は可能）<br>・寄付者名の公表がなければ関与を示しにくい |

　また，次項の意思決定の質向上とも多少関係しますが，多くの会員や賛同者がいることは，いわばその支援者が“保証人”としての立場になることで団体の信頼性を高め，補助金や助成金なども得やすくなります。実際，ボランティアの参加数や寄付額の多さは，その団体の信頼性を客観的に示す指標の一つとなりえるでしょう。

　その上，会費は急に増えないけれど急に減ることも少ない安定性の高い財源で，寄付とともに使途の自由度が高い財源なので団体のミッションに沿った事業を自由に進めやすくなり，後述するアドボカシー活動を進めるための財政的な支えとなることもあります。

　このようにボランティアの参加促進は，無償で活動するスタッフを得て，ある程度，支出が抑制される可能性がある[(5)]という点もありますが，それ以上に寄付者の拡大という点で団体の財政的基盤を強化する意味があるのです。

　なお，ボランティア活動と寄付という2つの参加形態の比較を，表8－2に整理しておきます。どちらにも強みも弱みもあります。

### （5）意思決定の質が向上する

　ボランティアに限らないことですが，活動意欲を高めるには，第9章で詳述するように事業の企画や組織運営などの意思決定に参加する（つまり，単なる参加ではなく参画する）機会を提供することが大切です。自らが主体となって行動する実感を得て，自らの創意と工夫を活かして活動できれば，より活動に意欲が湧いてくるからです。

　その際，ボランティア（寄付者も同様ですが）は，上司－部下という指揮命令系統の下で動くわけではなく，自身が共感し納得することで初めて行動します。ですから活動が必要な背景や活動の意義などについて，丁寧な説明が必要です。ここで，組織の課題も誠実に説明すると，組織に対するボランティアの共感が高まり，活動がより意欲的に進められることは少なくありません。その結果，ボランティアの参画促進を通して，団体が合意と共感を大切にし透明性も高い組織になっていくという効果が期待できます。

　それに，この企画や意思決定過程には職員も参加しますから，職員自身が自らの仕事を納得して取り組め，ボランティアとの協働もスムーズに進むという好循環も期待できます。

　意思決定段階からボランティアが参画することで，NPO自体も多様な視点やアイディアを得て，より広い視野から意思決定ができるようになり，広く共感を得るプロセスを経ることで，意思決定の質が高まることになります。

　なお，この場合，ビジョンやミッション，それに事業や組織運営に関する情報が，職員やボランティアの間で十分に共有されていなければならないことは言うまでもありません。

### （6）アドボカシー力を強化できる

　ボランティアはサービスの担い手であるだけでなく，活動を通じて感じたこ

と，考えたことを周囲に発信する存在でもあります。その発信を通じて，団体が取り組む課題が広く社会に共有され，さらにその課題解決のための対策・政策提言の内容を多様なチャンネルで広げ，賛同者を増やしていくこともできます。そこで，多くの人々が参加しやすいキャンペーンを創造できると，発信力は大きく向上します。

本節第4項でファンドレイジングでのボランティアの意味を解説しましたが，それはこのキャンペーン時にボランティアの力が発揮されることの応用でもあります。その際，無償で取り組むボランティアの発信が私利私欲によるものではないという意味で，お金にまつわるテーマの際に訴求力が高くなると説明しました。ただ，対外的な社会問題の場合も，身銭を切って行動するボランティアの発信には，強い訴求力を持つ場合が少なくありません。このように，市民の参加はNPOのアドボカシーを増幅していく力となるのです。

その上，ボランティア（や寄付者）は，経済的報酬ではなく，NPOの拠って立つミッションやビジョンに共感することでNPOと結びつく存在です。このような共感的な支え手の厚みが増すことで，ミッションに従って組織が主体的に事業を進め，自由に発信するための組織基盤が強化されることになります。特に社会福祉系のNPOなどでは，各種の制度を実施する事業者として関わる場合が増えますが，この制度系収入への依存度が高まりすぎると，発注者の立場となる行政の意向に反対しにくくなりがちです。これは企業などとの関係でも同様です。そうなると，アドボカシーどころではありません。

逆に，権威的存在におもねるなどして，自分たちが正しいと考えることをきちんと表明しないようであれば，ボランティアや寄付者が離れてしまうこともあります。発信・提言を通じて社会問題の解決を進める上で，ボランティア（や寄付者）は基盤となる存在であり，大きな推進力ともなりうるのです。

### （7）課題や団体運営を「自分事」とする人＝当事者が増える

第5章第2節で詳しく解説したように，ボランティア活動や寄付などの形でNPOの活動に参加する人々が増えると，他人事と捉えがちだった社会の課題

図8-11　市民社会の概念図

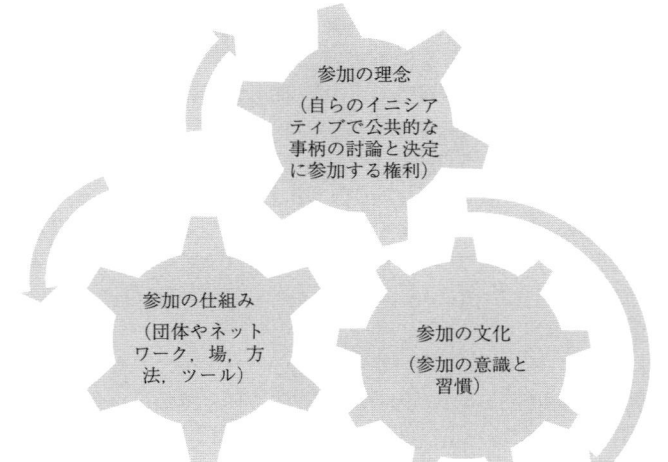

出所：李（2012）。

が身近なものとなり，課題を「自分事」と捉え，その課題に対する当事者意識が高まってきます。第三者的に社会の課題を傍観するのではない，当事者意識を高め，社会の課題を解決していこうと行動を起こし，あるいは解決していけるという自信と自負をもった人々を生み出していくことは，NPO の重要な役割の一つです。

　李妍焱氏は「市民社会」を「公共的な事柄に関する討論と決定に人々が，自らのイニシアティブによって参加する権利，仕組み，及び文化」を備えている社会と定義し，「市民社会の概念図」を図8-11 のように示しています。

　つまり，「公共的な事柄については，人々は自らのイニシアティブによって討論し決定に参加することがあるという『理念』」が普及し，かつ「それを実現するための『仕組み』，すなわち各種団体・組織といった活動の形態のみならず，場，方法やツール」が備わっていることも必要です。そして「『参加する文化』がそこに存在すること」，つまり「人々の参加の意識，参加の習慣」が広がっていなければなりません。「この定義を図式化すると，三つの歯車で示すことができ」「三つの歯車が回り出せば，互いに対して動かす動力となっ

日本ファンドレイジング協会の鵜尾雅隆代表理事は，「ファンドレイジング日本2015」で，NPO の運営レベルを 3 段階で整理する提案をしました。

すなわち，きちんと NPO を運営している「NPO 1.0」，ボランティアや寄付を募って，参加の力を活かして事業を進める「NPO 2.0」，そしてボランティアや寄付者をはじめ NPO に関わっている人々自身が，自ら主体的・自発的に改革や創造を始め，それぞれが刺激し合うことで "誘発的なイノベーション" が起こる「NPO 3.0」です。現実には，組織としての体裁を確立できていない「NPO 0.0」の状態もありえますし，ボランティアや寄付者はたくさん関わっているけれど，きちんとした運営ができていないという場合もありえて，NPO 1.0 と NPO 2.0 の関係はやや微妙です。

それはともかく，NPO 3.0 の段階になると，リーダーの予想を超えて，ボランティアや支援者が自主的にどんどん活動を広げていく状態となります。ビジョンやミッションが共有されていれば，ボランティアなどの自由な思いつきが創造的な形で花開くことになるでしょう。この状態こそは，NPO のイギリス英語表現であるVoluntary Organisation の理想的な姿だともいえます。

もっとも，活動の広がるプロセスは多様です。たとえば，「NPO 1.0」の段階のNPO が活躍する姿に刺激を受けて，人々が各地で似たような取り組みを誘発的に始め，いわば「NPO 3.0」的状態を創出し，その後，全国的な連携を深めるためボランティア・マネジメントなどの体制を整備して「NPO 2.0」の状態になる……ということもあるかもしれません。

自主的な取り組みは，それがまさに自主的であるがゆえに，実に多様な発展があるといえます。

ていく」「特に市民社会の質を規定づけるのは，『参加の文化』の比重」で，「市民社会の向上は，人々の参加の意識と習慣化の向上にほかならない」としています。

少し長い引用となりましたが，この「参加の意識」の基盤となるのが，「当事者意識」です。「公共的な事柄」を他人事と捉えず，自らの暮らしに深く関わる課題なのだと捉え，人々が課題解決の重要な担い手となる体験と実績が蓄積されれば，「社会を創っているのは，私たち市民だ」という認識と自信が高まります。

会員を含む市民がボランティアとして，NPO の中で活躍する実践を積み重

ねることで，市民が主体となる持続可能な市民社会を実現することにつながるといえます。

## 4　財源論から見た共感的支援者の立ち位置

### （1）財源提供者の立場に注目する

　支援者が関わることの意味を少し違う視点から見てみましょう。それは，NPO における財源の提供者の立場から見る視点です。

　図8‐12（次頁）は，日本 NPO センターで整理した「NPO の財源構成」の図を基に，筆者が一部を修正したものです。縦軸を，その財源が団体内部で生み出すものなのか外部からもたらされるものなのかを極とし，横軸をその財源をサービスの対価としてギブ＆テイク的に得るものなのか，団体や活動への支援として得られるものかを極にとって，4象限に分けて整理しています。

#### 1）内発的財源と外発的財源の比較

　まず上下を対比すると，「内発的財源」は団体の会員や団体に共感する人や組織からの支援や，団体自体の商品開発能力を活かすものです。多くの人に会員になってほしいとの思いから会費の設定はあまり高額にはしませんし，自主事業収入もサービスの普及を第一に考えると価格を抑えがちで，利益率が低い場合が多く，結局，全般的に一件一件は小口の収入になります。しかし，会費収入は余程の不祥事でも起こさない限り会員が激減することはありませんし，自主事業も地道に努力していればそう極端な変化は起こらず，比較的，安定性の高い財源といえます。

　一方，助成財団や企業からの助成や行政からの補助，あるいは委託元からの受託などで資金を得る「外発的財源」は，比較的大口で，指定管理者などの場合，億単位のことさえあります。一方で，単年度や期間限定の場合が大半で，変動が極めて大きいのが特徴です。一件当たりの金額が大きい場合が多いだけに，補助・助成や受託が無くなった際の影響はとても大きくなります。

　なお，補助金・助成金の場合は人件費や管理費に支出できない場合が多いの

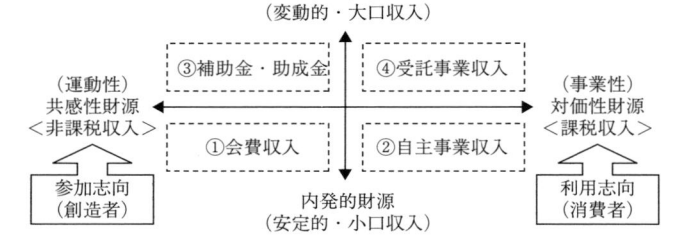

図8-12 NPOの財源構成

出所：日本NPOセンター・まちづくり情報センターかながわ（2006）。

に対して，受託収入の場合は委託者に代わって事業を実施するので人件費など
も支出できるのが一般的です。

　以上の比較から，内発的財源の比率が多いほど，財政面での安定的な基盤と
なりやすいといえます。図8-12で内発的財源を下に書いたのは，土台として
イメージしやすいと考えてのことです。

### 2）対価性財源と共感性財源の比較

　一方，左右を対比すると，「対価性財源」はNPO法人の財源状況を示した
図8-3（127頁）で事業収益が約8割を占めているように，NPO法人の主要な
財源となっています。対価性の財源は事業活動の量と収入額が連動しやすく，
経費に応じた価格設定が受益者に受け入れられれば，事業活動を拡大しやすく
なるためです。もっとも，対価を支払えない相手には対応しないビジネスライ
クな対応になりやすく，顧客や委託元の状況や都合に左右されやすくなります。
また行政から事業を受託して経済的困窮者を支援するといった場合は，最終的
な受益者の経済力に関係なく，事業を進めることはできます。ただし，この場
合も行政の財政力によって事業の質が左右されることになります。

　なお，特に受託収入は，委託元に代わって受託事業を担うことで得られる財
源ですから，受託事業ばかりしているとNPO本来の使命実現がおろそかにな
ってしまうこともあります。日々の仕事に追われつつ，「私たちはなぜ，今，
この仕事をしているのだろう」という戸惑いが生じることもあるのです。その
上，制度改革が頻繁になされる時代だけに，特に制度に関わる収入への依存度

が高いと，かえって不安定な運営が強いられることもあります[6]。

これに対して「共感性財源」は団体のビジョンや事業に共感するから得られる財源で，団体のミッションに従って，対価が支払えない相手に対して自主的に取り組む活動や，そもそも直接的な対価の期待できない制度改革などの運動を支える財源となります。

そこで，「①会費」は一件一件は小口ですが安定的で団体の使命実現を支え自由に活用できる基盤的財源，「②自主事業収入」は有償事業の拡大に応じて収入を増やせる財源，「③補助金・助成金」は自主企画を支える比較的多額ですが使途の制約がある場合もあり，かつ不安定な財源，「④受託事業収入」は委託元に代わって事業を担うため多額の収入が得やすいけれど，団体本来の事業推進を疎外したり不安定なために振り回されたりすることもある財源……，といった整理ができます。

ただし，会員が多い団体だと信頼性が高まり補助金・助成金が得やすくなったり，出版物の販売を通じて団体が認知され入会者を増やしたり，といった形で，異なる財源の間で相乗効果が生まれる場合も数多くあります。つまり，これら4形態の財源を，バランスよく組み合わせることが大切なのです。

### 3）ソーシャルビジネスでも重要な共感

なお，いわゆる「ソーシャルビジネス」は自主事業収入を中心に事業を進めるものと見られがちですが，実際に成果を挙げているソーシャルビジネスでは，市民の共感を土台にしているものが少なくありません。そもそも一般の営利企業も相当数の顧客に対して事業を行っており，いわば社会的ニーズに応えることで利益を得ているといえます。企業が社会的責任を問われるのも，社会的な存在であることの反映です。

そんな中で，わざわざ「ソーシャルビジネス」という場合，広く社会的な文脈での〝共感〟を，事業収入に反映していることが重要だといえます。

たとえば世界各国で設立され，雑誌販売を通じてホームレスの自立支援を進めている「ビッグイシュー」の場合を見てみましょう。ホームレスの人たちだけに卸される雑誌『ビッグイシュー』の卸値は1冊170円。それを350円で販売

することで，180円が自立のための資金となるわけですが，この雑誌を購入する人たちは170円で卸されていることを知っていながら（実際，雑誌の表紙に明記されています）値切ることもせず，わざわざ350円で雑誌を購入しています。これは購入者がビッグイシューの理念に共感しているわけで，ビッグイシューは啓発活動によって，このような「共感的消費者」を生み出すことで事業を成立させていることになります。

このようにソーシャルビジネスの中には，企業で培われてきたビジネススキルを応用するだけではなく，これまでの企業活動ではそれほど重視されてこなかった「共感」が生まれやすい取り組みとすることで，持続的な事業展開を進めている場合が多いといえます。市民活動のスタイルは多彩に広がっていますが，市民の共感が重要な鍵となっていることには注目する必要があります。

### 4）「消費者」と「創造者」の違い

ここで，「対価性財源」での財源提供者は，「利用者」「消費者」としてNPOと向き合うことになります。対価に見合った効果が得られるかどうかが最大の関心事です。NPO側は"お客様は神様です"とばかりに，より良いサービスを提供するために努力しますが，より安価であったり質が良かったりするサービスを提供するライバルが現れれば，すぐにとって代わられます。この事態は，たとえば指定管理業務の期間満了にともなった次期の指定管理者選考などの際に，劇的な形で起こっています。

また，対価を払った消費者は債権者の立場ですから，債務者であるNPOに対して，「対価に応じたサービスを提供しろ！」と厳しく求めることになります。いい加減なサービスをしてはいけないのは当然ですが，様々な事情や背景から完璧なサービスが提供できなくても，顧客にとっては「そんな事情は知ったことではない！　ふがいない団体だ」と捨てられるだけです。

サービスを提供するNPOと消費者／発注者をつなぐのは，兎にも角にもお金ですから，金の切れ目が縁の切れ目。対価を支払ってくれなくなると，NPOは関わらなく（関われなく）なります。"お客様"として「神様扱い」を受けつつも，サービスの受け手に留まり続けることは，実は無力な面もありま

す。人々を顧客，つまり「客体」の立場に留めるのではなく，社会を変えていく「主体」の仲間に迎えていくことは，市民活動の重要な役割なのです。

　一方，「共感性財源」の提供者は，寄付や助成を通じて，NPO の事業を共に進める「参加者」，あるいは共に事業を創造する立場です。寄付や助成は，自分自身よりも NPO がよりうまく実行できると考えて資金を託しますし，自分にも果たせる役割があると思えばボランティアとして参加しますが，いずれにせよ共有する目標実現に向けたプロジェクトの参加者になります。それぞれが，お金ではなく，ビジョン・夢への共感でつながり合っているのです。

　ですから，寄付の場合，その "対価" は NPO が実現する成果ですが，計画通りの目標が実現できなくても，その背景にある事情が納得できるものであれば，「会費を返せ！　寄付金を返せ！」とはなりません。逆に「そんなに大変ならば，もっと応援しよう」となることさえあります。また，問題を克服するため，周囲に協力を呼び掛けて，一緒に解決の輪が広がることもあります。この場合，その課題解決に参加できることで，支援者自身も状況を変えうる自分自身の力を実感でき，第5章で解説したように，支援者自身も元気になることができます。要は，苦労も成果も共に分かち合える立場となるのです。

　NPO の多くは対価性財源を柱にして事業を進めています。なかなか会員を増やせず寄付や補助金・助成金を得続けるのも困難な中，それは「現実」に即した努力です。しかし，共感性財源を拡大する努力は，単に財政状況の改善ということだけに留まらず，ここまで何度か指摘してきた主体的に社会問題に関わる人々を増やし，民主主義的な形で社会を良くしていく意味もあります。

## （2）「消費者民主主義」「"お客様" 時代」を超えて

### 1）『日本人は民主主義を捨てたがっているのか？』から

　もっとも，事態はかなり深刻化しているようです。この点を，映画監督の想田和弘氏が，その著書『日本人は民主主義を捨てたがっているのか？』の中で，以下のように指摘しています（想田 2013：55-66・58）。

岩波ブックレット No.885

# 日本人は民主主義を捨てたがっているのか？

## 想田 和弘

無気力・無関心の中で進む
「熱狂なきファシズム」
気鋭の映画作家が
日本社会の危機を鋭く描出する

わかる、使える（はじめの1冊）
岩波ブックレット
定価（本体500円＋税）

「政治家は政治サービスの提供者で，主権者は投票と税金を対価にしたその消費者であると，政治家も主権者もイメージしている。そういう『消費者民主主義』とでも呼ぶべき病が，日本の民主主義を蝕みつつあるのではないか。／だとすると，『投票に行かない』『政治に関心を持たない』という消極的な『協力』によって，熱狂なきファシズムが静かに進行していく道理もつかめます。／なぜなら，主権者が自らを政治サービスの消費者としてイメージすると，政治の主体であることをやめ，受け身になります。そして，『不完全なものは買わぬ』という態度になります。それが『賢い消費者』による『あるべき消費行動』だからです。最近の選挙での低投票率は，『買いたい商品＝候補者がいないから投票しないのは当然』という態度だし，政治に無関心を決め込んでいるのは，『賢い消費者は，消費する価値のないつまらぬ分野に関心を払ったり時間を割いてはならない』という決意と努力の結果なのではないかと思うのです。…（中略）…／民主主義の原点は，『みんなのことは，みんなで議論し主張や利害をすりあわせ，みんなで決めて責任を持とう』であったはずです。しかし主権者が消費者化してしまうと，そんな発想からは遠くなります。消費者の態度は，『お客様を煩わさないで。面倒だから誰か決めてよ，気にいったら買ってやるから』になります。／そして，そのような受け身の主権者が，誰にも騒がれずにファシズムを進めようとしている為政者の狡猾な行動を食い止められる道理はないのです。」

以上，あえて長い引用をしたのは，ここで取り上げられた「消費者民主主

義」の状況が，NPO の取り組む社会課題に対する人々の態度でも生じうると考えるからです。

　元来，私たちはすべて，この時代に起こっている社会問題の当事者です。日本国内で起こっている課題については主権者としての責任がありますし，海外での深刻な貧困や紛争，環境破壊などについても，同時代に生きる者としてまったく無関係ということにはなりません。ではあるものの，すべての課題に関われるわけではないので，テーマを選び，できる範囲で課題解決に向けて頑張る……というのが，市民活動に関わる人たちのスタイルです。

　しかし，NPO の周りに「消費者」として関わる人しかいない状態では，社会の様々な問題の当事者としての意識は広がりません。逆に人々が支援者という形で能動的に NPO に関わる，つまり参加の機会を得ることで，民主主義社会（李妍焱氏の定義した市民社会）を強化していくことができるということになります。

### 2）『あそびの生まれる場所――「お客様」時代の公共マネジメント』から

　この「消費者民主主義」の問題を，日常的な暮らしの中で進行する事態として活写し，その背景や各地で取り組まれている新たな取り組みを数多く紹介しているのが，コミュニティワーカーである西川正氏の著書『あそびの生まれる場所――「お客様」時代の公共マネジメント』です。本書には，地域での暮らしを私たち自身の工夫で自由で温かなものにしていくヒントがたくさん詰まっています。そして，この中でもキーワードとなっているのが，住民の“お客様”化です。

　たとえば，身近な公園の管理は自治体が担い，住民はそこを利用する“お客様”になっている場合，ある住民が他の住民の公園利用に関して不満を抱いたとします。その際，住民同士で話し合ってトラブルの調整をすることにはならず，管理者に苦情という形でぶつけられがちです。そこで，自治体ではトラブルを回避するため，公園利用のルール，要は規制を作っていきます。「何かあったら困るので……」が常套句となるのですが，こうして住民は自由に公園が使えなくなって不満を募らせ，自治体職員も多様な（バラバラな）苦情を寄せ

てくる住民に不信感を高める。結局，みんな
が不満を持ち，暮らしにくくなる……といっ
た事態が，各地で起こっています。

　では，このような事態を克服するにはどう
したらよいのでしょうか。西川氏の意見は明
快です。市民がみんなで（行政とも連携しつ
つ）自主的に運営することです。市民が当事
者として話し合い，工夫を重ね，実行し，責
任も負う。「消費者」から「創造者」になる
ことで，事態は一変します。すなわち……。

　「自らが（他者とともに）責任を負うこ
と，結果をひきうけることが自由につながる＝自分のやりたいことができ
るということなのだということを，身体感覚として身につけていける。…
（中略）…／必要なのは，『一緒につくる』こと。／そうすれば，結果がう
まくいかなくても，そこには信頼が生まれている。

　その信頼は次の『何かしてみよう』という気持ち，すなわち『遊び』を
生み出す。／『何かあったら困るので』は『何かあっても，大丈夫』に変
わる。」（西川 2017：277）

　人々が自主的に「参加」できる場や状況を作ることは，地域での暮らしを真
に豊かにしていくことにもつながるということです。

注
(1)　内閣府の調査報告書は認定 NPO 法人と一般の NPO 法人のデータを分けて報告
　　されているが，寄付額ごとの回答数とそれぞれの構成比から両法人の回答団体数を
　　算出し，それを合算することで NPO 法人全体の傾向を算出した。
(2)　この部分は筆者が編集委員長を務めて日本 NPO センターから発行した『知って
　　おきたい NPO のこと 4 ——参加編』を編集する過程で，編集委員との議論で整理

したものをベースにしている。同書は「7つの変化」に対応した事例も紹介している。

(3) 第4章注⑭参照。

(4) 日本ファンドレイジング協会発行。2年ごとに発行されている。

(5) ボランティアの受入体制を整備するには，専門性をもったボランティアコーディネーターの確保や研修，オリエンテーションの実施，受入体制整備などが必要で，一定の投資がいることも看過してはならない。

(6) 介護保険事業や障害者総合支援法などの事業者が頻繁な制度改革のたびに右往左往させられていることは，日常的な状況となっている。

<table>
<tr><td>第 9 章</td><td>「参加」が進む組織づくり</td></tr>
</table>

　前章では「市民の参加」を進めることで，NPO が自立的に運営することができ，さらに民主主義の仕組みを内側から強化し，自らの力で社会を良くしていく実感を得られる人々が増えていくことを解説しました。では，参加の受け皿たる NPO は，どのように市民の参加を進めていけばよいのでしょうか。

　本章では，その発想法や方法について，具体的に解説していきましょう。

## 1　「モチベーション3.0」

### （1）動機づけの 3 段階

　第 4 章第 7 節でも簡単に紹介しましたが，2009年，アメリカの文筆家ダニエル・ピンクは "*Drive: The Surprising Truth about What Motivates Us*" を著しました。直訳すれば「やる気：私たちを動機づけるものについての驚くべき真実」となる本書は，翌2010年，大前研一氏の訳で『モチベーション3.0——持続する「やる気！」をいかに引き出すか』として日本でも出版され，すぐに版を重ねるほどの反響を得ました。

　邦題となった「モチベーション3.0」とは，「コンピューター同様，社会にも人を動かすための基本ソフト（OS）がある」として，人々を動機づける仕組みを 3 段階で示したものです。第 4 章の注で前述したように，この OS とは Operation System の略。コンピューターのすべてのソフトは，OS を土台にして動きます。そこで OS のバージョンが違うと，コンピューターの動作も変わってくるわけですが，社会や組織が人を動機づけるシステムに当てはめた表現です。その内容を要約的に紹介すると，人の行動をうながす動機づけは，次の

3段階で発展してきたと説明しています。

　まず，「モチベーション1.0」は生存を目的とする人類最初のOS。先史時代，人間のほとんどの行動が生理的欲求によって決められる状態でした。この「モチベーション1.0」は，人間の生理的な欲求がベースですから消えることはないわけですが，近代社会では，これを押しのけるぐらいの勢いで広がったのが「モチベーション2.0」。報酬を求める一方，罰を避けたいという動機づけです。換言すれば，アメとムチ＝信賞必罰に基づく，外から与えられた（課せられた）動機づけによるOSです。試験勉強もこれまでの職場での仕事も，はたまた「有償ボランティア」という仕組みも，多くはこのOSに乗っかって，人々は行動してきました。ピンクによれば，ルーチンワーク中心の時代に，作業を計画通りに達成する際には有効だったと評価しています。

　しかし，自由な創意工夫を生み出す創造力の発揮が重要となってきた現代社会では，この「モチベーション2.0」ではうまく行かなくなってきたというのが，第4章第7節で解説した「『交換条件つき報酬』が意欲を下げる！」ということです。そこで，自分の内面から湧き出る「やる気」（内発的動機づけ）に基づくOS「モチベーション3.0」が，社会や組織を活気づけるために不可欠のOSとなってきた，というわけです。

　この『モチベーション3.0』は企業や学校なども含め一般読者向けに書かれたものです。しかし，自分の内面から湧き出る「やる気」（内発的動機づけ）は，Voluntary Organisation たる NPO，市民活動団体にとってこそ，重要な OS とすべきものです。そこで本章では，まずこの点に焦点を絞ることにしましょう。

### （2）「アンダーマイニング効果」の発見

　1949年，ハリー・ハーロウがアカゲザルの学習能力を研究する中で[1]，サルが課題に取り組み，その課題をクリアすること自体を喜んで熱心に取り組むことに気づきました。当時は，それこそモチベーション1.0かモチベーション2.0しか知られておらず，エサが得られるわけでもなく，褒められるわけでもないのに，サルが熱心にその作業に取り組むのはなぜか。その点の解明はないまま，

表9-1　2つのグループの待遇の相違

| | 1日目 | 2日目 | 3日目 |
|---|---|---|---|
| グループA | 報酬なし | 報酬あり | 報酬なし |
| グループB | 報酬なし | 報酬なし | 報酬なし |

出所：ピンク（2010）。

これまで知られていない動機づけがある可能性を論文に示唆しました。ただし，その後，この点をさらに追究することはありませんでした。

その20年後の1969年，アメリカの心理学者エドワード・デシ[2]は，このハーロウの論文をふまえて，あるパズルを使った実験をしました。それは，被験者を2つのグループに分け，被験者の立会いのもと30分間，パズルに取り組んでもらった後，休憩をとってもらい，被験者が部屋を出るものの，マジックミラーで休憩中の行動を観察する実験です（表9-1）。

1日目，両グループは休憩中にも，平均3分半〜4分，メンバーはパズル解きを続けていました。

2日目はグループAにだけパズルが解けるたびに1ドル（現在の貨幣価値で約6ドル）の報酬を与えると伝え，実際に報酬を与えました。その2日目，休憩時間になってもグループAのメンバーは5分以上，パズルを解いていました。モチベーション2.0の「アメ」の効果が如実に出たわけです。

しかし，3日目，グループAに「報酬が1日で無くなってしまったので，今日は報酬が無い」と伝えました。そして，その後の休憩時間の行動を観察すると，グループBは，3日間を通じて少しずつゲームに興じる時間が増えていきましたが，グループAでは2分程度と初日より減ってしまいました。

つまり，一度，経済的報酬が支払われると，その時には活動意欲が高まるものの，以後は報酬が無ければ活動意欲が下がってしまうのです。第4章第5節でも紹介したように，報酬には「依存性」があるのです。

そして，この場合の経済的報酬のように，内発的な動機づけ，内側から湧いてくる意欲を下げてしまう効果があることを「アンダーマイニング効果[3]」と呼ばれるようになりました。

その後，デシや若き同僚のリチャード・ライアン[4]とともにアンダーマイニング効果が生じてしまう要因を調べ続け，罰による脅迫（1972年），監視（1975

年), 締め切りの設定 (1976年), 課題の割り当て (1978年), 目標の押しつけ (1980年), 評価の予告 (1982年), 否定的フィードバック (1984年), 指示命令 (1993年), 競争 (1996年) など, 意欲を削ぐ要因の分析を進めました。

そして, 逆に意欲を高める要素は何なのかも研究し, その結果, 次節の3つのポイントが重要だということを解明したのです。

## 2 「やる気」を高める3つのポイント

内側から湧いてくる意欲「内発的動機づけ」(intrinsic motivation) とは, 金銭・表彰など外側からの報酬を得ることが目的 (罰の回避も含む) の動機づけである外発的動機づけ (extrinsic motivation) に対して, 心の中の満足感を得ることを目的とする動機づけとされます。この内発的動機づけを高めるポイントは, 結局, 3つに集約されます。①「自律性」を高めること, ②「熟達」できる状況を作り出すこと, ③社会と自分自身にとっての「意味づけ」を得ること, の3つです。以下, それぞれ詳しく解説していきましょう。

### (1)「自律性」を高める

アンダーマイニング効果が起こる様々な要因の中で, 交換条件つき報酬の提示, 罰による脅迫, 監視, 締め切りの設定, 課題の割り当て, 目標の押しつけ, 指示命令には, 共通の要素があります。それは「強いられる」ということです。評価の予告や競争も, その要素があります。つまり, 私たちは他者から強いられるのが嫌なのです。急かされたり, 追い立てられたりすると, 息がつまってしまいます。駒になるよりも指し手になりたい, と言い換えてもよいかもしれません。自律的に, あるいは自主的に, 自分の意思で自由に行動できることで, 私たちは意欲的に活動に打ち込むことができるようになるわけです。

『モチベーション3.0』には, 『トム・ソーヤーの冒険』で出てくるエピソードを事例に, 「報酬は遊びを仕事に変えてしまう」という解説も出てきます。「"仕事" とは, "しなくてはいけない" からすることで, "遊び" とは, しなく

てもいいのにすることである」というマーク・トウェインの言葉を引用し，特に交換条件つきの報酬は，「興味深い仕事を，決まりきった退屈な仕事に変えてしまう」と指摘しています。ボランティア活動は，言われなくてもすることだけど，言われても（納得できなかったら）しない，ということに対応するような話です。また，第1章で『レジャー白書』が「社会性余暇」という視点での特集が組まれたことを紹介しましたが，自発的に取り組めていると，まさに"遊び"のような感覚になるということでもあります。

　もちろん，金銭的な報酬がすべて内発的動機づけを下げるわけではありません。苦役を課せられているのではなく，自らの自由な意思で引き受けていると実感できるなら，意欲は萎えません。要は，自身の行動を誰かに統制されず，自分自身で自律的に取り組めているという実感が保たれる必要があります。

　そこで，内発的動機づけを高めるには，「『他者をどのように動機づけるか』ではな」く，「『どのようにすれば他者が自らを動機づける条件を生み出せるか』」（デシら 1999）という"組織体制や環境の整備"ないしは"プログラム上の配慮・工夫"が重要になってきます。このポイントは，自分自身で決められること，選べること，企画段階から参加できること……などとなりますが，これには幅広い要素があるので，次節で詳しく解説しましょう。

## （2）「熟達」できる状況をつくり出す

　達成感や成長感，そして有能感が高まることも重要です。人には自分自身が価値あるものとして成長したいという願いがありますから，それが実現できた，あるいは実現できつつあると実感できる環境を作ることも大切なのです。

　困難を克服し，うまく成し遂げられた。活動を通じて成長し一皮むけたことを実感する。新たな出会いや体験を通じて，学びや気づきが深まり成長を実感できる。さらには新たな能力を身に付け，能力が高まったと感じ，その力を活かしたくなる。こうした気持ちが高まると，意欲が向上するということです。

　別の表現を使えば，「やる気」があるから「できる」のではなく，「できた」実感を得られることで「やる気」が高まる，ということです。意欲が湧かない

相手に「やる気がない」となじっても，批判を聞きたくないと心を閉ざすばかり。そうではなく，少しでも前向きの動きに気づき，それを肯定的に評価し続けることで，初めて「やる気」が湧いてきます。要は「北風よりも太陽」の作戦です。

① 達成感・有能感の向上

そこで，まず少しの前進であっても既に達成できている実績をきちんと認め合い，さらにメンバーの間でその成果を共有し合うことが必要です。成果報告会（といっても，会員総会での事業実績報告を，それぞれの担当者が担う……といった形でもよい）や表彰や感謝の機会を定期的に設けることもよいでしょう。

② 未知との出会いで世界を広げる

さらに，市民活動を通じてメンバーが成長できる機会を，積極的に設けることも大切です。未知の人々との出会いは，それ自体が面白いものです。国際交流プログラムで実施されているホスト・ファミリーやホームステイが，受け入れる側にとっても楽しい場合が多いのは，そこで未知の国の文化に触れることができるからです。要は新たな発見の刺激が，面白さを誘発します。近所の人が訪ねてきても，普通，そのような刺激は得られません。

③ 少し高めの目標設定で挑戦する

また，目標を（実現可能な範囲で）少し高めに設定し，到達した時の達成感を高めることも有効です。実際，「ギネスに挑戦」などのプロジェクトは，それが難しいから盛り上がる面もあるわけで，大して努力しなくても実現できる目標では，かえって意欲が高まらない場合があります。大きな目標に向けて，一歩一歩，挑戦を続ける場に自身も加わっていると実感できる環境づくりも必要です。もちろん，この目標の策定に関係する人々が参画するなど，納得し共感していないと，意欲を下げてしまうので注意が必要です。

## （3）社会と自分自身にとっての「意味づけ」を得る[5]

### 1）「意味」を求める "病い"？

「それに何の意味があるの？」「そんなこと，意味ないよ！」。こんな風に言

われると，たじろいでしまいます。そう，私たちは「意味がある」状態を求めます。ひょっとしたら，「意味を求める病い」を患っているのかもしれません。

この点について，哲学者の鷲田清一氏は以下のように書いています。

> 「ひとがじぶんがここにいていい理由をみずからに納得させることができるのは，自分がここにいることが別のだれかにとって（どんなに小さくても）意味があると確認できる時である。「居場所がない」というのは，わたしがここにいることがだれからも求められていないということである。特定のだれかにとってじぶんの存在がどのような意味をもっているか，その確認がひとの存在を支える。」（鷲田 2015：169-170，下線筆者）

人は周囲の人々から意味があると認められることによって，生きる意欲が湧いてきます。逆にいえば，だからこそ，いじめの現場で「シカト」と隠語で呼ばれる"無視"は，自殺に追い込むほど人を傷つけることにもなるわけです。

### ２）意味づけによって支えられる

そこで，取り組む活動が他者，さらには社会にとって，どのように意味のある活動であるかを理解できる（自分の中で腑に落ちる）と，意欲が高まります。さらにいえば，それが他ならぬ自分が関わることにも意味がある，つまり自分らしさ，自分の強みを活かせていることで意味ある行動ができていると実感できると，さらに意欲が高まります。

そして，この意味づけは，前述の自律性や熟達の方向性を示すものとして，それぞれをより強めるものでもあります。

ですから，活動の「意味づけ」が重要です。たとえば，大きなイベントで，そのイベントに直接関われない会場案内のボランティア，つまり駅から会場までの途上で，角々に立って会場に誘導するボランティアに，その活動の意味をどう説明するか，駐車場での整理ボランティアに，その活動の意味をどう伝えられるか……，を考える必要があります。

確かに必要不可欠な役割ではあるものの，いかにも縁の下の力持ちといえる

役割。地味で面白みを感じにくく，個々のボランティアのそれぞれの個性も発揮しにくそうな活動の意味を，どう説明できるでしょうか。

ボランティアの活動意欲を高めるためのポイントは，会場案内のボランティアにしかできない役割，駐車場整理のボランティアにしかできない役割を説明することです。皆さんは，どんな役割があると説明できますか。

モチベーション3.0にバージョンアップするには，このように一つひとつの役割の"意味"を深く考えることも必要になります。

### 3 「自律性」を高めるには──参加型の組織づくり

前節では内発的な意欲が高まる3つのポイントを解説しましたが，この中でも「自律性」の向上については，個々のプロジェクトの設計に留まらず，組織の運営形態に関わる要素が多分にあります。

以下，ボランティアやスタッフの活動意欲が高まる「参加型の組織づくり」について，そのポイントを解説していきましょう。

### （1）「参加の力」を信じる

「まえがき」で紹介したように，日本ボランティアコーディネーター協会は「『参加の力』を信じよう！」というスローガンを掲げています。「信じる」というと情念がこもりすぎているように思われそうですが，要は人や社会をどう捉えるか。それが参加する人たちの自律的な活動を保障する原点にあります。

アメとムチをバランスよく活用して，目標の実現に向けた行動を促そうとする「モチベーション2.0」での発想法は，「自由を与えると人は怠ける」というものです。だからこそ，期待にそう行動をすれば報酬を提供し，期待に応えないと罰を与えるという対応になります。

「モチベーション3.0」は，この見方と真逆です。つまり，「人は本来，責任を果たしたいと望んでいる」と考えます。そして，人々が責任を果たしたいという意欲を具体的に実現する"場を開く"ことで，「参加の力」が発揮される

状況を生み出しています。実際，それを実証する事例は様々な場面で起こっています。たとえば，序章の事例を思い出して下さい。

東京都大田区立嶺町小学校PTOの取り組み＝役員会を廃止しボランティアセンターに衣替えして，様々なプログラムに参加するサポーター（保護者ボランティア）が活躍したのは，役割を小さくすれば強制しなくても手を挙げてくれる保護者がいると信じたことが起点でした。

まちライブラリーも，みんなに薦めたい素敵な本を寄託しようという人がたくさんいることを信じて始まったもので，それこそまちライブラリー＠大阪府立大学が用意したのは，スペースと900本の本棚だけでした。

Wikipediaは，より正しい記述を積み上げようという無数のボランティアの手で追加・修正され続けています。仮に悪意からウソの情報を書き込まれることがあっても，それを正しく修正する人々がデータを正していく。その積み重ねが起こるとの信頼で築かれたシステムです。

『この世界の片隅に』のプロモーションビデオ作成のために，寄付をした人たちもそうです。寄付とは信頼して託すものです。

このように参加の前提には，善意の行為を期待する社会への信頼があります。つまり，このような取り組みが広がることは，他者の善意を信じ合える社会を築くことにもつながるのだといえます。

## （2）寄付が進める信じ合える社会づくり[6]

### 1）「托鉢主義」掲げた児童福祉の父・石井十次

5月5日は子どもの日ですが，今から153年前のこの日に生まれたのが，後に日本の「児童福祉の父」と呼ばれた石井十次[7]です。

今も大阪市浪速区にある石井記念愛染園などにその名を残す石井は，お遍路さんの子どもを預かったことをきっかけに，22歳で岡山に孤児教育会（日本初の児童福祉施設である岡山孤児院の前身）を創設しました。ペスタロッチやルソーの影響を受け，イギリスの先進施設バーナードホームの実践にも学んだ石井は，その施設運営にあたり「岡山孤児院十二則」と呼ばれる先駆的な運営方針

を示しました。すなわち，①家族主義（少人数での分舎制），②委託主義（乳幼児期は里親に委託），③満腹主義（十分な食事の提供），④実行主義（大人が子どもの手本を実行），⑤非体罰主義，⑥宗教主義（神への感謝を重視），⑦密室教育（褒める時も叱る時も自室に呼び1対1で），⑧旅行教育（社会体験を重視），⑨米洗主義（米を洗うように子どもたちの切磋琢磨を何度も繰り返す），⑩小学教育（幼児期は遊び重視，学習は小学校から），⑪実業教育（職業訓練と自活の重視），そして⑫托鉢主義です。

　最後の「托鉢主義」とは，運営費を一部の篤志家や資産家の支援に頼るのではなく，寄付という行為を通じて多くの人々に事業の意義を理解してもらうことが大切だというものです。一時，基金を作り，その果実による安定経営を考えましたが，それは「地に財蓄ふること勿れ」というキリストの教えに背くと考え，臨時の寄付で施設を支えることにしたのです。実際，1万人を超える賛助員らの寄付などで，現在の貨幣価値で月6,000万円もの施設運営費を賄った時期もあります。

　「日本には寄付の文化がない」と，訳知り顔で解説されることがあります。確かに今の日本社会は，寄付が活発だとは言い難いのが現状です。しかし，明治の時代に広く寄付を募り，その呼びかけに応える多くの人々によって，3,000人を超える孤児の暮らしが支えられたという事実もありました。

### ２）社会を信用するから寄付を募る

　その寄付への関心が，今，改めて高まっていると思います。2009年，寄付の拡大を目指す日本ファンドレイジング協会が誕生し，記念フォーラムに全国から360人を超える人々が集ったことがあったからです。

　この協会の代表理事を務める鵜尾雅隆氏の講座を聴講する機会がありました。寄付が進みにくい現状の課題を共有した後，その克服に取り組む事例を具体的に紹介する内容で，寄付の可能性を実感し，参加者が少しずつ元気になっていく，という雰囲気の講座でした。そして，その講座の最後のまとめは，とても納得のいくものでした。

「『我々は寄付に頼らず，事業収入でやっていく』と言われる NPO があります。私も事業収入は大切だと思います。しかし NPO に寄付が寄せられるのは，寄付者から信用されているからです。そう考えると，『寄付に頼らない』と宣言することは『社会を信じない』と言っているようで，僕は嫌なんです。逆に言えば，社会を信用することから始まるのが寄付集めだと思います。寄付集めを進めることは，互いに信頼し合う社会づくりを進めることでもあると思うのです。」

　その言やよし。寄付集めを，資金不足を補う手段としか考えないなら，寄付をする側の視点が消えてしまいます。寄付を提供する側と受ける側の協働作業だと捉えることによって，鵜尾氏の視点が開けてきます。

### 3）「社会を信じられない」という状況の深刻さ

　もっとも，現実は「社会を信じる」状況からはるかに遠く，不安が募る一方だ，という意見もあるでしょう。確かに，かつてはこの国に漠然とあったはずの安心感が急速に失われています。国民生活に関する世論調査でも「日常生活で悩みや不安を感じている」人は1991年以降増加し，1991年の46.8％が2008年には70.8％にまで達し，2017年も66.7％と高い水準のままです。終身雇用制が大きく崩れ，不安定な非正規雇用者が増え，社会保障の圧縮も続いています。人々のつながりも薄れ，「どうにもならなくなった時，社会や誰かが支えてくれる」という実感を持てなくなってきました。

　ホームレスの自立支援を進める雑誌『ビッグイシュー』の115〜116号に掲載された対談「いま，経済より，生きる意味の不況が深刻」に，以下のような指摘がありました。対談者の1人で文化人類学者の上田紀行氏は，「人間っていうのは絶対に見捨てられる存在じゃないんだという確信が必要だと思う」，（2008年に秋葉原で無差別殺人を犯した青年は）「自分は使い捨てで，自分はいてもいなくても社会にはどうでもいいんだ。俺のことケアしてくれる人間なんか誰もいないと言って，突っ込んでしまう」「信頼感がなくて永続していく文明っていうのはほとんどありえない。信頼感を失ってしまったら人間は生きてい

けない。社会は崩壊してしまう」と語っています。

　しかし，長く自殺者が3万人を超えていた現実と向き合うと，その「崩壊」は近づいているようにも思えます。

### 4）寄付の募集が社会に示すメッセージ

　では，どうすれば社会への基本的な信頼感を回復できるのでしょうか。

　一般的には社会保障の充実などが挙げられるのでしょうが，ここでは寄付を募ることの意味に焦点を絞って考えてみます。先に「寄付に頼らず事業収入でやっていく」というNPOについて触れましたが，現実にそうした団体が少なくない理由の一つに，寄付を依頼することは，何らかの商品やサービスを提供して対価を得る事業収入の確保に比べ，しんどいものだということがあります。しかし，それでも寄付を募ろうとするのは，人権の擁護や経済的困窮者の支援，環境の保全など，収入を得にくい活動に取り組んでいるからです。

　そして，この寄付を募って頑張っている団体があると知られることが，実は社会の希望をつなぎとめる手掛かりの一つになると思います。この世の中は，ギブ・アンド・テイクだけで動いているわけではありません。募集に応じて寄付をすれば，自分も誰かを支える存在となれる。そんな気持ちが，その動きに接した人たちに生じると思います。

　日本ファンドレイジンク協会の創設はリーマンショックの直後で，寄付を拡大しようというにはあまりに厳しすぎる時期のスタートでしたが，このような意味でも，同協会の今後の取り組みに大いに期待しています。

## （3）目標・使命・価値の明確化と明示

### 1）目標（ビジョン）と使命（ミッション）の関係

　ところで，企業は顧客を創造しつつ利益の最大化を目指すわけですが，NPOの場合はそれぞれに異なる課題認識や目標をもって活動します。そこで，団体が目指す「目標」，目標実現のために団体が何をするかを示す「使命」，価値を明確化することで結集軸を示し，判断基準を示す「価値」を明確化しなければなりません。これらを列記すると，以下のようになります。

図9-1　目標（ビジョン）と使命（ミッション）の関係

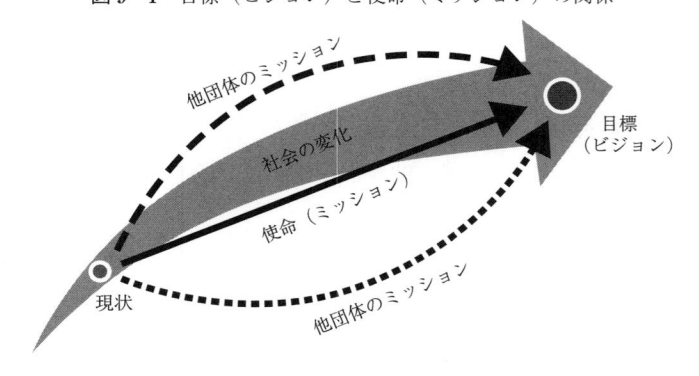

・目　　　標　：何がどうなる。目指すべき方向性，将来実現するべき姿
　（ビジョン）　　（将来像）。私たちが成功したら社会はこうなっている！
・使　　　命　：私たちはどうする。組織の使命，存在意義，役割。私た
　（ミッション）　　ちは○○をするために存在している！
・価　　　値　：価値，行動の判断基準。何を大切にしながら目標や使命
　（バリュー）　　を実現しようとするのか。

　このうち，目標（ビジョン）と使命（ミッション）の関係を図9-1に示します。同じようなビジョンを掲げる団体もあるわけですが，その実現に向けたミッションは異なる場合があることを点線で示しています。

　この目標（ビジョン）や使命（ミッション）は抽象的な表現となりがちですから，具体的な事例を紹介しましょう。「世界の子どもを児童労働から守る NGO ACE」[8]は，活動理念を以下のように整理しています。[9]

　・ACE が目指す社会（ビジョン）
　　　子どもの権利が保障され，すべての子どもが希望を持って安心して暮
　　　らせる社会を目指します。
　・ACE の使命（ミッション）

目指す社会を実現するため，市民とともに行動し，児童労働の撤廃と予防に取り組みます。

・ACEが大切にしていること（バリュー）

1．子どもの利益を最優先します

2．市民の力を信じます

3．ネットワークを最大限に活かします

4．フェアで自立した組織を追求します

5．成長できる場でありつづけます

なお，ACEのホームページでは，「ACEの戦略」として，中期戦略目標「ACE111」「重点分野とアプローチ」なども記載されています。

このように何を目指すのか，何を大切なこととするのかを明示することは，活動への参加を進め，企画や運営を"任せる"際に，とても重要になります。方向性や価値観が共有されていたら，団体のミッションやバリューに合わない活動が進められることを抑制できるからです。もちろん「団結とは連絡なり」という言葉があるように，日常的なコミュニケーションは重要ですが，確認を取らなければ決定できないということでは意欲が下がってしまうこともあります。そこで，目標，使命，価値などの活動理念は，ボランティアも含むメンバー全体で共有されていることが大切です。

２）他者には見えないものを見る――ビジョンの重要性

ところで，このビジョンの意味について，以下のような言葉を紹介されたことがあります。これは，日本で最初のコミュニティ財団を大阪に創設するにあたり，1914年に世界で初めてコミュニティ財団を創設したアメリカ・クリーブランドの関係者が大阪に招かれた際に開かれたワークショップで，アメリカの関係者から紹介されたものです。

「ビジョンとは可能性に対する鋭い感覚を持つことだ。

それは，他の人々は見ない何かを見ることだ。

そして，同じようなビジョンを共に描き合える他の人々を得た時，
素晴らしい何かが起こるのだ。」
（VISION is having an acute sense of the possible.
It is seeing what others don't see.
And when those with similar VISION are drawn together,
something extraordinary occurs.）

　原文の上に筆者の下手な訳を掲載していますが，このメッセージで，視力や
視覚の意味もある VISION ですが，実は「創造的なビジョン」とは，今は多
くの人々に見えていない（実現できると思われていない）ことを，見る（実現を
信じる）ことだということが理解できます。見えない人が多いからこそ，見え
やすい表現が必要だともいえます。

### 3）ビジョンの重要性

　その見えやすいビジョン，伝わりやすいビジョンの例を紹介しましょう。ビ
ジョンは，団体の努力で実現したい "実現可能だと考える夢" だともいえます。
ここで，"夢" という，やや情緒的な表現を敢えて使うのは，その表現が優れ
ていれば，多くの人々を奮い立たせるメッセージ力を持つものだからです。
　このビジョンを具体的な夢として示し，幅広く共感を呼んだものとして著名
なのは，マーチン・ルーサー・キング牧師の，その名も「I have a dream（私
には夢がある）」と題する演説でしょう。[11]

「私には夢があります。
いつの日か，私の４人の幼い子どもたちが，
肌の色によってではなく，
人格そのものによって評価される国に住めるという夢です。
今日，私には夢があります。」
（I have a dream that
my four little children will one day live in a nation

where they will not be judged by the color of their skin

but by the content of their character.

I have a dream today!)

　その演説の中には，こんな一節もありますが，こうした具体的な"夢"を示すことで，活動に参加する人々の士気が高まり，共感の輪が広がり，支援者を拡大することにつながります。

## （4）創造的な参加を生み出す組織づくり

　以上の活動理念の整理に加えて，メンバーの自律性が高まる環境づくりを中心に，市民の参加を進めるポイントを解説していきましょう。

　①　ボランティアや寄付を求める意味を確認する

　最初に組織内で確認しなければならないのは，ボランティアが参加することや寄付などの支援系財源を得る努力をする意味を，確認・共有することです。アメリカのボランティア・マネジメント分野の第一人者の一人，スーザン・エリス氏は，この点に関して，以下のように指摘しています。

　　　「最初の，そして最も重要な問いかけは，『なぜ，我々はボランティアを求めるのか』というものである」「ボランティアに魅力を感じて，お金の有無に関係なく，第一の選択肢（First Choice）としてボランティアを選ぶ理由が確かにあるはずである。」（エリス 2001）

　なぜ，ボランティアなのか。同様に，なぜ寄付なのか。第8章第3節で一般的な意味を解説しました。ただ，団体によって，プログラムによって，個別的な意味もあるでしょう。そうした点に関する認識が，内部で共有されていることが重要です。

　②　頼むことを臆さない

　Never Ask, Never In. という言葉があります。寄付を進める際に必要な2つ

の働きかけがあり，一つは「感謝すること」ですが，もう一つは「頼むこと」です。この英文は「頼まなければ，（寄付は）得られない」という意味です。

　頼むことは，応援を求める起点です。しかし，それを臆してしまう場合があります。十分に努力もせずに SOS を発するのは，良くないのではないか。安易に他者に助けを乞い，頼りすぎることではないか，と考えてしまうからです。

　しかし，第8章第2節で検討したように，応援を求めることは人々に「参加の機会」を提供することであり，支援者とともに団体が掲げる夢・ビジョンを実現することでもありました。この発想法を持つことが「参加型」運営の第一歩です。つまり，応援を求めることを臆せず，積極的に応援を求めつつ，参加した人々が参加して良かったと思える状況をどう作り出すかということに心をくだくことが必要です。この「参加して良かった」と思える条件は，「やる気」が湧くための条件でもあります。

　③　参加しやすい組織づくり

　参加型の運営を進める場合，寄付についてはファンドレイジングに関する知見が体系化されており，この体系を学んで実践すれば，一定の成果が期待できます。ボランティアの参加促進についても，個々のプログラムごとのボランティア参加についてはボランティア・マネジメントの体系が整理されており，こちらもその体系を学び自団体に応用することで，事業を市民参加型で進めることができます。

　ただし，ボランティアの参加に関しては，人が直接関わるため，組織自体を「参加型」にすることで，より開かれた組織とすることができます。以下で，事業への参加促進と共通する点も含めて，そのポイントを列記していきます。

　**参加のハードルを下げる**　　まず，参加の入口を広げること。顧客が集まる店づくりの秘訣の一つに「出やすい店は入りやすい」というものがあるそうです。単発や期間限定で参加できるプログラムづくりが必要です。ボランティア活動は「一度，始めたら，やめてはいけない。いい加減な気持ちで始めてはいけない」といったイメージを持っている人もいます。しかし，それでは，おいそれとは始められなくなってしまいます。「細く長く」という言葉の意味も，

「派手さをねらって一瞬の打ち上げ花火で終わってはいけない。細くても地道にコツコツ長く続けるのが大切」という意味ではなく，「細くてもよい（太くてもよい）。長く続けると楽しい出会いが多い（でも短くてもよい）」といった意味で解釈すべきでしょう。

**多様な参加のメニューを用意する**　市民が自律的に関われるためにも，参加できるプログラムを"選べる"よう，参加のメニューを多様に開発・提供することも大切です。

まず単発や期間限定のプログラムに加え，事務所などに出向かずとも参加できるプログラムなど，活動に参加する際の制約要因の筆頭に上がることの多い参加時間帯等の時間的制約をクリアできるプログラムの開発も必要です。

また，ボランティアの希望として，何か特定の課題を解決したいというよりも，自身の能力を社会に活かしたいという場合も少なくありません。様々な職業や経歴を持ち，特技や趣味も異なる人々が集ってくるのがボランティアであり，実に幅広い潜在力を秘めた存在です。活動を始める際や団体になじんできた中で，経歴などを聞く機会を持てば，そうした能力を団体の活動に結びつけることができます。

④　役割を任せる組織づくり

事業に単発的ないし部分的に関わってもらう段階を経て，事業の企画から推進まで任せる「チーム」などを結成することができると，ボランティアの参加度は大きく高まります。NPO の中に，自律性をもつボランタリーなサブグループを生み出すものです。第8章に掲載したコラムで日本ファンドレイジング協会の鵜尾雅隆代表理事が提唱する「NPO 3.0」を紹介しましたが，「3.0」の状態は，このサブグループを基盤に生まれる場合が多いのです。

たとえば，約150人のボランティアが組織経営から事業推進にまで深く参画している大阪ボランティア協会[14]の場合，各種の講座の開催，短期活動体験プログラムの運営，機関紙や会員誌の編集発行，裁判員制度の改善，資料コーナーの整備，研究部門の運営などの個別の事業に加えて，組織経営やファンドレイジングなどを進める約20のチームや委員会があり，それぞれでボランティアが

活躍しています。ボランティアの属性も CSR 担当者を含む企業人，大学教員，新聞記者，NPO の主宰者やスタッフ，保育所園長，公務員，退職者，学生……と，実に多彩です。担当する事業の予算立案を含め，事業全体の設計・企画・運営を，担当職員と協働して進めています。

　なお，それぞれのチームなどが自律的に運営しながらバラバラにならず，全体として調和的・相互補完的な取り組みが進められるのは，目標や使命，価値，それに活動に関する情報が全体で共有されているからです。具体的には，年に２回開催される合宿で，それぞれの取り組みや活動を取り巻く動きなどを共有し，また日常的にはチームの会合に職員も参加し意思疎通を図っています。

　一方，全国組織の日本ファンドレイジング協会では，地域や分野ごとに会員が「チャプター」と名づけたサブグループを結成し，それぞれのチャプターごとに，独自に研究会を実施したりファンドレイジング協会が地域で実施する事業を受託したりしています。全国組織の場合，本部の置かれる地域（ファンドレイジング協会の場合は東京）の周辺での事業が増えがちですが，こうしたサブグループの結成を支援[15]することで，会員自身の自主活動の活性化によって，本部から遠い地域の会員サービスも充実し，また各地で創造的な取り組みが誘発的に生まれる基盤を生み出しています。

　⑤　伸びやかで自由な発想が生まれる雰囲気づくり

　自律的に活動できることは，自身の思いつきや夢を自由に語れることでもあります。具体的な場面としては，創造的な発想はまず思いつきから始まることが多いわけですが，そうした提案をまずは面白がる雰囲気づくりが大切です。逆に，いきなり「できない理由」ばかりがぶつけられては，意欲も萎えてしまいます。特に一定の権威がある人物や，あるいは日常的な事務を担っている職員からの抑制的発言は，ボランティアの内発的な意欲を削いでしまいます。

　また，より生産性の高い働き方を見出すために，Google の人員分析部が実施した「プロジェクト・アリストテレス」[16]での発見も示唆的です。数多くのプロジェクトを，数百のチームが並行して進める Google の社内では，チームによって生産性に大きな違いがあり，「成功するチームは何をやっても成功し，

失敗するチームは何をやっても失敗する」状況にありました。そこで，その原因を探るため，このような名前の調査プロジェクトが進められたのです。

同一人物が複数のチームに所属しているのに，チームによって成績に差が生じていたため，まず調査の焦点となったのは「チームワーク」でした。外食の頻度，学歴や趣味の共通性，外交的メンバーの割合など様々な角度から分析を進めましたが，いずれもチームの成績とは関係ありませんでした。そこで次に「チーム内のルール」（たとえば，メンバーの発言中に他のメンバーが割って入るのを認めるか認めないか……などの約束）が，影響しているのではないかと調査しましたが，こちらも相関関係は見出されませんでした。

そうした試行錯誤を経て人員分析部が到達した結論は，チーム内で「他者への心遣いや同情，あるいは配慮や共感」が活きづいているチームが，多くのプロジェクトを成功に導いているということでした。つまり，「『こんなことを言ったらチームメイトから馬鹿にされないだろうか』，あるいは『リーダーから叱られないだろうか』といった不安を，チームのメンバーから払拭」できているチームが生産性の高いチームだったのです。つまり，「心理学の用語では『心理的安全性（psychological safety)』と呼ばれる安らかな雰囲気をチーム内に育めるかどうかが，成功の鍵なのだ」「社員一人ひとりが会社で本来の自分を曝け出すことができること，そして，それを受け入れるための『心理的安全性』，つまり他者への心遣いや共感，理解力を醸成することが，間接的にではありますが，チームの生産性を高めることにつながる」ことがわかったのです。

引用が長くなりましたが，最後の「本来の自分を曝け出すこと」や，「それを受け入れる」環境は，ボランティアの活動環境としても，とても重要です。

対価を得る仕事に就く場合ならば，生活のためと，上司や顧客の無理な指示に従い，自分の思いを抑えて意に染まぬ仕事に励むということもあるかもしれません。しかしボランティアは，自分の本心を抑えてまで活動しません。逆に「心理的安全性」のある，自分自身も肯定される場だからこそ，意欲的に，かつ創造的に活動を進められるのです。

⑥　有給職員とボランティアの協働関係

　第6章の最後で，ボランティアの応援を求める依頼者とボランティアとが対等な協働関係を築くには，両者が夢・願いを共有し，また依頼者側もボランタリーに夢・願いを実現するために努力していることが伝わらなければならないことを指摘しました。

　「自発性を励ますものは夢と自発性」だということですが，組織にボランティアを受け入れる場合には，受け入れ側の職員の「自発性」が問われることになります。つまり，ボランティアの意欲的な活動を支えるには，NPO の職員自身もボランタリーに働けていなければならないわけです。

　そこで，次項で解説するように，NPO の職員も，ボランティア同様に，ボランタリーに仕事ができる環境が保障されなければならないことになります。

## （5）NPO が「ブラック団体」といわれないために[17]

### 1）「ブラック企業」問題への注目

　近年，「ブラック企業」という言葉をよく耳にするようになりました。意図的・恣意的に過酷な労働搾取を行う企業を指す言葉で，元々は，求人広告業界の隠語に由来するなどといわれています。

　2008年に『ブラック会社に勤めてるんだが，もう俺は限界かもしれない』（新潮社）が，2012年には『ブラック企業──日本を食いつぶす妖怪』（文春新書）が出版されました。2013年7月の参議院議員選挙でも，ある候補者の経営する企業が「ブラック企業だ」と批判を集め，これも影響してか厚生労働省が9月から約4,000社を対象に実態解明の調査を始めました。

　この背景には，公正な労働環境が崩れ始めている現実があります。サービス残業，過労死，偽装請負，派遣切り，雇われ店長，名ばかり管理職，追い出し部屋……。それこそ“ブラック”な言葉が次々に生まれています。

### 2）市民活動団体での労働環境は？

　では，市民活動の世界で働く人たちの環境は，どうでしょうか？　内閣府が2012年8月に発表した「NPO法人実態調査 平成23年度版」によれば，NPO

法人で働く有給常勤職員の平均年収は207万円。国税庁の「民間給与実態統計調査結果」では平均年収409万円ですから，ほぼ半分です。しかも職員の34％は平均年収150万円以下，22％は100万円以下でした。

　給与水準が低いだけでなく，時間外手当等の整備も進んでいません。NPO法人ユースビジョンが2009年に行った「若年層NPO・NGOスタッフ就業実態調査」によると，回答者の85％には超過勤務手当が支給されていませんでした。時間外労働がない場合もありますが，実労働時間は平均9.1時間ですから，この実績は低すぎます。また全体の42％で昇給があるものの，55％は昇給がなく，4％は減給されたといいます。そういう背景から，他の職場でも掛け持ちで働いている人が16％もいました。また厚生年金保険，健康保険の加入率はそれぞれ84％，87％，退職金制度のある団体は22％で，10人以上を雇用すると就業規則の制定が必要ですが，14％で規則が作られていませんでした。

　実利的なメリットがないのにこうした調査に回答する団体は，きちんとした運営に努めている場合が少なくありません。そうした団体の調査結果であることをふまえると，実際はもっと厳しい状況だと考えられます。

### 3）「労働者」と「活動家」の関係

　この背景には，まず財政力の弱さがあります。時間外手当も払いたいし退職金制度も整備したい。しかし，財政的裏づけがないと，このような事態が起こりがちです。

　ただし，ここで当の職員が「搾取だ」と不満を示すことは実は多くありません。ある程度，厳しい労働環境であることを覚悟しつつ，進んで職員を志願している場合が多いのです。いわば，「労働者」である以前に「活動家」として事業に取り組んでいるわけです。この「労働者」と「活動家」の関係は複雑です。そもそも「労働者」とは賃金を受け取る代償として，雇用主の指揮監督下で労務を提供する者をいいます。雇用主や自営業者は，働いてはいますが労働者ではありません。従業員，使用人といった言葉が象徴するように，労働者とは雇用主に従属して使用される立場を指します。

　しかし，市民活動団体では，自ら課題に気づき，その解決に向けて主体的に

努力する姿勢も期待されています。雇われているというより，「活動に専念できる専従者として関わる」という方がしっくりきます。

　雇用主＝組織のリーダーに対して弱い立場になりやすい職員を守るため，労働者としての保護はもちろん重要です。しかし，保護を徹底すると，所定労働時間を超えれば時間外勤務となり，所属長の許可がなければ仕事ができなくなるなど，活動家としての主体的な関わりが制約される場合も出てきます。

　保護と規制は裏返しの関係となりますが，この居心地の悪さをどう解消すればよいのでしょうか。

#### ４）２つの活動ルールを整備しよう

　ここまで職員の関与だけを考えてきましたが，市民活動団体には多くの市民がボランティアとして参加することもよくあります。上記の「活動家」という立場は，このボランティアと共通するものです。

　そこで，市民がボランティアとして参画する場合のルールと，職員＝労働者として関わるルールとを分け，図９−２のように整理することが必要でしょう。

　ボランティアが団体に関わる上では，「意欲的に活動できるためのルール」が必要です。具体的には，企画段階からの参加，必要な情報の共有，フラットな関係で議論し合える環境整備，研修の機会，職員・ボランティア間の適切な役割分担，交流の機会などを保障することが必要です。さらに，ボランティアには多様な参加のスタイルがあることをメンバー間で認め合うことや，それぞれの役割分担に固執しすぎず積極的に助け合うことなど，守りたいルールも皆で合意しておくことが大切です。

　そして，「意欲的に活動できるためのルール」は職員にも適用され，職員自身も意欲的に仕事を進められるよう配慮されなければなりません。職員の活動家としての活動環境は，このルールで保障されるべきものです。

　その上で，職員が「ディーセントワーク」（働きがいのある人間らしい仕事）ができるよう，労働法規をきちんと守った就業規則を作らねばなりません。就業後や週末に活動する勤労者ボランティアとの協働を考えると，フレックスタイム制や柔軟な勤務シフトの導入が必要な場合もあるでしょう。

図9-2 「活動」と「労働」の関係を整理すると……

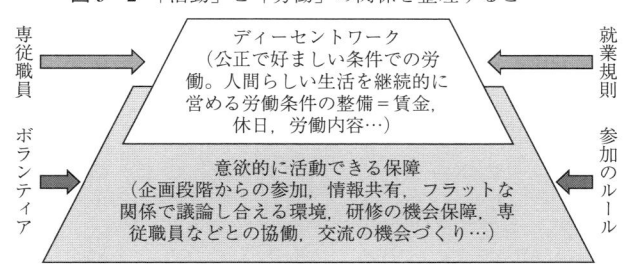

専従職員 ボランティア

ディーセントワーク
（公正で好ましい条件での労働。人間らしい生活を継続的に営める労働条件の整備＝賃金，休日，労働内容…）

就業規則 参加のルール

意欲的に活動できる保障
（企画段階からの参加，情報共有，フラットな関係で議論し合える環境，研修の機会保障，専従職員などとの協働，交流の機会づくり…）

　財政力の強化とともに団体運営上のルールを整備することで，活動しやすく働きやすい場を目指したいものです。

## 4　創造的で懐の深い組織となるために

### （1）創造的で開発力の高い組織とは

#### 1）先駆者・開発者は孤独なもの

　活気のある組織作りには，新たな活動を創造し，社会に革新をもたらす挑戦をワクワクしながら進められる集団となることが大切です。自らの存在感や活動の手ごたえが実感できる中で，私たちの活動意欲も高まります。

　この革新・新機軸（innovation）に関してユニークな視点を提供したのが，アメリカの社会学者エベレット・ロジャーズ[18]の著した『イノベーション普及学』[19]です。トウモロコシの新種などの普及過程の研究から新しい商品や知識，ライフスタイルが普及する過程を実証的に分析したのですが，その理論は市民活動においても示唆的です。いわく，何か新しい商品や行動が広がる時，それへの対応によって，人々は次の5つに分類されると説明します。

　まず周囲の評判など気にせず，早速，取り組み出すのが「イノベーター（innovator）」。新しい物好きで時に変わり者視されますが，冒険をいとわない人たちです。ロジャーズは，そうした人たちが社会に2.5％はいると主張しました。

　次に，イノベーターの動きを見て，早い段階でその可能性を評価するのが

「アーリーアダプター（early adaptor）」。社会の常識もふまえつつ，乗りがよく進取の気性に富む人たちで，13.5％いるといいます。

　続いて，この人たちの行動を受けて動き出すのが「アーリーマジョリティ（early majority）」。比較的慎重で，アーリーアダプターに相談するなどして追随する人たちです。世の中の3人に1人，34％ほどいて，彼らとイノベーター，アーリーアダプターを合わせると過半数に達します。

　次に，新しい動きを理解しつつも，仲間の圧力がないと動き出さない多勢順応型の人たちが「レイトマジョリティ（late majority）」。アーリーマジョリティと同様に34％ほどいるとロジャーズは主張しました。

　そして，変化を好まず，最後までなかなか行動を変えないのが「ラガード（laggard・のろまの意）」。伝統志向で，16％ほどいるといいます。

　確かに新しい商品や行動の普及は段階的に進みますが，このロジャーズ説によれば，何か新しい取り組みをしようとする時，イノベーターとアーリーアダプター以外の83％の人は，批判するということになります。つまり，先駆者・開拓者は，最初は孤独な少数派となりがちなのです。

### 2）「少数派」としての市民活動

　この理論が市民活動でも示唆に富むのは，市民活動は，少なくともその初期段階では少数派の取り組みとして始まるからです。社会のゆがみに気づき，「ほうっておけない」という人が，活動を立ち上げます。全体（直接的には議会）の過半数の意思に従って動く行政や，顧客の支持を前提に行動する企業と異なり，自らの関心と発意で行動を始めるのが市民活動です。

　つまり周囲の目を気にしない「イノベーター」として活動を進めることが多く，それゆえに社会を改革する力となります。しかし，一方で「奇特な人」と変人扱いされたり，アイディアが斬新すぎて理解を得られなかったりすることも多く，時に少数者の悲哀を感じることもあります。

　新しいアイディアは，現に実行されてはいないのですから，詰めの甘さも指摘されやすくなります。実際，「しない方がよい理由」を挙げることは，「新たに始める理由」を挙げるよりも，数段容易です。しかし，そこで「思いつき」

と切り捨ててしまっては，新たな挑戦の芽をつんでしまいます。そもそも，およそ創造的な取り組みの多くは，思いつきから生まれるものです。

　実はここで重要なのが「アーリーアダプター」の存在です。新たな企画を，まずは「面白がる」。その上で，克服すべき課題を共に考え，解決策を模索する。この順番が重要です。目前の課題解決に追われて余裕がない場合はもとより，きちんと実現性を詰めようとする場合も，この順番が逆になってしまいがちだからです。

　社会的に信頼されながら，このような姿勢をとれる人が，組織のトップや有力な支援者などの中にいると，新たな挑戦をワクワク進める組織となることができるわけです。

## （2）リーダーシップ

　ビジョンやミッションの明示と共有とともに，市民団体の運営において重要なのはリーダーシップです。元来，人はそれぞれ多様な個性と価値観を持つ以上，複数の人間が集まった場合，それぞれの関心や意欲も厳密にはすべて異なります。その集団を一つの団体として組織し，メンバーが団体のビジョン・ミッションの達成に向けて動くよう方向づける働きかけをするのが，リーダーシップです。「リーダーは目立ち，組織を体現する」（ドラッカーら 2000）とはドラッカーの言葉ですが，リーダーは対外的には団体を代表する存在となります。

　そもそもリーダーには，現状をビジョンに近づけようという思いが自分ひとりだけのものではないと確信し，メンバーに働きかける役割があります。ただし，他人への影響力を発揮する前に，まず自分自身がビジョン・ミッションの実現に強い意欲を持っていなければなりません。当然，自負心も強くなりがちです。

　しかし，lead，つまり「先導する」という言葉を担う役割ではありますが，実は組織内のリーダーは，個々のメンバーの意欲と団体のビジョン・ミッションとの調和を図るコーディネーターとして，“縁の下の力持ち”的役割を担うこともあります。

表9-2　リーダーシップの3類型
　　　――状況に応じてうまく使い分けられるのが有能なリーダー

| リーダーのタイプ | 特　徴 | 具体的な場面 | 機能の違い |
|---|---|---|---|
| 専制型 | ・決定が迅速にでき，機敏な処置がとれる。<br>・リーダーの独断専行の恐れがある。<br>・リーダーが有能なら持ち味がでるが，無能なら欠陥が暴露する。 | ・困難に直面した時<br>・迅速な行動や決定が必要な時<br>・メンバーやグループが未熟な時 | ・仕事機能（集団の目的達成の機能）に有効な場合が多い |
| 民主型 | ・衆知を集め，無難に運営できる。<br>・皆の協力が得やすい。<br>・話し合いには時間がかかり，危機的状況では時期を逸することがある。<br>・リーダーの能力と無関係に安定した運営が可能。 | ・グループの目標，運営方針，規約など，メンバー全員に関係する重要事項の決定 | ・維持機能（集団の組織維持の機能）の発揮に有効 |
| 放任型 | ・自覚を促すのに良い。<br>・自発的協力が得られる。<br>・目標を明確に示せば，メンバーが持ち味を発揮する。<br>・組織の一体性，一貫性が弱まる恐れもある。 | ・メンバーが集団の事情に通じ，有能である時 | ・参加機能（メンバーの主体的参加を促す機能）の発揮に有効 |

出所：GWT研究会（1976）。

　この役割を整理しているのが表9-2です。つまり，リーダーシップといっても，リーダーが前面に出る「専制型（ワンマン型）」だけでなく，メンバー自身による合意形成を重視する「民主型」や，いわゆる「放任型」の形態もあります。そして，団体の置かれている環境やメンバーの状況により，リーダーのとるべき態度は変化します。重要なことは，状況に応じて3つの姿勢を使い分けることであって，「民主型」のリーダーが最も理想的だということではありません。本来，他者に言われずとも，あるいは反対されてもやるというのが自発的活動です。その意味では，ワンマン的な活動はボランティア活動などの基本ともいえますし，逆に，個々のメンバーが自律的に活動できる状況を作り出す「放任型」にも良い点があるからです。

## （3）熱心なグループほど仲間割れをしやすい

### 1）仲間割れは，なぜ起こるのか

　市民団体など自発的に活動する団体の運営で問題化しやすいことの一つに，「仲間割れ」があります。特に熱心に活動する団体でこそ起こりやすいのですが，その理由はまさに，「私」を起点とする市民活動と，団体としての活動との矛盾にあります。

　一般に私たちは，自発的に取り組もうという時ほど，その行為に“こだわり”ます。特に金銭的な対価を得られない活動に関わる時，「他ならぬ自分が取り組むのだから」という自負心が高まりやすくなります。活動に，自分の人生観や価値観を投影しやすいからです。

　この場合，対立は絶対化しやすくなります。「交換」という金銭的な価値に還元できる関係の場合は，たとえば「○○円安くなるのなら」と相対的に捉える見方も可能です。しかし，人生観や美意識の世界は，「こうあるべきだ」という「倫理」や「正義」を土台とする世界でもあります。現実には多様な価値観が存在し，「正義」は多様にあります。このことは，遠い存在ならば納得できるのですが，身近な「仲間」との間で食い違いが生じると，自らのアイデンティティを脅かす面があるため，かえって対立が激化してしまうのです。いわゆる「近親憎悪」です。

　その上，「こだわり」は，活動に熱心であればあるほど強くなります。そのため前述したように，熱心に活動する団体ほど，メンバー間の微妙な路線の違いから「仲間割れ」が起こりやすくなります。ここで残念なのは，こうした「仲間割れ」で団体を離れるのは，往々にして活動に熱心なメンバーだということです。つまり「どちらでもいいよ」という，こだわりの弱いメンバーは残り，他ならぬ思い入れの強いメンバーがやめてしまう場合が少なくないのです。

　奈良たんぽぽの家の理事長，播磨靖夫氏の言葉に「ユニークな活動を進める市民活動家は，思い込みと思い上がりが激しい」というものがあります。思い込み，思い上がりという，どちらかといえばネガティブなイメージが伴う表現にドキッとしますが，その心は，「この活動は社会を大きく変えるのだ」とい

う"思い込み",「それを実現できるのは自分しかいない」という"思い上がり",要は活動に対する自負心を強く持っていることです。こうした自負心は時に市民活動のリーダーには不可欠ですが,この自負心の強さが,時に仲間割れを引き起こしてしまうというわけです。

**２）熱心な仲間を失わないために**

一人の教祖の教えから始まったはずなのに多数の宗派に分かれている宗教団体を見てもわかるように,熱心な団体ほど仲間割れをしやすいことは,市民団体に限らず,自発的に取り組まれる活動では実はよくあることです。ただし,そういうものだといって達観するわけにもいきません。市民活動の場合,メンバーが多いわけでもないのに,その中で熱心なメンバーを失うのは大きな痛手ですし,チームワークに軋みが生じることもあるからです。この事態を乗り切る発想として古くからいわれているのが,「和して同ぜず」[21]。元々は論語に出てくる孔子[22]の言葉で,「協調しつつも,自身の主体性を失わない」という意味ですが,この意味の順番を変えれば「それぞれの異なる個性や志向を大切にし,違いを認め合いつつ,協力し合う」という意味です。これを組織の中で具体化すれば,組織内にサブグループを作って,それぞれのこだわりを発揮してもらいつつ,時に協力・連携する。あるいは別々の組織として独立しつつ,連携し合う関係を築く……ということになるでしょう。このサブグループなどは,メンバーの自律性を高める効果もあります。大きな集団には必ず生まれる派閥は,適度な切磋琢磨を積み重ねつつ,連携や協調もできる関係であれば,組織のマンネリズムを防ぐ役割を果たすこともあるのです。


**（4）様々な意欲を受け入れ多様な人々が参加できる組織づくり**

組織内の微妙な志向の違いは,上記の「和して同ぜず」の応用で対応する場合が多いわけですが,メンバーに関してはもう一つ難しい問題があります。組織の中で,メンバーの間に意欲・やる気に差があることです。

この意欲と人数の関係を図にすると,図9-3のようになります。活動頻度が少なくなると少しずつ参加人数が増え,「行事の時ぐらいは手伝うよ」とい

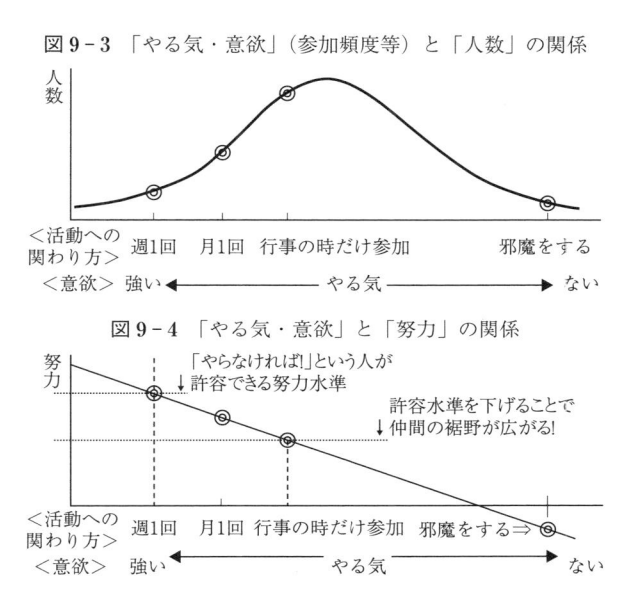

図9-3 「やる気・意欲」（参加頻度等）と「人数」の関係

図9-4 「やる気・意欲」と「努力」の関係

う人は，かなり多くなります。逆に「なんとか邪魔してやろう」という人は滅多にいません。

　ここで，活動の意義を強く意識し「みんな，頑張らないと駄目だ！」と考えてしまうリーダーだと，たとえば週1日のペースで活動している場合，それより熱心に活動するメンバーは良いのですが，少し休みがちのメンバーには「何をしているんだ」と怒ります。ここで，「月に1日程度で活動しているグループもあるじゃないですか」などと反論すると，「彼らは問題意識が低いから駄目だ」と，何もしていない人よりは頑張っているのに否定してしまうのです。こうなると，意欲の低い人がどんどん排除されてしまいます。

　これに対して，うまくメンバーを集められるリーダーは，たとえば「行事の時しか参加できない」という人に対しても，「行事の時こそ人手がいるから助かります」と返すわけです。このことを先の図の縦軸を人数から努力の程度に変えた図9-4で説明すると，共に活動する仲間の許容水準を下げれば，組織の裾野がどんどん広がっていく……，ということがわかります。

　ただし，このような裾野の広がりを実現するには絶対的な条件があります。

① 「感謝の集いぐらい開きなさいよ」

「『もう少し感謝の気持ちを表してもらわないと，やる気が出ない』と言われるボランティアの方がいて戸惑っているんです」。

ある自治体で，ボランティア活動の推進にあたる行政担当者との懇談会に参加した時のこと。公式の会合が終わり席を立とうとした時，参加者の一人が近づいてきて，こう尋ねてこられました。

「『私たちは無償で頑張っているんだから，行政の方も感謝の集いぐらい開きなさいよ』とおっしゃるんです。もちろんボランティアの皆さんの努力を評価しています。でも，それぞれ自主的になさっていることでしょう。感謝されないなら，やる気がでないというのは，どうも釈然としないんですよ」。

「感謝の集い」を自ら要求するとは，随分はっきりモノを言う人もいるものだと驚きました。しかし，ここまで露骨でなくとも，この「良いことをしているのだから評価されて当然だ」とする主張は決して異端ではないでしょう。それどころか「感謝の集い」は現に各地で開かれています。表彰式や感謝状の授与，参加者全員にボールペンや手ぬぐいなどの記念品……。特に秋はこの種の大会が多くなる時期です。

さて，この質問への筆者の回答。「自発的にしているということは『嫌だったらやめてもいい』ということですよね。わざわざ攻撃的に言う必要はないですが，このことはちゃんと伝えないといけないと思います。『しんどいけれど，ほめてもらえるならやってあげる』という人が増えるのは，良くないことだと思いますよ」。

「嫌だったらやめてもいい」という表現に相手は少し驚いたようですが，自分の戸惑いに共感する人間がいたことで，ホッとされてもいました。

② ボランティア活動の本質を問いかける

実はこの「嫌だったら……」のフレーズは，筆者のオリジナルではありません。現在は知的障害者施設の施設長をされている元・大阪ボランティア協会・事務局次長，佐藤宣三郎さんが，よくおっしゃっていた言葉です。学生ボランティアとして協会に出入りしていた私が，活動が忙しくて，つい愚痴を言ってしまう。そんな時に佐藤さんから，きつーいこの一言。

「励ましてくれても良さそうなものを，なんて嫌味なことを言うんや！」

最初は反発も感じたが，いや，これはまさにボランティア活動の核となる原理を言っておられたのだと今は思います。「嫌だったら……」の問いかけは，まず，なぜ自分がボランティア活動をするのかを問うことになります。「目の前の深刻な社会問題を，解決しなければならないじゃないですか」と返しても，「でも，なぜ君がそれをするんだ」と問い返されます。「社会正義実現のため」といった借り物の

理屈ではなく，自分の内発的な動機－義憤といったものに加えて「仲間を得たい」といった気持ちも絡み合う「やる気の正体」を見つめ直すことになります。

　そして「嫌だったら……」に対して「やはり活動を続けたい」という時，その理由は「嫌じゃないから」，つまり「好きだから」ということになります。

③　「正しいから」ではなく

　この「好きでやっていることだ」という発想こそは，元気に活動を進める秘訣の一つです。というのも「好きだから」ではない発想，たとえば「正しいことだから」という姿勢になると，自分と同様に頑張らない仲間を「正しくない」と否定しだすし，異なるスタイルの活動や異なる主張をする人たちを切り捨てることにもつながります。活動は独善化しやすく，結局，孤立し，閉じこもりやすくなるのです。

　一方「好きだから」という姿勢は違いを認めやすいですし，しかも開放的です。人それぞれに好きなものがあるが，自分はこれが好きだ，という発想になれます。ペースの違うメンバーを認めていけるし，活動を楽しむ姿勢にもつながります。そして「嫌だったら……」の問いかけによって，「嫌になんかならない」活動の魅力に気づかされます。

　それに，本当にボランティア活動は「やめてもよい」ことなのです。自発的な活動である以上，するもしないも自由。「しなければならない」と肩に力を入れ過ぎることは，行政に比べてボランティア活動の長所だとされる柔軟性や創造性を奪ってしまいがちです。「嫌になったら，やめてもいいんだよ」とは，頑張っている人を励ますエールとなる言葉なのです。

　それは，中心的に頑張る人（リーダー）は，最も高い意欲をもって努力しなければならない，ということです。もし，中心にいる人物が大してエネルギーを投じていなかったら，「指示するばかりで何もしない」などと反発され，メンバーが意欲をなくしてしまうからです。

　逆にいえば，自分は頑張っていながら，「いろいろな関わり方があってもよい」という姿勢が必要なのです。これは，なかなかできないことだと思われそうですが，実は自発的に集う集団では一般的なスタイルでさえあります。

　では，中心にいる人物はなぜ頑張れるのでしょうか。それは，まずその本人自身，その活動を進めることが"好き"だからです。他人はともかく，まず自分がしたいと思っていることだから，自分ほど熱心でない人も受け入れられる。「しなければならない」と思いつめていると，そのうちに被害者意識ばかりが

高まってしまいます。

　つまり自主的な活動は，「嫌になったら，やめてもよいのだ」という視点に立つことで，かえって活動の魅力が見えてくることがあるのです。読者の皆さんも，是非，このようなボランティア活動，市民活動の魅力に接してほしいと思います。


注

(1) Harry Harlow，1905-1981年。サルを使った愛着に関する研究で有名。

(2)　Edward L. Deci，1942年-。ローチェスター大学教授。内発的動機づけ研究の第一人者。

(3)　undermine は「〜の土台をくずす」「衰弱させる」「ひそかに傷つける」などの意味がある。

(4)　Richard M. Ryan，生年不明。1981年にローチェスター大学教授に就任。

(5)　『モチベーション3.0』では「目的」という表現が使われているが，自分自身の行動を引き出す表現として「意味づけ」という言葉を使うこととする。

(6)　市民活動総合情報誌『ウォロ』2009年5月号「V時評」。

(7)　1865（慶応元）年-1914（大正3）年。

(8)　Action against Child Exploitation（子どもの搾取に反対する行動）の頭文字をとった名称。

(9)　ACE は創立20年を迎えた2017年12月に，新たな活動理念（フィロソフィー：団体理念，パーパス：存在意義，長期・中期目標，ACE の戦略，ACE's WAY：行動指針として体系化）に変更しているが，事例としてわかりやすいため，これまで使われていたものを紹介した。詳しくは，https://readyfor.jp/projects/ace20th/announcements/67762（閲覧日　2018年2月13日）。

(10)　単一の巨額の基金の運用で助成する一般の助成財団に対し，地域社会から寄せられた比較的小規模な複数の基金を，一つの事務局が一括して管理，運用し助成する仕組み。助成対象は寄託者が自由に決められ，基金に自身で名前をつけることもできる。事務局が基金設立や助成先の調査・決定を代行するため，個人や中小企業などでも気軽に基金を設定することができる。大阪コミュニティ財団は1991年に大阪商工会議所が事務局を担う形で開設された。

(11)　1963年，人種差別の撤廃を求めて行われたワシントン大行進の際に，リンカーン記念館の階段で約17分にわたって行われた演説。

(12)　市販されている実践的書籍として，鵜尾（2014）がある。また日本ファンドレイ

ジング協会が実施する「認定／准認定ファンドレイザー必修研修」受講者のみに配
布されている『認定ファンドレイザー必修研修テキスト』でも，ファンドレイジン
グに関する知見と実践的な留意点が体系的にまとめられている。

⒀　日本ボランティアコーディネーター協会が「ボランティアコーディネーション力
　検定」の体系を3級から1級まで整備。特にボランティア・マネジメントについて
　は，2級検定の事前研修で実践的に学べる。

⒁　1965年創設。現在も活動する市民活動センターでは日本で最も長い歴史を有する。

⒂　日本ファンドレイジング協会から各チャプターには，チャプターにも登録した会
　員数に応じて，協会の会費の一部をチャプター運営費として還元している。

⒃　http://gendai.ismedia.jp/articles/-/48137 から引用（2018年2月13日閲覧）。

⒄　市民活動総合情報誌『ウォロ』2013年10・11月号「V時評」。

⒅　Everett M. Rogers，1931-2004年。

⒆　原題は The diffusion of innovations。1962年に出版され，日本では青池愼一・宇
　野善康監訳で産能大学出版部から1990年に出版された。

⒇　1942年-。障がいのある人たちの生きる場「たんぽぽの家」づくりを市民運動と
　して展開。また，アートと社会の新しい関係をつくる「エイブル・アート・ムーブ
　メント（可能性の芸術運動）」を提唱。「芸術とヘルスケア」「ケアする人のケア」
　など，ケアの文化の創造に取り組む。

(21)　論語・子路にある孔子の言葉「君子は和して同ぜず小人は同じて和せず」から。
　優れた人物は，協調はするものの，主体性を失わず，むやみに同調したりはしない。
　逆につまらない人物はたやすく同調するが，心から親しくなることはないの意味。

(22)　B.C. 552-479年。中国・春秋時代の思想家，哲学者。

(23)　市民活動総合情報誌『月刊ボランティア』1997年10月号「V時評」。

<table>
<tr><td>第10章</td><td>寄付税制と公益法人制度改革の変遷<br>── 市民活動の制度的位置づけ</td></tr>
</table>

　前章では特にボランティアの参加を中心に「参加の力」を活かした創造的な組織運営の進め方について見てきましたが，資金面での参加ともいえる寄付金の確保にあたっては，特に寄付に関する税制度の内容が大きな影響を与えます。

　そこで本章では，まずこの税制度について2011年の法改正後の状況を解説します。その制度改革と前後して公益法人制度も大きく変革されました。この制度改革の内容についても解説します。

## 1　認定特定非営利活動法人制度

### （1）認定特定非営利活動法人制度成立の経緯

　特定非営利活動促進法（以下，NPO法）は，実際上，前述したように1898（明治31）年以降続いてきた公益団体の法人格取得規制を100年ぶりに改革するものでした。しかし法人格の取得を容易にしただけで，税制上は任意団体と同じ立場です。つまり非営利法人と位置づけられるため，企業と競合するとして例外的に課税される「法人税法上の収益事業」34業種（表10−1）による収入以外は課税されず，会費や寄付，補助金，収益事業に該当しない事業収入での利益などは課税されません。[1]

　この法人税は任意団体にも適用されるもので，表10−1の収益事業を実施して利益が発生すれば，任意団体でも法人税などを納めなければなりません。法人化していないと団体の存在が捕捉されにくく，実際上，課税を免れています。しかし，法人化するとそうはいきません。そもそも税法上の収益事業を行っている団体には，収益事業での利益の有無にかかわらず法人住民税などが課税さ

表10-1　税法上の収益事業34業種

NPO法人などの非営利法人に法人事業税が課せられる「法人税法上の収益事業」は，以下に限定列挙された34業種のみ。これらを反復継続的に業として行っている場合，その利益に対して法人税が課税されます。

(1)物品販売業，(2)不動産販売業，(3)金銭貸付業，(4)物品貸付業，(5)不動産貸付業，(6)製造業（電気，ガス又は熱の供給業及び物品の加工修理業を含む），(7)通信業，(8)運輸業，(9)倉庫業，(10)請負業，(11)印刷業，(12)出版業，(13)写真業，(14)席貸業，(15)旅館業，(16)料理店業その他飲食店業，(17)周旋業，(18)代理業，(19)仲立業，(20)問屋業，(21)鉱業，(22)土砂採取業，(23)浴場業，(24)理容業，(25)美容業，(26)興行業，(27)遊技所業，(28)遊覧所業，(29)医療保健業（介護保険に関わる事業を含む），(30)技芸教授業（洋裁，和裁，着物着付け，編物，手芸，料理，理容，美容，茶道，活花，演劇，演芸，舞踊，舞踏，音楽，絵画，書道，写真，工芸，デザイン（レタリングを含む），自動車操縦又は一定の船舶操縦の教授を行う事業又は入試，補修のための学力の教授若しくは公開模擬学力試験を行う事業），(31)駐車場業，(32)信託保証業，(33)無体財産権提供業（その有する工業所有権その他の技術に関する権利又は著作権の譲渡又は提供を行う事業），(34)労働者派遣業

れます。また，さらに有給スタッフへの賃金や講師等への謝礼の支払い時には所得税の源泉徴収義務が発生するなど，税務上の負担もかなり増えます。

　そこで，NPO法が施行された翌月の1999年1月に，市民活動を支える制度をつくる会のメンバーなどにより，先進的なNPOの寄付促進税制を実施しているアメリカへの視察なども行われました。後述するように，そこでのアメリカの制度は，NPOの公益性が市民の支援度で客観的に判定される優れたものでしたが，日米の税制度には基本的な違いもあります。そこで，その仕組みを日本に応用するべく，NPO法成立後に発足したNPO議員連盟とも連携しつつ，日本型の成案づくりが進みました。

　しかし，この新税制構築の推進役だった故・加藤紘一・NPO議連会長が「加藤の乱」で失脚したことから，財務省主導で立案された制度として，2001年10月から税の優遇を受けられる認定NPO法人制度が始まりました。ただし，極めて厳しい認定基準となり，その手続きも煩雑だったことから，しばらくは認定されるNPO法人数は全NPO法人の0.1％から0.2％程度に留まっていました。まさに典型的な「絵に描いた餅」で，全国のNPO支援センターなどで結成された「NPO税法人制度改革連絡会」（以下，「連絡会」）では，毎年，制度改正の要望を続け，ほぼ毎年，小規模な改正が重ねられることになりました。

　そんな中，2011年に東日本大震災が発生し，被災地の復興を進めるには

NPOを介した市民などの復興活動の活発化が不可欠との認識が広がりました。

　大震災の前から「連絡会」では寄付促進税制の改革案を検討し，NPO議員連盟などとも協議を進めていました。また当時の民主党政権は，政権発足時に「新しい公共」の促進を政権の理念として掲げたこともあり，市民活動の促進に熱心であったことや，超党派の議員連盟を通じて参議院で多数を占めていた野党の協力も得られ，同年6月，通常国会でNPO法の大改正が実現しました。

　この大改正により，後述のパブリック・サポート・テスト（Public Support Test，以下，PST）に「絶対値基準」が導入され，認定のハードルが一挙に下がるとともに，PSTをクリアできなくても適切な法人運営をしていれば「特例認定」が受けられるようになりました。さらに個人からの寄付金控除に税額控除の選択も可能になり，多くの寄付者は控除額も増えるなどの改革が実現しました。

　NPO法は，阪神・淡路大震災の際に現地に馳せ参じた多くのボランティアの取り組みが起点となって成立しましたが，日本の寄付税制の大改革は，東日本大震災の発生を受けて多くのNPOが被災地で活動を進める中で，その取り組みを受けて実現しました。この改革は2012年4月に完全施行され，今や日本は先進国の中でもかなり整備された寄付税制を持つ国となりました。[6]

## （2）寄付に対する税の軽減内容

　個人や企業などが認定NPO法人に寄付をすると，税の寄付金控除を受けられるほか，認定NPO法人自体も，実施した収益事業の利益を非収益事業に使用した場合には，法人税を減額することができます。

　具体的には，以下の4つの税の控除制度があります。

　① 個人が寄付した場合

「所得控除[7]」と「税額控除[8]」を選択できます。所得控除の場合は「寄付額−2,000円」×所得税率分の税が控除され，税額控除の場合は「寄付額−2,000円[9]」の4割の所得税が控除[10]されます。高額納税者の場合は，所得税率が高いので所得控除の方が有利となりますが，多くの人々にとっては税額控除の方が有

利になります。ただし寄付額が多く控除の限度額を大きく超える場合は，所得控除の方が有利な場合もあります。さらに，自治体が条例で指定した認定NPO法人などに寄付した場合，「寄付額−2,000円」の1割分の個人住民税（地方税）も控除され，所得税と住民税を減額することができます。

②　企業が寄付した場合

企業は（資本金の0.25％＋所得額の2.5％）×0.25までは，寄付先に関係なく損金算入可能な「一般損金算入限度額」が設定されていますが，認定NPO法人などに対する寄付は（資本金の0.375％＋所得額の6.25％）×0.5までを特別損金算入限度額として，損金算入額が加算できます。これにより，法人税を減額することができます。

③　個人が相続や遺贈により得た財産を寄付した場合

寄付した財産の価格は相続税の課税対象から除かれます。なお，相続税の手続きは相続が発生したと知った日から10カ月以内に行わなければならず，寄付に対する領収書をその手続きまでに得なければ，相続税の減額はできません。

④　認定NPO法人自体に対する税の優遇措置

収益事業で得た収入から，その収益事業以外の事業で特定非営利活動にあたる事業に支出した場合，これを寄付金とみなし（みなし寄付金），法人税を圧縮できます。なお，この措置は法人の課税所得の50％または200万円のいずれかまでが限度となります。事業収入中心の団体であっても認定NPO法人となるメリットはかなり大きいといえます。

なお，後述の特例認定NPO法人については，上記の③④は適用されません。


**（3）市民が公益性を判定——「パブリック・サポート・テスト」**

このように2012年度から始まった制度改革で認定NPO法人の認定を得ることは，NPO法人が寄付を受け入れる大きなテコとなるものです。

その認定方式で極めてユニークな仕組みがPSTと呼ばれる審査手続きです。これはアメリカ起源の仕組みで，寄付を通じて広く公衆から支援を受けているNPOを公益性があると評価するものです。

そもそも税は，元来，国民・住民の共有財産です。そこで NPO を支援するためとはいえ寄付者などに税を減免するためには，税制度で支援される NPO には相応の公益性が求められることになります。この公益性の判定は，従来の仕組みでは，実際上，行政官僚の判断に委ねられてきました。しかし，それでは税制上の優遇を得たい団体が政府の方針におもねる活動を進めがちになるなど，NPO の民間性が発揮しにくくなってしまいます。

　そこでアメリカでは，総収入から団体の使命実現に関わる事業収入を差し引いた額に対する寄付金や補助金の割合が1/3以上あるなどの要件をクリアすれば，公益性があるとみなすアメリカ版 PST が開発され運用されています。

　この仕組みは団体の決算書の収入の部をもとに客観的に審査するもので，恣意が入りにくく，市民や企業・財団などからの支援や政府との協働の規模によって公益性が判定されます。仮に政府との関わりが少なくても，市民などからの支援が多ければ公益性が認められるわけで，「民」の視点・支持を重視した判定方法だといえます。

　NPO 法人制度は，政府の強い監督の下で自由な民間活動が抑制されがちだった旧・公益法人制度の課題を克服するために創設されました。そこで認定 NPO 法人制度が創設される際にも，「民」の関与を評価することによる公益判定制度を導入することになったわけです。

　実際，1975年に発足し長く反原発運動に取り組んできた原子力資料情報室は，1995年に公益法人化を目指すことを総会で決議したものの，その取り組みが政府の政策を批判するものであったこともあり，政府から公益法人の許可を得られませんでした。NPO 法施行の翌年1999年にようやく NPO 法人になり，2010年には認定 NPO 法人の認定も得ました。また，同情報室の代表として活躍した故・高木仁三郎氏の遺産を基に設立された高木仁三郎市民科学基金も，2001年に NPO 法人となり，2006年には認定 NPO 法人の認定を得ています。このように認定 NPO 法人制度は，仮に政府の政策に反対する団体であっても，多くの支持者を得ている団体は，公益性のある取り組みをしているものとして税制優遇を受けられる仕組みです。

図 10 − 1　認定特定非営利活動法人の認定に向けた流れ

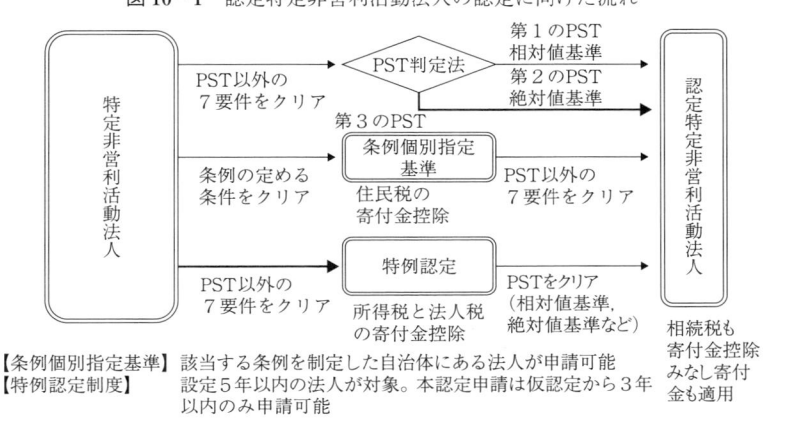

なお，筆者が PST を日本に導入するためアメリカ視察時に出向いた際に，税制優遇を受ける NPO の監督について聞いた際に，テキサス州国税庁のスタッフが「寄付金の有効活用に最も関心が高いのは寄付者自身。だから，寄付者への情報提供を徹底することが重要なのだ。NPO の共感度が下がれば寄付が減り，PST をクリアしなくなるのだから」と説明し，行政による過剰な管理よりも情報公開が重要だと話していました。PST には，このように寄付者による自律的な NPO 評価を進めるという意味もあるのです。

### （4）認定非営利活動法人認定の流れ

その認定の具体的な流れは，図 10 − 1 の通りです。

PST には「相対値基準」（実績判定期間に，経常収入の 2 割以上が寄付や助成金・補助金収入であることなど），「絶対値基準」（実績判定期間に，それぞれの年度で3,000円以上の寄付者の数が年平均で100人以上いること），「条例個別指定基準」（自治体の条例で指定するもの）の 3 種類があり，いずれかの基準をクリアしなければなりません。

2012年度の大改革までは PST は「相対値基準」だけでしたが，新たな基準が導入され，特に「絶対値基準」は事業収入がかなり多くても，3,000円以上

表 10 - 2　PST 以外の認定 7 要件

| |
|---|
| 1．会員等に限定した共益的活動や特定の受益者のためだけの活動の占める割合が，50％未満であること |
| 2．運営組織と経理が適正であること（特定役員の親族や特定法人の役職員が役員総数の1/3以下等） |
| 3．事業活動の内容が適正であること（特定非営利活動事業費が総事業費の8割以上，受入寄付金の7割以上を特定非営利活動に充当　等） |
| 4．情報公開を適正に行っていること |
| 5．事業報告書等を法令にのっとって所轄庁に提出していること |
| 6．法令違反，不正の行為，公益に反する事実等がないこと |
| 7．法人設立から2年度を経ていること |

の寄付者が100人を超えればよくなりました[13]。これにより認定 NPO 法人になる道が大きく開かれることとなりました。

　また「相対値基準」の場合，「一者当たりの寄付金算入限度額」に注意しなければなりません。相対値基準では，経常収入に占める「寄付金等収入金額」の割合が20％以上である必要がありますが，この「寄付金等収入金額」に算入できる個々の寄付者などの寄付金は，その年度に受けた寄付金や補助金・助成金などの総額（受入寄付金総額）の10％までです。少数の高額寄付者の寄付だけで支えられていても“公衆の支援（public support）”を受けているとはいえないという考え方に基づく計算方法です。

　なお，PST をクリアできていなくても，法人設立5年以内の NPO 法人は，表 10 - 2 に示す PST 以外の7要件をクリアすれば「特例認定 NPO 法人」と認定され，個人や企業の寄付者が所得税や法人税の優遇を受けられます。寄付はまだ少ないものの，適正な運営を行っている NPO 法人が寄付を得やすくして，本認定を目指せる仕組みです。

　この認定の事務は，当初，国税庁が担当していましたが，2012年度から法人を認証する所轄庁が合わせて担当することになりました。国税庁時代は経理面でのチェックが厳しかったものの，法人事務については，あまり厳しい審査はなかったのですが，所轄庁に移管されてからは，事業報告書などの提出が遅れていると，認定が難しくなっているのが実情です。

図10-2 寄付控除により, 寄付と税を合わせた公共活動に活用
できる財源が増える

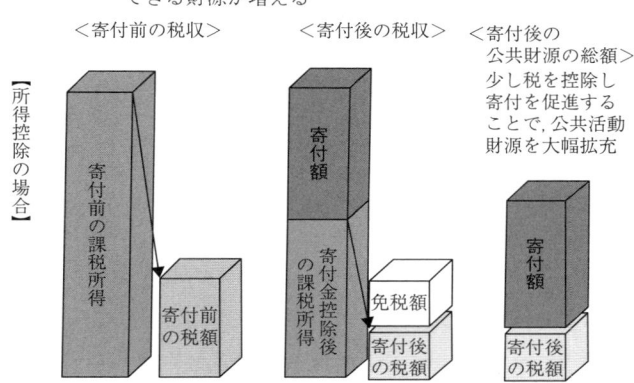

<寄付前の税収> <寄付後の税収> <寄付後の
公共財源の総額>
少し税を控除し
寄付を促進する
ことで, 公共活動
財源を大幅拡充

【所得控除の場合】

寄付前の課税所得

寄付前の税額

寄付額

寄付金控除後の課税所得

免税額

寄付後の税額

寄付額

寄付後の税額

## （5）NPO への税制優遇の意味

　ここまで, 認定 NPO 法人への寄付に対する税の軽減内容などについて解説してきました。この税の軽減措置は「税制優遇」と呼ばれることがあります。実際, 寄付者が所得税や法人税, 相続税を減らせますし, 認定 NPO 法人自体もみなし寄付金により（税法上の収益事業が黒字で法人税が課税されている法人の場合）, 法人税を減らすことができます。

　ただし, この制度は寄付者への税制優遇を通じて認定 NPO 法人に寄付が集まりやすくなるだけでなく, 社会全体にとっても意味があることを見逃してはなりません。このことを寄付金の所得控除で説明しましょう。

　図10-2は所得控除の場合ですが, 寄付控除により税収自体は減りますが, 免税額は寄付額よりも少ないので, 寄付額と控除後の税収を合わせた公共活動に活用できる財源は増えます。

　もちろん, 税金を活用する行政の事業と寄付金が託される NPO の事業は等価ではありませんが, NPO には寄付だけでなくボランティアの参加などもありうるので, その効果も考慮すると, 寄付金控除は社会課題を解決するための公共活動財源を拡大したり NPO の活動を活性化したりするための, 呼び水的な施策ともいえるわけです。

つまり，寄付金控除制度は認定 NPO 法人などだけを優遇する制度ではなく，社会全体にとって意味がある制度だといえます。

## 2　公益法人制度改革

### （1）公益法人制度改革の概要

　NPO 法の制定で非営利活動に取り組む団体の法人格取得規制は大幅に緩和されました。その NPO 法施行の10年後，2008年には民法の公益法人規定自体が廃止され，新たに一般社団法人，一般財団法人と公益社団法人，公益財団法人に再編されました。この公益法人制度改革関連 3 法の施行日が NPO 法の施行日と同じ12月 1 日となり，奇しくも NPO 法施行から10年目に旧・公益法人制度が廃止されました。[14]

　公益法人制度改革は，第 3 章で指摘した様々な問題，たとえば適正な競争が阻害されたり天下りの問題が起こりがちだったことに加え，主務官庁制のもと官庁によって公益性の認定にバラツキがあったことや，公益法人としての税制上の優遇を得ながら，実態は営利企業と変わらない団体があったり，巨額の内部留保を蓄積していたりといった実態が問題とされるようになったことから，旧公益法人制度を抜本的に見直すものとして実行されました。[15]

　具体的には，2006年に公益法人制度改革関連 3 法が成立し，2008年に施行され，5 年間の移行期間を経て，旧公益法人（社団法人，財団法人）は公益社団法人，公益財団法人，あるいは一般社団法人，一般財団法人（以下，両者を示す場合は「一般法人」）に移行するか，解散することになりました。2013年にこの移行期間が終了しましたが，2008年時点で 2 万4,317法人あった公益法人のうち，9,054法人（37％）が新・公益法人に移行し，1 万1,682法人（48％）が一般法人に移行，3,588法人（15％）が解散か合併で姿を消しました。

　また，この改革で新たに生まれた一般法人は，新たに法人を設立する団体のための受け皿ともなり，その一般法人から公益法人に移行の認定を受けた法人もあります。2023年 9 月現在，その概況は，図10-3のようになっています

図10-3　公益法人制度改革で生まれた法人数の概況（2023年9月26日現在）

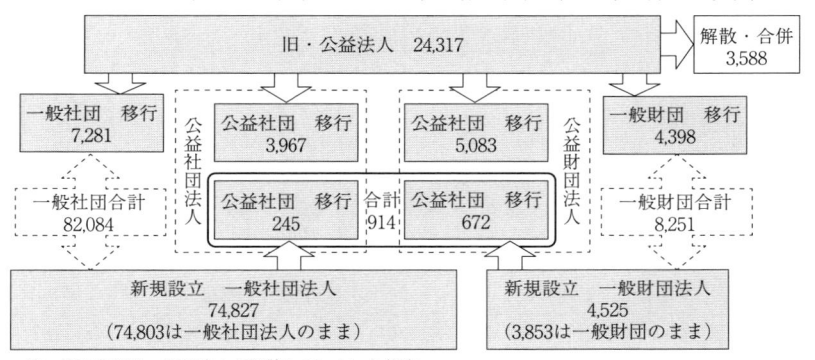

注：2014年以降，移行法人が解散していないと仮定。
出所：国税庁「法人番号公表サイト」のデータと「公益法人制度改革の進捗と成果について」（内閣府，2014年）から作成。

（移行法人が解散していないと仮定した筆者の試算）。

## （2）一般社団法人・一般財団法人

　まず，一般法人について解説すると，一般（社団／財団）法人は，旧・公益法人のうち公益認定を得なかった法人の受け皿として創設された法人格ですが，それとともに簡易に法人格を取得できる仕組みとして設計されました。

　表10-3（次頁）にNPO法人と一般社団法人の比較を示しましたが，剰余金を構成員で分配できませんし，理事会を設置する場合に委任状や書面表明による出席ができないこと，監事の出席が必須であることなど組織運営に関してはNPO法人に比べ，かなり細かな規制があります。しかし，事業自体に関してはほとんど何の規制もなく，公益の実現を目的としなくてもよく，実際，親族の資産管理など私的に利用されることも少なくありません。また，情報公開も義務づけられていませんから，それゆえ，どのような活動をしているのかよくわからない法人が，かなりの数に上っている状況です。

　また，解散時に清算法人に残された財産を構成員で分配することが可能なため，日常的には非営利で運営される（剰余金を構成員で分配しない）ものの法人としては非営利団体とはいえないことになります。このため，NPO法人と異

表 10 - 3　特定非営利活動法人と一般社団法人の違い

| | 特定非営利活動法人 | 一般社団法人 |
| --- | --- | --- |
| 法人の設立 | 所轄庁の認証（2カ月半以内） | 登記のみ＝準則主義（約1週間） |
| 正会員数 | 10人以上 | 設立時2人以上，設立後は1人でも可 |
| 会員の条件 | 不当な条件を付さない | 制限することも可能 |
| 役　員 | 理事3人以上，監事1人以上。同一親族は役員総数の1/3を超えず，報酬を受ける役員は役員総数の1/3以下。 | 理事1人以上。理事会を設置しないなら監事を置かなくてもよい。親族役員などの制限なし。 |
| 理事会の運営 | 書面評決も委任も可能。開催回数に関する制限はない。 | 書面評決も委任もできない。原則的に年4回以上の開催。 |
| 事業報告，決算報告 | 所轄庁に報告の義務。収益事業実施なら税務署にも報告。 | 税法上の収益事業を実施しない場合，報告義務なし。 |

なり，企業と同様に寄付金などを含む全収入が課税対象となります。

　NPO 法人のように，税法上の収益事業以外の収入（会費や寄付金，補助金・助成金など）には課税されない「非営利型法人」となるには，理事を3人以上おき，同一親族の理事が理事総数の1/3以下にし，また定款で解散時の残余財産は NPO 法人や公益法人，自治体などに帰属する旨を明記しなければなりません。また理事が複数いる場合は理事会を設置することが一般的であるため，非営利型の場合，監事もおかなければなりません。

　一方，一般財団法人は設立時に300万円以上の基本財産があれば設立できます。理事3人以上で理事会を設置，監事1人以上，評議員3人以上で評議員会を設置し，いずれも兼任できないので，最低7人以上の参加がないと設立できません。一般社団法人同様，公益を目的としなくてもよく，残余財産を NPO 法人や公益法人，自治体などに帰属させることが定款に記されていれば，非営利型となります。なお，非営利型だった一般法人が営利型に定款を変更した場合や，その逆の場合に，その定款を改めて法務局で登記する必要はありません。逆にいえば，登記内容によってその法人の直近の状態が非営利型か営利型かを確認できない仕組みとなっています。この点が，一般法人の信用力が高まりにくい理由の一つとなっています。

　なお細かいことですが，NPO 法人の場合，定款認証手数料，登録免許税な

どはいずれも免除されますが，一般法人は免除されないため，法人設立時に合計で約11万円の経費が必要となります。

### （3）公益社団法人・公益財団法人

一方，一般法人の中で，非営利型で公益性が高いと評価された団体は，公益社団法人，公益財団法人（以下，両者を指す場合は「公益法人」）と認定され，寄付金控除やみなし寄付金の適用が受けられます。ただし，法人格自体は一般法人のままなので，一般法人に関する規定はそのまま公益法人にも適用されます。

税制上の特典では，税法上の収益事業34業種と同様の業態の事業でも，公益目的事業と認定された事業は非課税となり，法人税等を課せられませんし，金融資産の利息も非課税になります。この２点で NPO 法人よりも手厚い税制上の優遇があります[17]（表10‑4，次頁）。寄付に関する税制優遇は認定 NPO 法人とほぼ同様ですが，税額控除を受けるためには PST をクリアしなければなりません。

認定は，国会の同意を得て内閣総理大臣が任命した「公益認定等委員会」が策定したガイドラインに従い[18]，内閣府と都道府県に設置された公益認定等委員会が認定の可否を決めます（法人の活動範囲は認定庁の圏域内のみです）。この仕組みはイギリスのチャリティ委員会をモデルとしていて，アメリカの仕組みをモデルとした認定 NPO 法人とは大きく異なるものです。

公益認定等委員会では，公益目的事業費が全事業の過半であることや公益目的事業で得る収入が支出を上回ってはならない（収支相償の原則）などの要件を確認します。収入をチェックする認定 NPO 法人と違い，公益法人では公益性を支出面でチェックするため，企業財団などのように少数の寄付者によって設立された団体であっても公益認定を受けることができます。

認定 NPO 法人や公益法人，社会福祉法人などに個人が寄付した場合，「所得控除」による税控除を受けることになります。認定 NPO 法人は「税額控除」による税控除も選択できますが，公益法人や社会福祉法人などが PST の

表 10 - 4　認定 NPO 法人と公益法人の比較

| | 認定特定非営利活動法人 | 公益社団法人・公益財団法人 |
|---|---|---|
| 認定方式 | 収入面から公益性を判断 | 活動面（支出面）から公益性を判断 |
| 審査の対象 | 実績判定期間中の実績（実績主義） | 1 年度分の計画（計画主義） |
| 認定者 | 国税庁（幅広い寄付者・助成者から相当額の経済的支援があれば機械的に認定） | 公益認定等委員会（有識者がガイドラインに従って判断） |
| 事業の制約 | 特定非営利活動が 8 割以上。活動地域の制約はない | 公益目的事業が過半。収支相償。都道府県認定の場合，他県では活動できない |
| 収入の制約 | 多数の寄付者からの収入が1/5以上 | 少数の大口寄付でも可 |
| 支出の制約 | 寄付金の 7 割以上を特定非営利活動に支出。共益事業の支出1/2未満 | 内部留保に制限（特定費用準備資金などでの積み立ては可能） |
| 役員の報酬 | 役員報酬を受ける役員は1/3以内 | 不当に高額の報酬ではない |
| 寄付者の特典 | 所得税の寄付金控除，法人税の損金算入枠拡大，相続税の非課税（所得控除）。地方税の扱いは自治体（の条例）によって異なる | |
| 事業課税 | 収益事業のみ課税 | 公益目的事業は非課税 |
| 金融資産利息 | 課税 | 非課税 |
| 経理処理 | 比較的，複雑ではない | 複雑な経理処理が求められる |
| 認定期間 | 5 年（認定取消後は，一般の NPO 法人に戻るだけ） | 毎年度チェック（万一，認定取消となった後は 1 カ月以内に公的目的財産残額を国等か他の公益法人に贈与） |

絶対値基準か相対値基準をクリアしている場合は，「税額控除」による税控除を選択することができます。

　ともあれ，「絶対値基準」や「条例個別指定基準」等の認定方法は寄付税制の先進国アメリカにもない制度であり，所得の少ない人でも所得税を納めていれば寄付支援税制が実感できる税額控除を導入している国も，多くはありません。つまり今の日本の寄付税制は，国際的に見てもかなり先進的です。つまり，もう制度を理由に寄付が進まないとは言いにくい状況になっているのです。


## 3　政治活動に関する規制


### （1）さいたま市市民活動サポートセンター事件
　2015年，さいたま市市議会は，さいたま市市民活動サポートセンターを「一

部の団体が政治的な目的で利用している」ことを理由に，指定管理者による運営を停止して，市の直営にする条例案を可決しました。この議決に対する批判は即座に全国に広がり，新聞の社説でも批判されましたが，残念ながらさいたま市議会の対応は変わらず，さいたま市市民活動サポートセンターは市の直営で運営されています。

　この事件は，近年，市民活動の自由な展開，特に政治的な主張の発信や普及に制限がかけられつつある動きの象徴として全国的に注目され，数多くの批判声明が寄せられたわけですが，そもそもどのような事件であったかを，NPO法などでの規定と合わせて解説しましょう。

　事の発端は，さいたま市の「さいたま市市民活動及び協働の推進条例」などで「市民活動」を次のように定義していたことです（第2条(2)。下線筆者）。

　(2)　市民活動　市民が地域又は社会における課題の発見及び解決のために，自発的かつ自主的に行う非営利で公益的な活動をいう。ただし，次のいずれかに該当するものを除く。

　　ア　宗教の教義を広め，儀式行事を行い，又は信者を教化育成することを目的とする活動
　　イ　政治上の主義を推進し，支持し，又はこれに反対することを目的とする活動
　　ウ　特定の公職（公職選挙法（昭和25年法律第100号）第3条に規定する公職をいう。以下同じ。）の候補者（当該候補者になろうとする者を含む。）若しくは公職にある者又は政党を推薦し，支持し，又はこれらに反対することを目的とする活動

　この条例の定義はNPO法でのNPO法人の定義に対応するものです。以下，NPO法でのNPO法人の定義部分（NPO法第2条第2項。下線筆者）を紹介します。

2　この法律において「特定非営利活動法人」とは，特定非営利活動を行うことを主たる目的とし，次の各号のいずれにも該当する団体であって，この法律の定めるところにより設立された法人をいう。
　一　次のいずれにも該当する団体であって，営利を目的としないものであること。
　　イ　社員の資格の得喪に関して，不当な条件を付さないこと。
　　ロ　役員のうち報酬を受ける者の数が，役員総数の3分の1以下であること。
　二　その行う活動が次のいずれにも該当する団体であること。
　　イ　宗教の教義を広め，儀式行事を行い，及び信者を教化育成することを<u>主たる</u>目的とするものでないこと。
　　ロ　政治上の主義を推進し，支持し，又はこれに反対することを<u>主たる</u>目的とするものでないこと。
　　ハ　特定の公職（公職選挙法（昭和25年法律第100号）第3条に規定する公職をいう。以下同じ。）の候補者（当該候補者になろうとする者を含む。以下同じ。）若しくは公職にある者又は政党を推薦し，支持し，又はこれらに反対することを目的とするものでないこと。

　NPO法の規定に比べ，さいたま市の条例で定義する市民活動は，下線の「主たる」の部分が削除されていることで許容される活動の範囲をNPO法人より狭く捉えていることになります。
　この点については後述するとして，この条例の定義の下線部分の除外規定をタテに，ある市議会議員が市民活動サポートセンター登録団体のうちの一部，約1,700の登録団体のうちの14団体が「政治活動」を行っていると強く批判しました。その批判は事実に反するものだったのですが，あろうことか，この批判を受けて，行政が新たな「管理の基準」をつくるまで指定管理者による運営を中止する条例が賛成多数で可決され，2004年から続けられてきた「市民と行政による協働管理運営」が，突然，終了することになってしまいました。

## （2）特定非営利活動促進法での政治活動に関する規定

この事件では，さいたま市の条例における市民活動の定義の解釈が問題となりましたが，この事件を評価するには，条例での定義のモデルとなったNPO法人の定義の解釈を解説しなければなりません。

まず，およそ社会的な課題で政治性をおびない課題など無いことを検討の大前提として確認しておかねばなりません。すべての社会的な課題には，様々な政治的施策が影響しています。それゆえ，その課題を根本的に解決するための方策の一つとして，政策に働きかける取り組みはとても重要です。この点は第6章で「自発性パラドックス」の解決策の一つとして「現状を改革し制度整備などの運動を進める」という展開を解説したこととも関係します。

また，政治的な働きかけをしないことも，現状の政策を肯定する，ないしは政策上の課題を放置するという意味で，政治的な意味をもちます。要は，どのような形であれ，私たちの行動は常に政治的な意味を伴うわけです。

その意味で，ことさらに政治的な取り組みを忌避する必要はないわけですが，NPO法では，この政治的な活動に関し，3段階の規制をかけています。

### 1）選挙での候補者などへの推薦・支持・反対

まず，上記NPO法第2条第2項第二号「ハ」で，選挙の候補者や政党を推薦・支持・反対することを目的とする活動を禁じています。ここで「"目的とする"活動」という表現がとられていて，推薦・支持・反対すること自体をすべて禁じていないことに注意が必要です。この条文をそのまま読めば，選挙の候補者などの推薦をしても，それ自体が法人の目的ではなく，たとえば環境保全という目的のため，目的達成の一環として候補者の推薦などをする場合は，NPO法の規定には抵触しないと読めます。

ただし，この部分に関する国会での審議時には，この趣旨は，団体の活動が「定款に書かれるような事業活動の範囲として」選挙活動が行われず，「結果的に，またはあるいは偶発的に，そして付随的な形で公職者等を批判するということ」は排除しないという意味であり，積極的に特定の候補の当落を目的とする場合は認められないとの議論がありました（松原 1998）。

### 2）「主たる目的」の意味

次に，上記の「ロ」で，政治上の主義を推進し，支持し，又はこれに反対することを主たる目的とする活動（下線筆者）も禁じています（合わせて「イ」で，宗教の教義を広め，儀式行事を行い，及び信者を教化育成することを主たる目的とする活動も禁じています）。ここでポイントは「政治上の主義」という用語と「主たる目的」という表現です。

まず「主たる目的」とすることはできないということは，「従たる目的」として実施することはできる，ということです。事業活動の過半でなければ，政治上の主義を推進・支持・反対することができます。

### 3）「政治上の主義」と「政治上の施策」の違い

さらに「政治上の主義」は「政治上の施策」に対置されるもので，資本主義[20]，社会主義，共産主義，無政府主義のような「政治的な主義」の推進などを主たる目的として実施することはできません。しかし，「政治上の施策」，つまり政治によって実現しようとする具体的な方策，すなわち政策・施策の改変などの推進などは，一切，制限されていません。つまり，具体的な政策などで対立する見解が並立している場合に，一方に与する主張を展開し，政策変更に向けた政治活動を進めることは，選挙活動に直接関わること以外は制限していません。

さいたま市議会の議決は，この区別を理解せず，政策提言に取り組む市民団体の活動を強く抑圧するものとなったといえます。

## （3）税制優遇を受ける法人による制約の違い

なお，以上はNPO法人の政治活動に関する規制でしたが，認定NPO法人の場合は，NPO法第45条第1項第4号イに「次に掲げる活動を行っていないこと」として，「政治上の主義を推進し，支持し，又はこれに反対すること」「特定の公職の候補者若しくは公職にある者又は政党を推薦し，支持し，又はこれらに反対すること」を挙げています。つまり，NPO法人の規制では「主たる目的としないこと」とされていることが認定NPO法人では「活動を行っていないこと」とされていて，認定NPO法人に対する規制がより厳しくなっ

ています。

　この理由として，税制上の優遇を受ける以上，不偏不党でなければならないからと説明できるかもれしません。しかし，同じ税制上の優遇を受けながら，公益法人にはこの種の明文化された規制がありません[21]（活動に関する規制がほとんどない一般法人には，もちろん規制はありません）。他の非営利法人で見ると，医療法人，学校法人，社会福祉法人，宗教法人などにも政治活動を規制する規定はありません。これらの法人も税制上の優遇は受けています。

　もっとも，労働金庫には「その事業の運営については政治的に中立でなければならない」との規定があり，消費生活協同組合，中小企業協同組合，商工会議所，商工組合，商工会，商店街振興組合，認可地縁団体にも，いずれも「これを特定の政党のために利用してはならない」との規定があります（三木2015）。ただし，これらの団体は，構成員を広く募り加入制限をしない団体であり，個々の公益法人などとは性格が異なります。

　このように見ていくと，NPO法人や認定NPO法人の政治活動規制は，かなり特殊なものであることがわかります。NPO法の制定時は，体制批判的な市民団体が少なくないとの懸念を持つ党派もある中，民法の旧・公益法人制度に風穴をあける法律であったNPO法制定のため，異例の政治活動規制がなされたように見えます。

## 4　NPO法人か一般法人か？

　本章の最後に，法人格の選択について整理します。図7-3で示したように，一般法人制度が普及して以降，NPO法人の新規認証法人数は減る傾向にあります。一方，図10-3で示したように，新設された一般法人は社団・財団合わせて4万法人を超えており，NPO法人より2割ほど早いペースで増加しています。もっとも，法人制度だけでなく，税制上の扱いや政治活動の規制など，様々な特性の違いがあるため，どの法人格を選ぶか悩ましい状態です。

## （1）市民参加を重視する法人格：NPO法人

　NPO法人は当初「市民活動法人」として構想されたように，元来，市民参加を重視する法人格です。そもそもNPO法第1条（目的）で，以下のように規定されています（下線筆者）。

　　　「この法律は，特定非営利活動を行う団体に法人格を付与すること並びに運営組織及び事業活動が適正であって公益の増進に資する特定非営利活動法人の認定に係る制度を設けること等により，ボランティア活動をはじめとする<u>市民が行う自由な社会貢献活動としての特定非営利活動の健全な発展を促進</u>し，もって公益の増進に寄与することを目的とする。」

　NPO法冒頭のこの条文は，「公益の増進に寄与」という最後の部分が目的で，そこまでは，その手段と位置づけているとも読めますが，「市民が…（中略）…社会貢献活動としての…（中略）…発展」自体も目的で，その結果として「公益の増進に寄与」する，という2段階の目的を示しているとも読めます。[22]後者の場合，市民の社会貢献活動の活性化自体も目的としているわけで，当然，その市民の参加を進める志向を持つことになります。

　実際，NPO法人は10人以上の正会員が必要ですし，情報公開義務や認証時の縦覧などの手続きも，市民に評価を任せる仕組みとなっています。さらに税の優遇が得られる認定NPO法人になるにはPSTでチェックされる幅広い寄付者の関与が求められますし，絶対値基準の仕組みが導入され，年間3,000円以上の寄付者を100者以上得なければならなくなってからは，さらに市民の参加を重視する法人格となりました。

　また，認定NPO法人の場合，公益認定の仕組みが客観的で，行政からの独立性を保ちやすい点も重要です。議員立法によって成立した仕組みのため，法制度の改革もNPO議員連盟が市民団体との対話を重ねて進めている点も評価できます。ただし，政策提言活動は自由にできるものの，選挙や政治上の主義の推進などに規制がある場合もあることには注意しなければなりません。

## （2）一般法人・公益法人の特徴

　一方，所轄庁がなく，情報公開などの規制もなく，登記するだけですぐに法人化できる一般法人は，「法人格を得る」ということだけなら便利な法人格です。一般社団法人の場合，正会員2人でも設立できますし，設立後は1人でも問題とはなりません（正会員が0人になれば解散することになります）。また財団法人を設立しようとする場合は，一般財団法人を選ぶことになります。いずれも（非営利型にしなければ）親族などによる経営も可能です。

　ただし，積極的に情報公開や実績を広報しないと，私的な活動をする一般法人などと同様に見られ，信用が下がる危険性があります。非営利型と営利型が混在しているため，法人のイメージが曖昧になりやすい状況です。また理事会を設置する場合，理事は議決の委任ができず，理事会の定足数が理事の過半数と定められているため，多忙な人物を理事に選ぶと理事会の成立自体が一苦労。組織運営面での法的規制がかなり多いことも要注意です。

　また，公益法人を認定する公益認定等委員会の判断に関し，時に疑義が出されることがあり，公益認定等委員会の事務局，つまり行政の指導が「官尊民卑」と言われた旧来の制度に戻っていないかという批判もあります。収支相償など，他の法人格にはない運営上の規制があり，公益目的事業は非課税とはいえ，その事業で収益をあげることはできない仕組みである点も注意が必要です。

## （3）運営スタイルに合わせた法人格選択の例

　以上のような点を考慮した上で，かなり大雑把ではありますが活動形態に合わせた法人格選択の例を以下に整理してみました。もっとも，そもそも法人格は活動するための道具の一つであって，どのように使うかは使い手次第です。一般社団法人でも参加型の運営はできますし，第8章で紹介したように，NPO法人でも市民参加度の低い団体も少なくないわけで，以下の例示は参考程度のものと受け止めてもらえばよいものです。

　①　意思決定の形態

・広く市民参加を重視したい⇒NPO法人（一般社団法人でも可能）

・趣旨に賛同する著名で多忙な人物も理事に加えたい⇒NPO 法人（一般法人でも日程調整の工夫やテレビ会議システムの導入などでの対応は可能）

・親族などで経営する組織にしたい⇒一般社団法人・一般財団法人

　② 財源の確保

・多くの支援者の寄付金を得たい⇒認定 NPO 法人（公益法人でも可能）

・少数の高額寄付者の支えで事業を進めたい⇒公益財団法人

・公益目的事業を非課税で進めたい⇒公益社団法人・公益財団法人

・出資的な資金を得たい⇒株式会社・一般社団法人（ただし，劣後債扱い）

　③ その他

・選挙活動も含め，自由に政治活動にも取り組みたい⇒一般社団法人（公益認定を受けられたら公益社団法人・公益財団法人でも可能）

・ともかく早く法人格を得たい⇒一般社団法人

・行政とも連携しつつ自律的に公益活動を進めたい⇒NPO 法人・認定 NPO 法人

・行政との関わりを極力へ減らしたい⇒一般社団法人・一般財団法人


　注
　(1)　法人税法上の収益事業は表 10－1 に限定列挙された事業だけなので，たとえばボランティアセンターがボランティア講座を開講しても，30番目の「技芸教授業」の技芸の中にボランティア活動に関する知識などの習得は挙げられていないため，仮に講座の開催で利益が発生しても法人税を課税されることはない。
　(2)　本来は全団体に納税義務があるが，NPO 法人で税法上の収益事業を行っていない場合，日本の全自治体が法人住民税を免除している。
　(3)　シーズ・市民活動を支える制度をつくる会の松原明氏，民法・非営利法人法などの研究者であった雨宮孝子氏，筆者の 3 人で調査にあたった。
　(4)　森内閣打倒を目指して2000年11月に加藤紘一氏，山崎拓氏らが起こした倒閣運動。
　(5)　中央共同募金会が実施した災害ボランティア NPO 応援募金に応募した NPO だけでも2,300団体を超えており，まさに空前の規模で市民による復興支援活動が展開された。
　(6)　ただし，不動産の寄贈など評価益が発生するものを寄贈した場合，その評価益に

対して寄付者が所得税を課税される「みなし譲渡所得課税」という制度があり，これにより不動産などの寄付が進まないことなどが，残された課題となっている。

⑺　年間所得から，控除分を差し引いて，課税所得金額とすること。税額は課税額に応じて計算される。

⑻　課税所得金額に応じて計算された税額から，控除額を差し引くこと。

⑼　控除税額の上限は所得税額の40％まで。

⑽　控除税額の上限は所得税額の25％まで。

⑾　1938〜2000年。物理学者。政府の原子力政策について自由な見地からの分析・提言を行うため，原子力業界から独立したシンクタンク・原子力資料情報室を設立，代表を務めた。原子力発電の持続不可能性，プルトニウムの危険性などについて，専門家の立場から警告を発し続けた。

⑿　正確には「寄付金等収入金額」。

⒀　ただし，絶対値基準の寄付者にカウントできるのは，①氏名か名称（法人の場合），住所か主たる事務所の所在地が明らかな寄付者だけで，街頭募金などの寄付や匿名の寄付はカウントできない。また，②寄付者本人と生計を一にする者も含めて一人と数え，③寄付者が，そのNPO法人の役員や役員と生計を一にする場合も，これらの人は寄付者数に含められない。

⒁　「一般社団法人及び一般財団法人に関する法律」（通称，「一般社団・財団法人法」），「公益社団法人及び公益財団法人の認定等に関する法律」（通称，「公益認定法」），一般社団法人及び一般財団法人に関する法律及び公益社団法人及び公益財団法人の認定等に関する法律の施行に伴う関係法律の整備等に関する法律」（通称，「整備法」）の3法。

⒂　たとえば，ロードサービスのJAF（日本自動車連盟）は社団法人として税制上の優遇を受けつつ巨額の内部留保と警察庁OBの天下りが批判されており，2011年に一般社団法人となった。共同通信社も営利企業の通信社と変わらぬ業態だったが，2010年に一般社団法人となるまで公益法人である社団法人だった。

⒃　多くはNPO法人の目的とされる20分野の事業と類似だが，「国土の利用，整備又は保全を目的とする事業」「国政の健全な運営の確保に資することを目的とする事業」「国民生活に不可欠な物資，エネルギー等の安定供給の確保を目的とする事業」など，NPO法にはない事業も含まれている。

⒄　社会福祉法人も社会福祉事業については課税されず，公益法人の税制と類似の対応がなされている。

⒅　2013年に一部改訂されている。

⒆　たとえば日本NPOセンターは全国54の市民活動支援団体と連名で「『市民活動団体による活動を不当に制限しようとする動きへの懸念』——さいたま市議会の市

民活動サポートセンターに関する条例案可決を発端として〜」と題する意見表明を行い，さいたま市とさいたま市議会に提出した（http://www.jnpoc.ne.jp/?p=9138，2018年2月16日閲覧）。

(20)　政治資金規正法や破壊活動防止法では「政治上の主義若しくは施策」という用語が用いられ，併記する形で両者を区別している。

(21)　公益認定等委員会が，尊厳死の法制化を求めている尊厳死協会に対して，その取り組みにお墨付きを与える懸念があるとの理由で，公益認定を認めなかった事例がある。

(22)　この読み方は田中（2008）に示唆を受けた。

(23)　たとえば神奈川県公益認定等委員会による2016年の一般財団法人「かわさき市民しきん」の公益認定申請に対する不認定決定に対して，次のような批判が出ている（http://www.kohokyo.or.jp/kohokyo-weblog/non-profit/2017/02/post_217.html，2018年2月16日閲覧）。

(24)　元・内閣府公益認定等委員会委員であった出口正之氏のブログ（http://blog.canpan.info/deguchi/archive/67，2018年2月16日閲覧）。

<table>
<tr><td>第11章</td><td>「協働」の時代<br>——弱みを理解し合い強みを出し合う</td></tr>
</table>

　ここまで市民の社会活動に関して見てきましたが，本章では社会を構成する重要なセクターである企業や政府・自治体との関わりについて見ていきましょう。現代社会には単一の主体，単一のセクターだけでは解決できない問題が山積しており，様々な担い手が連携する必要があるからです。

　そこで，まずそれぞれのセクターの特性を理解し，さらにセクターを超えた連携が生まれるための条件を探ることにします。

## 1　連携しないと解決できない課題群

### （1）3つのセクターの特性比較

　「セクター（sector）」という言葉には様々な意味がありますが，ここでは「社会を構成する主体の中で，同じ仕組み，考え方で動く組織・機関の集合」といった意味で使います。具体的には，中央政府，自治体（地方政府）などの「政府セクター」，利益の増大を目的とする企業で構成される「営利セクター」，そしてNPO法人をはじめとする様々な非営利団体で構成される「民間非営利セクター」の3つに分けることがあります。

　この3つのセクターの特性を概括的に比較したのが表11-1（次頁）です。民間非営利セクターは，営利セクターと同様に民間セクターとしての共通点がある一方，政府セクターと同様に非営利セクターとしての類似点があります。この類似性は，民間非営利セクターが，営利セクターとも政府セクターとも連携できる基盤と捉えることができます。

　現代社会は，政府・自治体だけ，企業だけ，そしてもちろん民間非営利セク

表 11 - 1　社会を構成する 3 つのセクターの特性比較

|  | 民間非営利セクター | 政府セクター | 営利セクター |
| --- | --- | --- | --- |
| 行動原理 | 共感原理（正義の実現，ないし好悪，共感の気持ち）。 | 公平・平等原理（本質的に一律的・画一的）。 | 交換原理（ギブ＆テイク，等価交換）。 |
| 目標 | それぞれの「ミッション」「夢」の実現（特定ないし一部分的な場合も多い）。 | 構成員全体の最低生活保障（権利性が強固），「全体」の福利の向上。 | 営利追求（等価交換を通じて消費者の福祉も向上。対価を払わねば受益もない）。 |
| 意思決定 | それぞれの構成員で決定。意見が合わない場合，分裂もありうる。 | 選挙を通じた代表者（首長，議会）で決定するが合意重視。時に住民投票を実施。 | 株式会社なら株主総会が最高意思決定機関だが，多くは経営者の影響力が強い。 |
| 制約要因 | 共感成立の範囲（テーマや方法論は限定）。不安定さ。自発性パラドックス。 | 「全体」からの拘束（ただし「全体」の版図には，区域，領域の限定がある）。 | 利益の向上（"投資"的効果がなければ，公共的活動であっても「背任」になる）。 |
| 効率性 | 支援者確保などに一定の競争原理は働くが，効率重視でない場合もある。 | 領域内では競争原理が働きにくい（合意に時間がかかるが，安定的な場合が多い）。 | 競争を通じて生産性の向上が図られる。 |
| 保障性 | 組織力がなければ低い（努力する人ほど苦労する世界。共感がないと動かず）。 | 普遍的に高い（外国籍市民などは部分的。一部への特権を原則的に禁止）。 | 対価を払う契約者に対しては高い（支払われる対価に応じて向上）。 |
| 選択性 | 共感により多様に成立（サービス提供者不足で，依頼者側の選択性は低くなりがち）。 | 原則的に低い（一地域一窓口。選択できるメニューに限定）。 | 高い（独占禁止）。価格の異なる多様な（個々に合わせた）メニューも存在。 |
| 創造性 | 「私」発でも経済的な"市場"に適合しなくても成立。時には不要でも存在し得る。 | 「全体」の過半数の同意が得られなければ実行できず，本質的に保守的。 | 市場の変化への即応を旨とする。"市場"適合的でなければスクラップされる。 |
| 実績評価 | 多様な価値観に基づくため，他と比較する評価基準の設定自体が困難。自己評価に傾きがち。 | 選挙を通じた住民の直接評価，議会を通じた間接評価など。 | 基本は財務指標で評価。商品市場，株式市場，労働市場などを介して，消費者，投資家，労働者が外部評価。 |

ターを担う NPO だけで解決することが難しい問題が増えています。そこで，それぞれの長所を活かし弱点をカバーし合う連携・協働を進めることが必要となってきています。

## （2）現代社会の諸相

### 1）家族での支え合いの弱まり

　表11-1に示した3つのセクターは，私たちの暮らしを支える不可欠の存在ですが，私たちの日常生活を支える重要な存在が家族や近隣住民です。しかし，特に家族に関しては劇的な変化が起こっており，その変化は今後さらに進むと予想されています。

　図11-1（次頁）は国勢調査と国立社会保障・人口問題研究所による「日本の世帯数の将来推計（2013年推計）」を組み合わせて「世帯形態の推移」を示したものです。三世代同居などの「その他」が1割程度となり，今や核家族化を超えて，単身化が進んでいます。この単身化が進む理由は，一つは図5-5で示した高齢期に配偶者の死別・離別が進むためですが，もう一つの要因は生涯未婚率の増加（図11-2，次頁）です。50歳時点で一度も結婚していない人の割合を生涯未婚率といいますが，近年，一貫して上昇しています。

　かつて私たちの生活を，かなり柔軟に底支えしてきた家族に，今後も生活を支える基盤としての役割を期待することは，かなり難しくなりつつあります。

### 2）相対的貧困層の拡大

　そこで，営利セクターや政府セクターに期待したいところですが，まず営利セクターについては，実質賃金の低下（図11-3，211頁）や相対的貧困率の上昇（図11-4，211頁）が大きな壁となってきます。営利セクターとの関わりは経済力によって左右されてしまうからです。

　そこで，当然，政府セクターの出番となるべきです。ただし，毎年増加する社会保障費をはじめ，社会インフラの維持・整備などのために政府の総債務残高は増え続け，GDP（国内総生産）の2倍を超えるまでになっています（図11-5，212頁）。政府には一方で巨額の資産があり，この債務の大きさを家庭などの借金と同様に捉えるべきではありませんが，とはいえ，政府，自治体の歳出に大きな制約が生じていることは明らかです。

### 3）住民の多様化の進展

　政府，自治体にとって，こうした量的側面での制約だけでなく，質的にも難

図11-1 世帯形態の推移

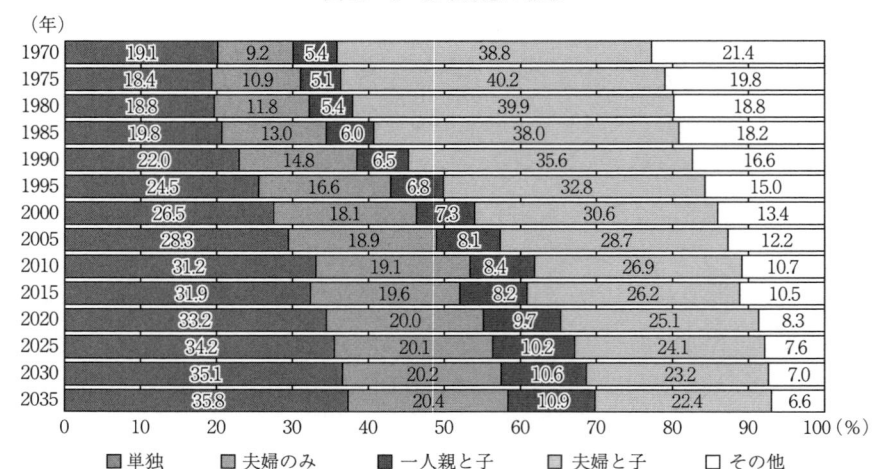

出所：国立社会保障・人口問題研究所「日本の世帯数の将来推計（2013年推計）」、「国勢調査」。

図11-2 生涯未婚率の推移

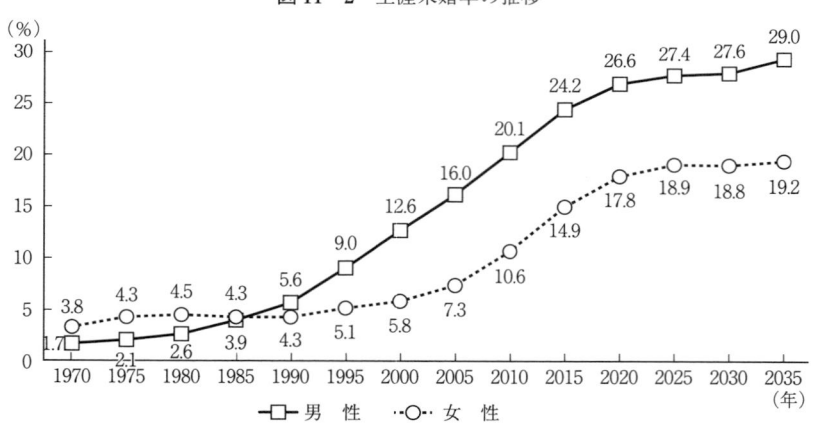

出所：『厚生労働白書 平成27年版』2010年までは実績。2015年以降は予測。

しい課題が増しています。たとえば外国籍住民の増加（図11-6, 212頁）です。リーマンショックと東日本大震災後の原発事故の影響で一時的に減少しましたが，近年，再び増加に転じ，そのペースも高まっています。中でも，いわゆるオールドカマーである特別在住者はともかく，ニューカマーの場合，日本語を

図 11 - 3 実質賃金の推移

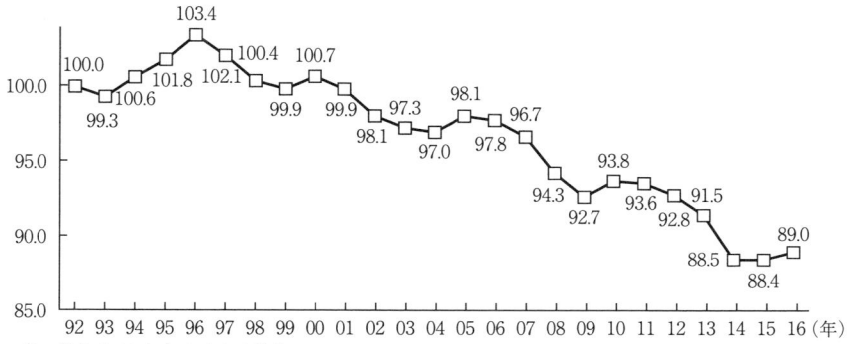

注：数値は1985年を100とした推移
出所：厚生労働省「毎月勤労統計調査」から算出した通年のデータ。

図 11 - 4 子どもの相対的貧困率と片親家庭の相対的貧困率

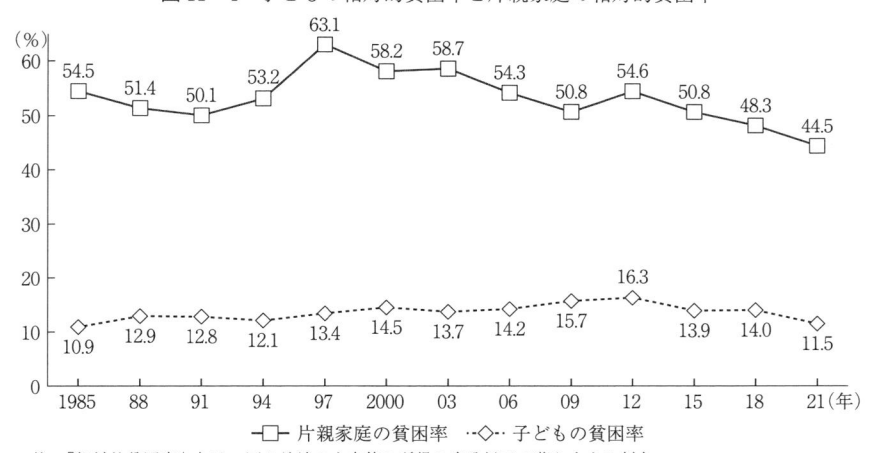

注：「相対的貧困率」とは，国や地域の中央値の所得の半分以下で暮らす人の割合。
出所：厚生労働省「国民生活基礎調査」。

はじめとする日本の文化になじめきれていない場合も多く，それぞれの文化に合わせた個別的な対応が必要になります。しかしこれは，公平ながらも一律の対応を基本とする政府セクターにとって，容易なことではありません。つまり，個別的な対応では，民間非営利セクターとの連携が不可欠となっているわけです。

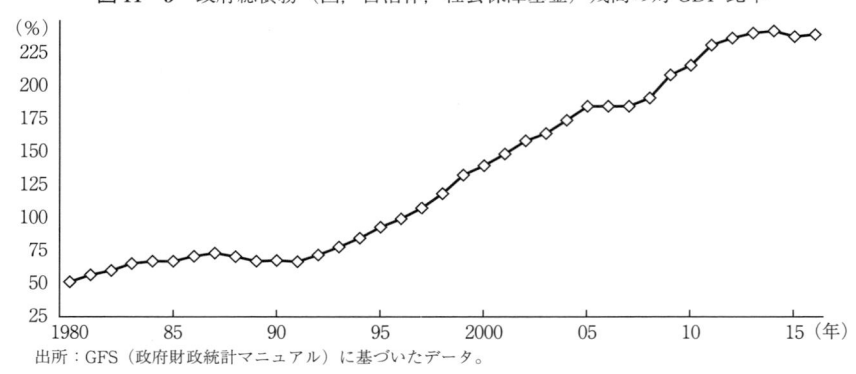

図 11 - 5　政府総債務（国，自治体，社会保障基金）残高の対 GDP 比率

出所：GFS（政府財政統計マニュアル）に基づいたデータ。

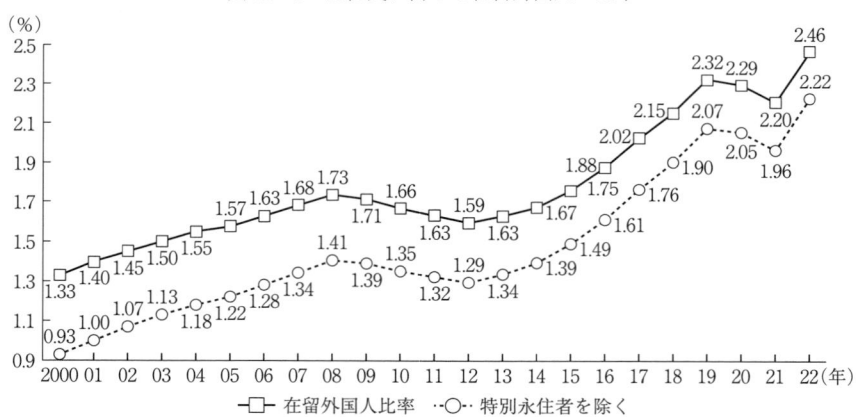

図 11 - 6　全住民に占める在留外国人の比率

出所：法務省「在留外国人統計」と毎年10月の人口から筆者作成。

## 2　連携にあたっての姿勢

### （1）弱みを認め合うことでパートナーシップを構築する

　ここまで紹介してきた課題は，現代の社会が抱える課題の中のほんの一例にすぎません。ただ，いずれも特定のセクター，あるいは特定の主体の努力だけでは解決が難しいものばかりで，様々な機関や団体が連携して対処する必要が

ある問題です。

　ここで大切なのは，連携にあたっての姿勢です。再度，表11-1を見直すと，それぞれのセクターは異なる特性を持ち，中には正反対ともいえる特性もあります。しかし，この特性の異なるセクターの連携・協働によって問題解決を進めていかなければならないのは，それぞれのセクター単独では解決しにくい課題を，他のセクターの力で解決できる場合が少なくないからです。

　たとえば，障害者が家族から独立して自立生活を進めようとする際，かつてはボランティアによる介護で生活を支える事例もありました。しかし，自発的なエネルギーに支えられるだけの暮らしは不安定さを伴いやすく，時に不安定な介護体制を心配して，自立を進めた障害者が健康を損ねる事態となることもありました。近年，ヘルパー制度が充実する中で，このような問題は解消しつつあります。しかし，義務的な対応も必要とされる人権に関わる活動をボランティアが保障し続けることは，「自発性パラドックス」に至る可能性も高く，重い責任を担いきれずに活動者が減ってしまう場合も少なくありません。そこで生活介護の基盤的な部分は，政府（行政）セクターによって制度的に保障する必要があります。一方，障害者への偏見解消などの地域住民への理解を広げるには，行政による啓発事業などだけでは不十分で，障害者と日常的に関わるボランティアや，住民とのつながりが深い地域組織の役員などの果たす役割がとても大きいといえます。

　これは一例ですが，このようにそれぞれのセクターには一定の限界があり，それぞれのセクター"だけ"では部分的にしか課題を解決できません。そこで課題を全面的に解決するには多様な関係者の協働が必要になるわけです。

　ここで重要なのは，「自らの対応力には限界がある」との認識をそれぞれの関係者が持ち，かつその"弱点"についての認識を協働する相手と共有することです。

　協働に対応する英語として collaboration という言葉があてられることがよくあります。この言葉は"co"（共に）と"labor"（働く）の合成語（だから collaboration）ですが，まさに共に働くということだけで，それ以上の意味は

ありません。しかし，その「協働」を和英辞典で引くと，coproduction，co-operation の他に，partnership という言葉も出てきます。この言葉は，それぞれが「部分」(part) であることをふまえて partnership という表現となっている点で，協働のための基本的な姿勢が込められるといえます。

　第6章第4節で解説したようにビジョンやミッションへの共感も必須条件ですが，それとともに自身の弱点を他者に示せる姿勢も，協働関係を築く上で極めて重要です。そして，そのためにはパートナーとなる相手に対する信頼関係が構築されていなければなりません。弱味を見せたら，ここぞとばかり批判されてしまうと不安を感じるようでは，協働はできないからです。企業や行政の特性をふまえ相互理解を深め，信頼関係を構築していくことが必要です。

### （2）様々なコーディネーターが活動する理由

　ところで，近年，様々な場面で「コーディネーター」が活躍する場面が増えています。このコーディネーター (coordinator) とは，動詞の場合，①対等にする，同等にする，②調整する，調和させるの意味をもつ coordinate の派生語です。この意味をふまえると，コーディネーターとは複数の人や組織，そしてモノなどを対等な関係にする（結果的に，調整する）人ということになります。

　ここで肝心なことは，"対等な関係" という点です。

　今，何かというとコーディネーターが登場するのは，今見てきたように，複数の組織や人が関わらなければ解決できない課題が増えてきたからですが，それとともに，その連携関係が "対等" な形で作られないといけないからです。つまり，それぞれ強みと弱みを互いに認め合い，一方が他方を指揮下に置くような関係ではなく，話し合いで意思決定し役割分担を進めること，あるいは情報の共有を徹底し，同じ認識で対応できる関係を築くことです。

　この対等な協働関係の構築は，第6章第4節で見た，ボランティアの応援を求める人とボランティアとの関係づくりの応用といえる面もあります。つまり，目標・夢（ビジョン）を共有し「依頼し，依頼される関係」ではなく，共に目

図 11 - 7　市民の位置

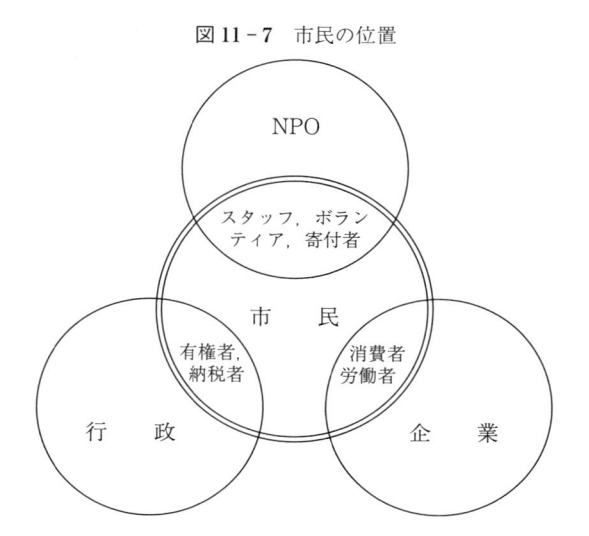

標実現に向けて努力する関係を築く点で，共通する面があるからです。

　その意味で，まさにコーディネーター役を果たせる存在がいると，スムーズな協働関係を築くことができます。


### （3）いずれのセクターにもつながる市民

　なお，この協働を考える際に，もう一つ意識しておかねばならないことは，それぞれのセクターは異なる機能と特性をもって存在していますが，市民はそれぞれのセクターに関わっているということです。

　よく行政，企業，市民を 3 極にした関係図が書かれますが，本当は図 11 - 7 に示すように 3 つのセクターを極とし，それらすべてに市民が関わっている形で図示すべきでしょう。市民はすべてのセクターの当事者なのです。

　セクター間の協働を進める際に，この点は重要です。市民は，それぞれのセクターに影響を与えることができ，生産的な協働関係を生み出しうる立場にあるからです。そこで，協働を進める際には，組織間の連携だけでなく，市民の関わりも視野に入れていくことが必要です。

## 3 営利セクター（企業）との協働

### （1）企業セクターと NPO の関わりの経緯

　企業と NPO との間では，公害問題や労働問題，欠陥商品や不当な営業活動などに対して「NPO＝責める側，企業＝守る側」という関わりか，社会貢献活動の一環として「企業＝支援する側，NPO＝支援を受ける側」という関わりとなることが一般的でした。この場合，互いの長所と短所を認識し合った上で協働関係を構築することは少なく，建設的な成果が生まれにくい状況でした。

　しかし，日本の産業界では1990年頃から社会貢献活動に関する専門部署を置く企業が増え，ボランティア休暇制度の導入やメセナ活動[(1)]が活発化しました。この社会貢献活動を推進する際に，NPO と積極的に連携する取り組みも広がりました。

　また国際標準化機構（ISO）[(2)]が社会的責任に関する国際規格を策定することが伝わった2003年以降，日本企業の間で，株主や顧客だけでなく，直接・間接に企業活動が社会に影響を与えることに対する責任（CSR：Corporate Social Responsibility 企業の社会的責任）を果たさなければ，企業が持続的に発展できないという認識が高まりました。

　なおハーバード大学のマイケル・ポーター教授らが，2011年に企業が追求する経済的価値（利益）と社会的な価値を同時に実現する「共通価値の創造」（CSV：Creating Shared Value）を提唱。自社の強みを活かして社会課題の解決に貢献し，新たなビジネス機会としても活用するべきだと主張して，その主張をヒントに企業活動とより深く結びつく形で，社会の課題解決を進める取り組みも広がってきました。

　図11-8は，日本経済新聞，日経産業新聞，日経 MJ（旧・日経流通新聞）の3紙に，「CSR（企業の社会的責任）」「企業の社会貢献」「社会貢献」「CSV」という4つのキーワードが載った記事数の推移を示したものです。新聞記事は新たな動き（ニュース）を追いかけるので，新聞記事数が増加している時は注目

図11-8 日経主要3紙に掲載された記事数の推移

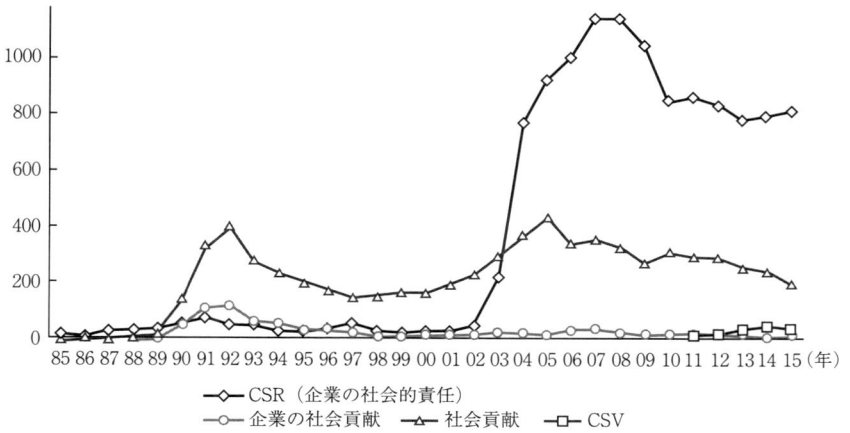

出所：「日経テレコン」データ（竹田純子氏調べ）。

度が上がるものの，その動きが定着すると新規性が減るため記事掲載数が減っていきます。そのことも加味して図を見なければなりませんが，1990年代に企業の「社会貢献」を紹介する記事が増加し，2003年以降は「CSR（企業の社会的責任）」に関する記事が，爆発的な勢いで増加したことがわかります。そこで，1990年は企業社会貢献元年，2003年はCSR元年と呼ばれています。

　こうした変化の背景に，消費者が企業行動の社会的影響に対する関心を高め，「公平で共感できる経営」を行っていることも商品選択の条件としはじめたことがあります。実際，不祥事を起こした企業が大きく業績を落とし，中には廃業した例もある一方で，寄付つき商品の販売（Cause Related Marketingと呼ばれる販売手法<sup>(3)</sup>）で売り上げを伸ばす例も増えています。市民が企業に影響を与える伝統的な方法としてボイコット（不買運動：boycott）がありますが，近年はCSRの徹底に熱心に取り組む企業の商品を評価・紹介し，購入（buy）を促す「バイコット」（<u>buy</u>cott）を進める活動も広がり始めています。

　CSRは，元来，Corporate Social Responsibilityの頭文字ですが，こうした活動をふまえて最初のCをCitizen（市民）やConsumer（消費者）と捉えようという主張もあります。実際，環境面や社会的影響を考慮した「エシカル消

費」など，消費者などの立場から企業の社会的責任向上を能動的に働きかける運動も広がっています。

## （2）企業と NPO との協働の意義

この企業と NPO の協働は両者が共に民間セクターであり，政府セクターのような「全体の奉仕者」としての制約がないことから，両者の協働によって民間セクターとしての特性を高め合う効果が期待されます。社会課題の解決にあたって，一定の専門性をもつ NPO と資金力や組織力を有する企業が協働することで，両者が協働で取り組むテーマに対する課題解決力を高めることができるからです。

また NPO の助言・提案によって，企業の CSR を高め，企業活動自体の革新が促される事例も出てきています。[4] 逆に企業が NPO の広報力や組織運営の向上に協力する事例も増えています。この NPO と企業との協働推進は，企業で働く人々のボランティア活動への参加を促す点でも大きな意義を持ちます。前述しましたが，弁護士などの専門職が，その知識を活かして NPO を支援する「プロボノ」という言葉は，近年，マーケティングや web 作成などの専門性を持った企業人などの活動でも使われるようになってきました。企業で培った経験や技術が NPO の活動を高める一方，参加する企業人自身も，広く社会の中での役割や仲間を得ることができることになるわけです。

## （3）営利活動と連動した企業社会貢献活動の受け止め方

社会貢献活動は，本来，営利活動と直接結びつけるものではありません。しかし，一方で企業は消費者や従業員の自社への共感を高め，業績向上に結び付く効果を期待していることも事実です。そこで，NPO が企業と協働する際に，このような「営利志向」をどう受け止めるかが問題となります。

この点については，企業サイドを「動機が不純だ」と批判し，連携を絶つ考え方もありますが，どう考えるべきでしょうか。

市民活動の場合，参加の動機を問わないのが一般的でしょう。よく「動機よ

り活動の中身だ」などといわれるように，友達探しや内申書の評価を求めるといった利己的動機から始めても，活動の中での気づきを通じて熱心な活動家になる例はたくさんあります。

　同様に企業も，動機よりも，その効果が重要だと考えるべきです。そもそも私たちが企業と接する場合，「動機と効果を区別する」のが基本です。企業は売り上げを伸ばすために，消費者が求める商品を開発し提供します。私たちは，企業に「愛の実践」を求めているのではありません。公正なプロセスを経て良質の商品が安価に提供されるという効果こそ，企業に期待しています。

　その企業が行う社会貢献活動も，それぞれの本業を活かした活動や同じ民間組織としての NPO との連携，社員の市民活動参加支援などの形で，社会課題の解決と市民活動の発展に意味のある取り組みがなされれば良いのであって，その動機として企業のブランド力を高めようといった意図があっても別に構わないといえます。

　そして，その社会貢献活動が企業本体の業績悪化に伴い中止される場合もあります。これに対して，「社会的責任を放棄するものだ」と批判されることがありますが，これも市民活動の実践を考えれば，不条理な批判といえます。というのも，社会貢献活動を「していない」場合は特に責められず，頑張って社会貢献活動を「していた」からこそ，辞める際に責められてしまうことになるからです。この種の批判は「していない」人々，いわば「高みの見物」的な人々が，声をあげることが少なくありません。現場で頑張る人たちは，取り組みの楽しさと同時に続けることの大変さも実感していますから，「撤退」といった苦渋の選択を余儀なくされた人々に対して，無責任な批判をすることは少ないからです。

　しかし，「高みの見物」的な立場の人々は，そうした共感がない分，無責任に批判をぶつけてくることになります。この場合，実践に裏づけられていない正義感を持ち出して容赦なく批判するため，現場で頑張っている人々を最も傷つけるものになってしまいます。その意味でも，最も質の悪い無責任な批判だともいえます。

元来，企業（特に株式会社）は利益追求を本務とする存在であり，意図的に利益を損なう行為をすれば，株主に対する背任となります。営利を追求するために企業が厳しく競い合う現代社会の中では，CSR を徹底し，より公正で社会貢献活動にも熱心な企業が，経営業績を上げていくことが必要です。先に紹介した「バイコット」は，そのような企業を応援する取り組みでもあります。

## （4）企業社会貢献活動と NPO の調整プロセス

　そこで，NPO と企業の協働により，企業にとっては持続的な企業活動の推進やブランド力の向上につながり，NPO も使命達成に貢献できるスタイルを構築しなければなりません。いわゆる "win-win" の関係構築です。

　実際，かつては「陰徳陽報」[5]の姿勢に立ち，社会貢献活動の広報に消極的な企業もありましたが，近年は積極的に広報する企業が多く，中にはマスメディアでの報道量を実績として集計する企業さえあります。NPO はそうした企業の立場を理解し，協働事業における企業の貢献を NPO の側からも広報するなど，パートナーである企業を応援することも必要です。

　ただし，企業が「環境や人権に配慮している」と上辺だけ取り繕って広報する「グリーンウォッシュ」「ブルーウォッシュ」[6]といわれる問題が隠れている場合もあります。NPO が企業の不公正な活動に利用されることのないように，情報公開を求め，チェックを怠ってはなりません。

　一方，ボランティアセンターや市民活動センターなどが企業と NPO との協働関係づくりをサポートする際のプロセスを，図11-9に示します。

　そもそも協働にあたっては，実施するプログラムの目標が共有されていることが必須条件ですが，それに加えて異なるセクター間での協働では，担当者が互いに共感し合える関係を作ることが極めて重要です。というのも，異なるセクター間での協働では，意思決定などの組織文化が異なることから，トラブルが生じることも少なくありません。そのような場面で事態を収拾するには，双方の担当者がお互いの立場や姿勢に共感していることが不可欠だからです。

　企業と NPO の協働では，経済や組織の論理が優先するように考えられがち

図11-9　企業と NPO の協働仲介プロセス

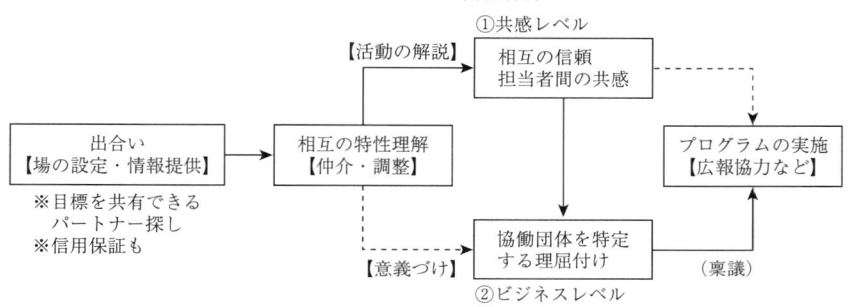

企業とNPOのパートナーシップを築いていくには，担当者間での個人的な信頼関係の醸成と，組織対組織としてのビジネスライクな関係の両面でのマッチングが不可欠。

ですが，第6章第4節で解説したように「共感関係の創出」が重要な要素となるわけです。

## 4　政府（行政）セクターとの協働

### （1）行政と NPO が協働することの意味

#### 1）「横浜コード」の特徴

　政府（行政）セクターとの協働では，近年，行政がボランティアグループやNPO法人など有志で作る NPO と協働して，地域社会の課題解決に取り組む事例が増えてきました。

　自治体が，この協働推進施策を活発化しはじめたのは1999年です。NPO法が施行された4カ月後の1999年3月に「横浜市における市民活動との協働に関する基本指針」，いわゆる「横浜コード」が発表されました。時期からしてNPO法の成立と機を一にしているように見えますが，同指針をまとめた横浜市市民活動推進検討委員会は1997年10月から審議を始めており，当時，NPO法は審議途中でした。「市民活動促進法案」の名称で1997年6月に衆議院を通過したものの，参議院で自民党から「市民活動」という言葉にクレームがつき，成立の目途は立っていませんでした。そのような中で，横浜市市民活動推進検

討委員会が設置されたのは，第7章で解説したNPO法制定に向けた動きの背景と同様，市民活動の機能性の高さが阪神・淡路大震災で広く認識されるようになったからです。

　その後，全国の自治体の協働指針，協働条例のモデルとなった「横浜コード」を制定した横浜市市民活動推進検討委員会は，当初，「（横浜）市の市民活動支援のあり方について検討するために」設置されました。「支援」という表現では，行政が"親"で市民活動が"子"のような位置づけを連想しますが，1年半の審議を経てまとまった指針では，「支援」から「協働」に，その姿勢が転換しています。

　実際，横浜コードの骨格をなす「協働の原則」では，第1に①対等の原則を掲げています。他の②自主性尊重の原則，③自立化の原則，④相互理解の原則，⑤目的共有の原則，⑥公開の原則も含め，公共活動のもう一つの担い手である市民活動と行政との対等な協働関係構築のための原則が示されました。

　この「横浜コード」は，市民活動と自治体の協働を進める契機となりました。既に1997年に箕面市が「箕面市市民参加条例」で市と市民の「協働」を謳うなど，「協働」の理念の提示では他の自治体で先行する動きがありました。しかし，「協働の方法」として，①補助・助成，②共催，③委託，④公の財産の使用，⑤後援，⑥情報交換・コーディネートなどと具体的に示したこともあり，「横浜コード」をモデルに，その後，各地で急速に市民活動と行政の協働が進むことになりました。

### 2）テーマ型・エリア型 —— 2つの市民活動の形態

　もっとも，行政と市民との協働関係の構築は，この時期から始まったわけではありません。既に地縁組織（地縁・エリア型市民団体）との間で，一種の「協働」関係が長く続けられてきました。ただし，そこに「横浜コード」が協働の原則とした諸原則が貫かれていたかといえば，たとえば"動員"の習慣に見られるように，自主性尊重の原則に反する事例も少なくありません。しかし，兎にも角にも行政と市民（住民）との協働の営みは，長く続いてきました。

　そのような中で，世紀が変わる時期に「協働」が注目されたのは，同じ市民

表11-2　性格の異なる2つの市民団体と自治体との対比表

| | 好縁[注]／志縁・テーマ型市民団体 | 地縁・エリア型市民団体 | 自 治 体 |
|---|---|---|---|
| 活動領域・テーマ | 特定テーマに特化（地域を越えることも多い） | 居住地に関わる住民に共通する課題全般 | 自治体に関わる共通の課題全般や人権課題など |
| 構 成 員 | 地域に関係なく，団体の目的に共感した有志が参加 | 地域の全住民参加が目標（同じ地域に暮らす人が加入） | 全住民（在勤，在学者などを考慮する場合もある） |
| 意思決定 | 創業者やリーダーが強い影響力を持ちがち（分裂も多い） | 和を以って貴しとなす文化があり，「全員一致」を志向する | 日本国籍を有する住民の（代表の）過半数の賛成 |
| 行動原則 | 自由・多元，競合 | 公平・調和・安心 | 公平・平等・安定 |

注：経済企画庁編『国民生活白書 平成12年版』（2000年）で使われた造語。

による社会活動ではあるものの，表11-2の（やや乱暴な）対比でもわかるように，行政の運営ルールに似た行動原理をもつ地縁組織とは異なる，有志が組織する市民活動（好縁／志縁・テーマ型市民団体。それをNPOという言葉で表現しています）との「新たなタイプの協働」に対する期待があったからです。

　地縁組織との協働では，行政からすると「頼んで，してもらう」，地縁組織側からすると「やらされる」という自発性の弱い形での「協働」が一般的でした。しかし，「やりたい」人々が集うテーマ型市民団体と協働することで，これまでを超える成果を生み出すことができるのではないか……，という期待もあったといえます。

### 3）市民自治を進めるための協働へ

　もっとも，第5章第1節で解説したように，企業にも似た特性を持つテーマ型市民団体は，第7章第2節で紹介したPPP（Public-Private Partnership）政策の担い手の一つとして注目された面も否めません。

　しかし，第5章第2節で解説したように，市民活動ならではの意味は，人々が活動への参加を通じて当事者意識を高め，地域の課題を自治的に解決していく担い手を生み出すことでした。

　このことが重要なのは，これまでは住民が，時に「観客」「消費者」とさえ評される傍観者的立場になりがちだったからです。市民活動に参加しない住民

図11-10 従来の行政・市民・市民活動団体の関係（行政主導の状況）

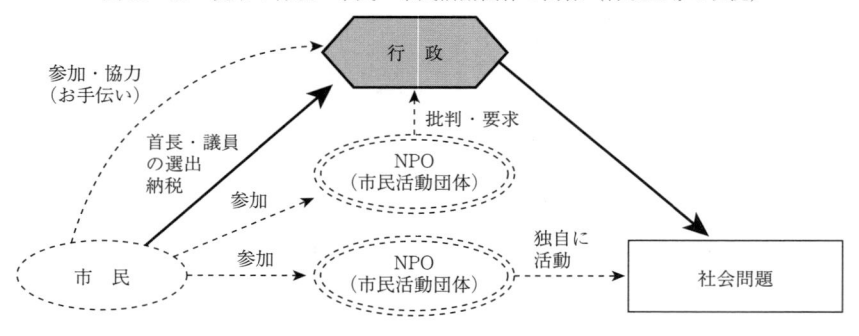

図11-11 市民活動団体と行政の「協働」が進んだ関係

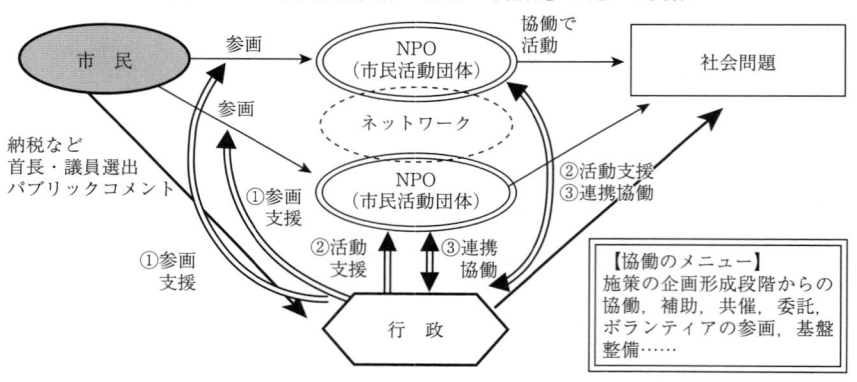

はもとより，行政を批判したり要求したりする場合も，不満や問題は指摘して
も，具体的な解決策の立案などは行政に委ねる場合がありました。しかし，現
実には住民間には様々な利害の違いがあります。そこで住民から相互に矛盾す
る要求が寄せられる行政の内部で，住民利害の代理戦争的な調整がなされたり，
住民間の利害調整を行政職員が担ったりすることも起こっていました。

その上，本来，この利害調整は議会の役割だともいえますが，議員・会派間
での政策調整による合意形成よりも首長に解決策を質問する形態が多いのが，
多くの地方議会の現状です。こうして行政は問題解決の主体として肥大化し，
一方，市民は外野から行政に野次を飛ばすような状況も生じていました（図

11 - 10)。

　一方，図11 - 11は市民活動が活発に展開され，行政がその活動の特長を認め，協働を進める状態を示しています。行政とNPOとの協働は，NPOに参画する市民が地域の問題解決の当事者としての立場を強める意味があります。

　そこで，ともかくNPOであればよいとは考えずに，そのNPOに多くの市民が参画していることを重視しなければなりません。つまり，協働するNPOの選定にあたっては，団体に参画し活動するボランティアの数や寄付金収入の割合など「市民の参加度」も評価対象とすることが必要です。

### （2）住民の創造的な自治力を高めるために

　本書では，第5章で市民の自主的な社会活動の意味を解説し，第8章，特に第4節第2項では，市民が創造的に社会課題の解決に取り組む可能性について解説しました。また第9章では市民が自主的，主体的に活動するための環境を，どう整備していくかについて解説しました。

　これらの記述は，主にNPOの活性化に重点を置いたものでしたが，大半の内容は，地域社会を舞台に住民が自主的に活動するための環境整備にも応用できるものです。つまり，住民が本来備えている「参加の力」を実感し，その力を自主的に活かすことができれば，地域の課題を創造的に解決していくことができるのです。

　実際，表11 - 2（223頁）ではテーマ型とエリア型という対比をしましたが，かつては時に対抗することもあったテーマ型とエリア型の団体が，連携ないし融合するような動きも出はじめています。たとえば，地域社会を基盤にしつつ住民のボランタリーな参加で，自治的に地域を作っていく取り組みです。第5章第4節で島根県海士町の取り組みを簡単に紹介しましたが，同種の取り組みは兵庫県朝来市や島根県雲南市でも進められています。また大阪市鶴見区の榎本地域活動協議会では，「合意形成を目指さない」ユニークな定例地域会議「あいより」で，住民の自発的な活動が誘発されています[7]。

　その際にカギとなるのが，地域のリーダーや自治体職員が住民の自主的活動

を促す役割を担うことです。日本ボランティアコーディネーター協会では，その役割を「ボランティアコーディネーション力」として体系化しています。[8]

### （3）協働推進にあたっての留意点

　行政と NPO の協働では図 11 − 11 に示しているような「協働のメニュー」があります。ただし，この中では行政が主体性を持つ委託と NPO が主体性を持つ補助の違いを理解する必要があります。

　その事業展開にあたっての留意点を，以下に簡単に列記します。

　①　行政ならではの制約もふまえ打開策を探る

　NPO が行政と協働する際に，行政独特の制約との関係で戸惑うことは少なくありません。たとえば前例のない取り組みに消極的な場合が多く，創造性の欠如を批判したくなります。しかし，この「前例踏襲」は，時期によって判断が異なることで不公平な状態が生まれることを恐れるがゆえという面もあります。そこで感情的に反発するのではなく，他の自治体での先例を示し，新たな取り組みをしなければ，他の自治体に比べて当該自治体の住民にとって，公平では無くなる……などの論理を示すことが必要となります。

　②　市民と公務員との共感関係づくり

　近年，「納税者の税金で養われている立場だ」「保障された職場に安住している」などと，公務員を揶揄する声が大きくなりがちです。厳しい生活状況にある人々が増える中，安定した立場にある公務員が不満の標的となりやすいのです。しかし公務員も納税者であって，労働者としての権利は守られなければなりません。ただし，法令や規則さえ守っていればよいという姿勢では，この種の不信感が広がりかねません。「自発性を励ますものは夢と自発性」なのであって，企業と NPO との協働と同様に，市民との共感を生み出す努力は公務員にも求められます。

　③　現実的な提案であれば批判からも「協働」が始まる

　「協働」というと協調的関係の中で進めるものと理解されがちですが，NPO 側からの批判や要求から，「協働」が始まる場合もあります。ノーベル平和賞

を受賞した故・マザー・テレサ女史の言葉「愛の反対は憎しみではなく無関心です」が示すように，批判者は無関心層に比べて関心層という点で共通の土台があるからです。確かに当初は厳しい対立が起こる場合は少なくありませんが，相互に提案を出し合う形で議論が進むならば，創造的な結論を得られることも少なくありません。なお，これは企業との協働においても同様です。


## 5　マルチステークホルダー・プロセスとコレクティブ・インパクト

### （1）マルチステークホルダー・プロセス

　以上，NPO と企業，行政との協働について見てきましたが，近年，3者以上の利害関係者（stakeholder）が，対等な立場で参画・協議する場を設定し，合意形成を得ることで課題解決を進める「マルチステークホルダー・プロセス（Multi-stakeholder Process）」が注目されています。

　従来は政府の規制などで問題を解決する形態が主流でしたが，施策の策定に時間を要し，漸次的な改革に留まりやすい上，改革の主体は政府であり，住民やNPO，企業などは客体・傍観者の立場になりがちでした。これに対して，マルチステークホルダー・プロセスでは，当事者が直接，参画し調整することで早く抜本的な改革を進めやすくなります。しかも，住民（消費者，労働者など）や企業，NPO，そして行政が，それぞれ担い手となって主体的に改革を進められます。

　この取り組みは，1990年代頃から持続可能な社会を作るための国際的なルール作りなどの際に活用されてきましたが，最近はまちづくりやゴミ減量対策，被災地の復興など，様々な場で導入されています。これも協働の一類型です。


### （2）コレクティブ・インパクト

　マルチステークホルダー・プロセスでは利害関係者間の合意形成が焦点となりますが，特定の課題解決のために協働する取り組みであるコレクティブ・インパクト（Collective Impact）という言葉も，よく耳にするようになりました。

立場の異なる組織（行政，企業，NPO など）が，組織の壁を越えてお互いの強みを出し合い社会的課題の解決を目指す取り組みのことで，2011年に，ジョン・カニアとマーク・クラマーが提唱しました[9]。個別の団体がそれぞれバラバラに取り組んでいては解決できなかった社会的課題を，連携することで解決する試みです。

この概念を提唱したカニアとクラマーは，コレクティブ・インパクトで成果を出すためには，以下の5つ要素を満たすことが重要だとしています。

① 共通のアジェンダ（Common Agenda）：すべての参加者がビジョンを共有していること。
② 評価システムの共有（Shared Measurement System）：取り組み全体とそれぞれの主体の取り組みを評価するシステムを共有していること。
③ 相互の活動強化（Mutually Reinforcing Activities）：各自の強みを活かし，相互に活動を補完し合い，連動できていること。
④ 継続的なコミュニケーション（Continuous Communication）：常に継続的にコミュニケーションがなされていること。
⑤ 活動を支える組織（Backbone Support Organization）：活動全体をサポートする背骨のような組織があること。

マルチステークホルダー・プロセスの場合は，組織の社会的責任の国際規格を定めた ISO26000 の策定プロセスのように，包括的な合意形成を目指すことになりますが，コレクティブ・インパクトの場合は個別の課題解決が焦点となります。

いずれの場合も，関係者の間に基本的な信頼関係が築かれていないと，連携は実現できません。そして，そこで鍵となるのは市民の支持です。「参加の力」が，ここでも力を発揮することになります。

## 6　市民がつむぐ自治と共生の社会

　以上，参加の場を開き，協働も進めていく活動のスタイルについて見てきましたが，本書の最後に，「参加の力」を活かすことで，どんな社会を作っていくかについて，「共に生きる」ということに焦点を絞りつつ考えてみましょう。

### （1）厚生労働省の「地域共生社会」構想

　厚生労働省は2017年2月，「『地域共生社会』の実現に向けて（当面の改革工程）」を発表しました。厚生労働大臣を本部長とする庁内組織，「我が事・丸ごと」地域共生社会実現本部がまとめた資料には，まず「改革の背景と方向性」として，個人や世帯の抱える複合的課題などへの包括的な支援と人口減少に対応する，分野をまたがる総合的サービス提供の支援のため，「公的支援の『縦割り』から『丸ごと』への転換」を進めるとともに，住民の主体的な支え合いを育み，暮らしに安心感と生きがいを生み出すとともに，地域の資源を活かし，暮らしと地域社会に豊かさを生み出すために「『我が事』・『丸ごと』の地域づくりを育む仕組みへの転換」をはかるとしています。

　第5章第2節でも，市民が「当事者」として社会問題に関わることの意味を解説しました。住民が地域福祉活動の主体として活躍すること自体は，とても重要なことです。

　もっとも，「地域住民の地域福祉活動への参加を促進するための環境整備」として導入されるのが，「介護支援ボランティア制度」や「介護予防ポイント制度」などと呼ばれる一種の「有償ボランティア」の導入に留まるならば，長期的には自発性を損なう「交換条件つき報酬[10]」としての弊害が発生する危険も懸念しなければなりません。

　そもそも，担い手としての期待がこめられた「住民主体」という位置づけではなく，住民自身が自治的・自律的に地域福祉活動の内容を創造していく「住民主導[11]」で展開していくことが必要です。

## （2）内閣府の「共生社会」政策

　一方，内閣府でも「共生社会政策」が進められています。

　その内容として「子供・若者育成支援」「青少年有害環境対策」「青年国際交流」「子供の貧困対策」「日系定住外国人施策」「高齢社会対策」「障害者施策」「バリアフリー・ユニバーサルデザイン推進」「交通安全対策」と実に多様な施策が進められ，以前は「自殺対策」「アルコール健康障害対策」「薬物乱用対策」（以上は厚生労働省に移管），「犯罪被害者等施策」（警察庁に移管），「食育推進」（農林水産省に移管）も内閣府が所管していました。

　内閣府のホームページを見ると，「共生社会」とは「国民一人一人が豊かな人間性を育み生きる力を身に付けていくとともに，国民皆で子供や若者を育成・支援し，年齢や障害の有無等にかかわりなく安全に安心して暮らせる」社会であると定義されています。いわば当然のことが書かれていますが，内閣府のユニバーサルデザイン推進に関するパンフレットでは「さまざまな人々が，すべて分け隔てなく暮らしていくことのできる社会です。障害のある人もない人も，支える人と支えを受ける人に分かれることなくともに支え合い，さまざまな人々の能力が発揮されている活力ある社会」と定義されています。この中では"支える人と支えを受ける人に分かれることなく""ともに支え合い"という点がポイントでしょう。

　特定の誰かだけが主体となるのではなく，それぞれが主体となること。本書で自立の本質は"自律性"であることを第8章第2節で解説しましたが，それぞれが自律的に生きつつ，相互に信頼し支え合える関係を広げていくことが大切だということになります。支配されず，従属せず，排除されず，孤立せず，自主的につながりを作りながら暮らせる自治的な社会としなければなりません。

## （3）孤独とは愛することをおびえる状態

　その孤立という点で最後に触れたいのが，「孤独とは，愛することをおびえる状態だ[12]」ということです。孤独とは，一人でいることではなく，愛することが辛くなる，あるいは愛することをおびえる状態になった状態だというのです。

　愛することをおびえることなどないと思われるかもしれません。しかし，たとえば失恋は，愛していた相手の自分への好意が失われて，嫌われてしまうことです。こちらが嫌いになった場合は，失恋とはいいません。関係の清算です。相手のことを思う気持ちが残っているから，一緒に観た映画のテーマ曲が聞こえてきたり，共に歩いた場所をたどったりすると，淋しさが高じたりします。そこで，思い出すことが辛くなるのです。

　可愛がっていた子どもが，年頃になって口をきいてくれなくなった。その程度ならともかく，先立たれてしまったりすると，子どもの思い出をたどりつつ強い孤独感に襲われてしまいます。愛を伝えたい子どもは，もういないのですから。

　そんな中で最も厳しい孤独は，自分自身が愛せなくなること。より正確には，今の自分が愛せない状態でしょう。「こんなはずではなかった」と自らの運命を呪う時，心を閉じ，周囲とのつながりを自ら断ってしまうことさえあります。

　逆にいえば，愛せる対象を持っている状態こそが，私たちが前向きに生きる鍵だということになります。愛されることは大切ですが，それ以上に愛する者がいる。それが，家族や仕事である場合は多いのですが，いつか子どもたちは自立していきますし，いつか仕事もリタイアします。その時に，何か愛する対象を持っていることで，私たちは支えられます。

　市民活動は，その愛する対象を社会の中に得る営みでもあります。地域の福祉施設での活動も，子ども食堂の運営も，街並みの保存活動も，平和運動の推進も，それぞれに愛する対象への思いから進められます。その営みが，同時に私たちを支えるのです。

　市民活動は自発的な活動です。つまり，言われなくてもするけれど，言われてもしない。いわば，ネコのように自律的に進めるものです。活動しなければならないわけではありません。

　しかし，何か愛する対象と出会い，愛する対象のための活動を進めることが，実は私たちを支えます。自助グループ運営の解説書（ヒル 1988）の原題は"Helping you helps me"。「あなたを助けることが，私を助ける」です。

相手も自身も元気になれる活動が広がることで，行政だけでは実現できない多彩なサービスが社会の中に生まれていく。「参加の力」を活かせる場がどんどん広がっていくことでこそ，共に生きる社会は実現できるのだと思います。

注
(1)　主に企業による文化・芸術支援活動。元は「文化の擁護」を意味するフランス語 mécénat に由来する。
(2)　英語名は International Organization for Standardization。略称が "IOS" ではなく "ISO" である由来に明確なものはないが，① ISO が「等しいこと」「一様性」を示すギリシャ語「ISOS（イソス）」からきており，多くの科学技術用語で使用されていること，② ISO は発音しやすく，前身機関（ISA＝万国規格統一協会）を知る人々は容易に連想が可能であること，などが根拠として挙げられている。
(3)　社会の様々な問題に自社のブランド／サービスを関連づけてキャンペーンを行い，経済的・人的に社会問題の解決を支援することで，結果として商品の購入を促し，営業利益を上げるマーケティング活動。
(4)　たとえば，ノンフロン冷蔵庫は環境 NGO・グリーンピースと㈱パナソニックの連携で開発されたものであり，ユニバーサルデザインに関わる商品開発に障害者が参加する取り組みなどもある。
(5)　前漢時代の思想書『淮南子』第18編の「人間訓」に記された「陰徳有る者は，必ず陽報有り」に由来する。人に知られずに善行を行うことで，必ず良い報いが現れるの意味。
(6)　「欠点を隠す。取り繕う」を意味する whitewash と，環境の象徴とされる green や人権の象徴とされる blue を組み合わせた造語。1980年代半ばに欧米の市民活動家の間で使われ始め，近年，日本でも問題を発掘・検証する活動が広がってきた。
(7)　『市民活動総合情報誌 ウォロ』2016年4・5月号（大阪ボランティア協会）特集「『やらされ感』から『やりたい』へ──地域活動の最前線」では，それらの取り組みをコンパクトに紹介している。
(8)　「ボランティアコーディネーション力検定」の1〜3級として，事前研修と検定試験が実施されている。
(9)　2011年，John Kania と Mark Kramaer が *Stanford Social Innovation Review* で発表した論文 "Collective Impact" で定義された言葉。
(10)　第4章第7節の指摘，参照。
(11)　第9章第2節参照。
(12)　この点については，上智大学教授の岡知史氏に示唆を得た。

# あとがき

　筆者が初めて「参加の力」に感じ入ったのは，学生時代。その後，職場となる大阪ボランティア協会と，そこで出会った仲間によってです。協会は1965年に創設された市民活動推進団体の老舗。とはいっても，市民の手で組織された市民活動推進センターゆえ，常に財政難の日々でした。何度も難局を迎えながら，その都度，困難を乗り切ってこられたのは市民の「参加の力」でした。

　「参加システム」と名づけられた運営システムの起点は，1970年。前年に社団法人格を得，中興の祖ともいえる岡本榮一事務局長（当時。現・顧問）を迎えたばかりなのに，財源不足から解散の危機に見舞われました。そこで，ボランティアも集って開かれた合宿での協議の中で，事業推進や組織運営に多くのボランティアが参画し，市民が自ら事業を企画し，講座ならば講師の依頼から参加者募集や当日の進行までを，情報誌発行ならば取材や執筆，発送や読者の拡大に知恵を絞り，汗を流す仕組みが作られたのです。

　ボランティアや職員など，協会（association）のスタッフを総称する「アソシエーター」という造語を作りましたが，その参加のルールをまとめた「アソシエーター参加規程」の前文には，以下のように，その経緯と意義が記されています。

　　当協会の事業は，設立当初から，1970年頃まで，大半は事務局員を中心にすすめられて来たのであるが，より民主的な協会運営と財政の健全化を目ざし，1971年より協会事業への会員参加が試みられた。最初に企画運営委員会が，続いて初級スクールの推進チーム（当初は『プロジェクト・チーム』と呼んだ）が発足。今日見るような『参加システム』確立の端緒となりました。

　　参加システム導入の意義は，

　　①　会員が協会事業に参加することによって，協会財政を支え，協会事

業を維持推進しようとしたこと。

②　事務局員だけが推進する協会ではなく，われわれの協会として，事務局員と協働する会員参加の方式を追求しようとしたこと。

③　参加を通して，開かれた協会としての活力性，創造性，さらに民主主義の実践として意義をそこに見つけようとしたこと。

④　協会事業に一人のボランティアとして，一人の人間として加わることによって，協会の利用者の立場に立ち，同一感をもたらそうとしたこと。

⑤　今後，たとえ経済的な問題があって，事務局員の減少が起こっても，社会的に洗練された会員（常任委，専門委，センター運営委，推進チーム）の手で，とどこおりなく事業の推進が出来るような状況を日常的に創り出そうとしたこと。

⑥　参加を通して，委員やチームメンバーの自己実現や，教育的，学習的課題に応えようとしたこと，等があげられよう。

また社会的には，このシステムは参加民主主義の具体的な実証として評価されて来ており，管理化社会の進行する中で，手づくりの参加方式として注目されてきている。

本規程は，このような経過と意義に基づいて設けられたものである。

「参加民主主義の具体的な実証」というくだりに，この組織運営に対する自負を感じます。しかし，まさにこの運営形態こそが，協会のエネルギー源であり，組織運営の基盤でした。

筆者が協会でボランティアを始めた45年前も，事業計画案を決める合宿では理事長を務める大学教授と同等に，若い学生である筆者自身にも対等な発言権が認められ，フラットに意見交換ができました。先輩ボランティアとの交わり，協会で出会った障害当事者からの問題提起，それに様々な参加の体験を積み重ねながら，視野が広がり，自身が成長していくことを実感できました。

協会は，1965年に日本で初めてボランティアスクールを開講した団体でした

が，1976年には，これも日本初となるボランティアコーディネーター講座を開講し，市民の参加を支える専門職の養成も始めました。その協会が中心になって1992年に「近畿ボランティアコーディネーター研究集会」が開催され，1994年10月には第1回の「全国ボランティアコーディネーター研究集会」を大阪で開催しました。その3カ月後に発生した阪神・淡路大震災では，これも日本初となる災害ボランティアセンター「被災地の人々を応援する市民の会」を現地に開設し，そこに研究集会に集ったベテランボランティアコーディネーターたちが駆けつけて，災害時のボランティアコーディネーションが進められることになりました。

　そして，この研究集会の実行委員会が母体となって2001年に発足したのが，日本ボランティアコーディネーター協会でした。全国各地の多様な場で活躍するボランティアコーディネーターを介して，多彩な「参加の力」を各地で支える拠点として活動しています。

　市民の参加推進に関しては，NPO法人だけでなく市民の参加によって事業を進めようとする非営利団体全体を支える社会基盤づくりに取り組む日本NPOセンター，寄付を通じた参加を進める日本ファンドレイジング協会にも深く関わっているわけですが，そんな私の座右の銘は「駄目で元々」です。

　壁にぶつかっても，めげずに前向きの姿勢で努力を続けようと肝に銘じているわけですが，こんな言葉を座右の銘にするのは，『幸福論』で有名なフランスの哲学者，アラン（ペンネーム。本名はエミール＝オーギュスト・シャルティエ）の次の言葉に感じ入ったからです。

　　　Le pessimisme est d'humeur,

　　　l'optimisme est de volonté.

　このフランス語を訳すと，「悲観主義は気分によるものであり，楽観主義は意志によるものである」となりますが，「奈良たんぽぽの家」の播磨靖夫理事

長は，「悲観主義は性格だ。楽観主義は哲学だ！」と簡潔に意訳されています。

　「意志による（de volonté）」の volonté は，もちろんボランティア（volunteer）と同じルーツを持つ言葉です。この警句は，厳しい環境の中でも，ボランタリズム，意志の力によって前向きな未来を築いていこうとする姿勢を鼓舞してくれます。

　その短い警句の意味するところを，様々な角度から掘り下げてみたのが本書ということになります。明日からの活動に少しでも参考となるところがあれば，この上ない幸せです。

　最後になりましたが，ここまでお読みいただいた読者の皆さまに心より感謝いたします。

2018年　東日本大震災慰霊の日に

早瀬　昇

# 参考文献

秋山智久（1980）「戦後社会福祉施設発達史3」『社会福祉施設運営管理論』全国社会福祉協議会。

朝田隆ら（2013）「都市部における認知症有病率と認知症の生活機能障害への対応 平成23〜24年度総合研究報告書」。

阿部秀雄（1978）『弱者を捨てる――アメリカ型福祉観への問い』田畑書店。

イェーリング／小林孝輔・広沢民生訳（1978）『権利のための闘争』日本評論社。

鵜尾雅隆（2014）『改訂版 ファンドレイジングが社会を変える――非営利の資金調達を成功させるための原則』三一書房。

エリス，スーザン／筒井のり子・妻鹿ふみ子・守本友美訳（2001）『なぜボランティアか？――「思い」を生かすNPOの人づくり戦略』海象社。

大熊由紀子（2010）『物語 介護保険 上・下』岩波書店。

大森彌（1981）「住民の『元気』と自治の可能性」高木鉦作編『住民自治の権利 改訂版』法律文化社。

小野顕（1979）「ボランタリズムの思想・性格・実践と提案」『ボランタリズムの思想と実践』社会福祉研究所。

金子郁容（1992）『ボランティア――もうひとつの情報社会』岩波新書。

川添登・山岡義典共編（1987）『日本の企業家と社会文化事業――大正期のフィランソロピー』東洋経済新報社。

北原糸子・高野宏康（2011）「関東大震災の都市復興過程とそのデータベース化、並びに資料収集――関東大震災の義捐金について」『非文字資料研究』No.7，神奈川大学日本常民文化研究所 非文字資料研究センター。

クラッチフィールド，レスリー.R・グラント，ヘザー・マクラウド／服部優子訳（2012）『世界を変える偉大なNPOの条件』ダイヤモンド社。

経済企画庁編（2000）『国民生活白書――ボランティアが深める好縁 平成12年版』。

厚生省社会・援護局地域福祉課監修（1993）『参加型福祉社会をめざして――ボランティア活動振興の新たな展開』全国社会福祉協議会。

定藤丈弘（1993）「障害者福祉の基本的思想としての自立生活理念」定藤丈弘・岡本栄一・北野誠一編『自立生活の思想と展望』ミネルヴァ書房。

GWT研究会編（1976）『グループワークトレーニング』日本レクリエーション協会。

柴田善守（1985）『社会福祉の史的発展』（社会福祉選書⑨）光生館。

障害児教育自主教材編集委員会（1985）『どんどん——「障害」ってなんだろう？』。

白川静（1996）『字通』平凡社。

想田和弘，（2013）『日本人は民主主義を捨てたがっているのか？』岩波ブックレット。

田中弥生（2008）『NPO 新時代——市民性創造のために』明石書店。

筒井のり子（1990）『ボランティア・コーディネーター——その理論と実際』大阪ボランティア協会。

筒井のり子（2007）「ボランティアって言うな」『市民活動総合情報誌ウォロ』2007年6月号，大阪ボランティア協会。

筒井のり子（2014）「ジャズの空気は市民を自由にする——高槻ジャズストリートをつくるボランティアたち」『市民活動総合情報誌ウォロ』2014年4・5月号，大阪ボランティア協会。

筒井のり子（2017）「ボランティア活動と賃労働を分かつもの——労基署によるNPOへの警告から考える」『市民活動総合情報誌ウォロ』2017年8・9月号，大阪ボランティア協会。

デシ，エドワード.L.・フラスト，リチャード.／桜井茂男監訳（1999）『人を伸ばす力』新潮社。

東京都健康長寿医療センター（2014）『認知症の総合アセスメントテキストブック 改訂版』。

ドラッカー，ピーター.F.／上田惇生・田代正美訳（1991）『非営利組織の経営——原理と展望』ダイヤモンド社。

ドラッカー，ピーター.F.／上田惇生訳（2003）『歴史の哲学——そこから未来を見る』（ドラッカー名言集）ダイヤモンド社。

ドラッカー，ピーター.F.・スターン，ギャリー.J.／田中弥生監訳（2000）『非営利組織の成果重視マネジメント—— NPO・行政・公益法人のための「自己評価手法」』ダイヤモンド社。

内閣府（2014）「平成25年度 特定非営利活動法人に関する実態調査」。

内閣府（2015）「平成26年度 特定非営利活動法人及び市民の社会貢献に関する実態調査」。

内閣府（2016）「平成27年度 特定非営利活動法人及び市民の社会貢献に関する実態調査報告書」。

長尾憲彰（1984）『カンカン坊主の清掃ゲリラ作戦——市民運動からみた空カン問題』樹心社。

西川正（2017）『あそびの生まれる場所——「お客様」時代の公共マネジメント』ころから。

日本 NPO センター編（2016）『知っておきたい NPO のこと 4——参加編』。

日本 NPO センター編（2017）『知っておきたい NPO のこと 5——事業評価編』。

日本NPOセンター・まちづくり情報センターかながわ編・発行（2006）『知っておきたいNPOのこと2――資金編』。

日本ボランティアコーディネーター協会編（2016）『ボランティアコーディネーションのツボがわかる！』（ブックレット1　グッドプラクティス事例集 Vol. 1）。

日本労働組合総連合会（1995）「『要介護者を抱える家族』についての実態調査報告書（概要）――1994年10～12月調査」。

早崎八洲（1960）「ヴォランティア・サーヴィスについて」『社会事業』全国社会福祉協議会。

林雄二郎・山岡義典（1984）『日本の財団――その系譜と展望』中公新書。

早瀬昇（1995）「家族と地域ボランティアのネットワーク」袖井孝子・鹿島敬編『明日の家族』中央法規出版。

早瀬昇（2007）「『自殺対策基本法』をつくった市民たち」『市民活動総合情報誌ウォロ』2007年12月号。

阪神・淡路大震災 被災地の人々を応援する市民の会（1996）『震災ボランティア』大阪ボランティア協会。

日高六郎（1980）『戦後思想を考える』岩波書店。

ヒル，カレン／岩田泰夫・岡知史訳（1988）『患者・家族会のつくり方とすすめ方――当事者組織：セルフヘルプグループの手引』川島書店。

ピンク，ダニエル／大前研一訳（2010）『モチベーション3.0――持続する「やる気！」をいかに引き出すか』講談社。

船本淑恵（2015）「障害者の地域移行とコロニー」日本社会福祉学会第63回秋季大会。

堀勝洋（1987）『福祉改革の戦略的課題』中央法規出版。

牧里毎治・早瀬昇（1981）「アクション型ボランティア活動の実際」大阪ボランティア協会編『ボランティア＝参加する福祉』ミネルヴァ書房，147-186頁。

松原明（1988）「第1章 総則 §2 ［定義］」堀田力・雨宮孝子編『NPO法コンメンタール――特定非営利活動促進法の逐条解説』日本評論社。

三木秀夫（2015）「各種法人の政治活動規程対比表」東大手の会主催『NPOの政治参加を考えるセミナー―― NPO法と政治活動』資料。

溝口雄三（1996）『一語の辞典――公私』三省堂。

横塚晃一（1975）『母よ！ 殺すな』すずさわ書店。

李妍焱（2012）『中国の市民社会――動き出す草の根NGO』岩波新書。

労働政策研究・研修機構（2007）「NPO就労発展への道筋――人材・財政・法制度から考える」『労働政策研究報告書』82。

ロジャーズ，エベレット／青池愼一・宇野善康監訳（1990）『イノベーション普及学』産能大学出版部。

鷲田清一（2010）『わかりやすいことはわかりにくい？』ちくま新書。
鷲田清一（2015）『しんがりの思想──反リーダーシップ論』角川新書。

# 索　引

著者紹介

早瀬　昇（はやせ・のぼる）

1955年生まれ。

1973年　大学入学と同時に「大阪交通遺児を励ます会」の活動に参加。以後，「誰でも乗れる地下鉄をつくる会」等の様々なボランティア活動に参加。

1977年　京都工芸繊維大学工芸学部電子工学科卒業。

1979年　大阪社会事業短期大学専攻科修了。

現　在　(福)大阪ボランティア協会理事長，(特非)日本NPOセンター顧問，(特非)日本ボランティアコーディネーター協会理事，(特非)日本ファンドレイジング協会理事，日本NPO学会理事，日本ソーシャルイノベーション学会理事　など。

主　著　『企業人とシニアのための市民活動入門』大阪ボランティア協会出版部，2007年。
　　　　『寝ても覚めても市民活動論』大阪ボランティア協会出版部，2010年。
　　　　『ボランティアコーディネーション力 第2版』（共著）中央法規出版，2017年。
　　　　『テキスト市民活動論 第2版』（共著）大阪ボランティア協会，2017年。

「参加の力」が創る共生社会
——市民の共感・主体性をどう醸成するか——

2018年6月10日　初版第1刷発行　　　　　　　　〈検印省略〉
2023年11月30日　初版第3刷発行

定価はカバーに
表示しています

著　　者　　早　瀬　　　昇
発　行　者　　杉　田　啓　三
印　刷　者　　田　中　雅　博

発行所　株式会社　ミネルヴァ書房
607-8494　京都市山科区日ノ岡堤谷町1
電話代表　(075)581-5191
振替口座　01020-0-8076

©早瀬　昇，2018　　　　　　　創栄図書印刷・坂井製本

ISBN978-4-623-08338-1
Printed in Japan

## 人が集まるボランティア組織をどうつくるのか

長沼 豊 著
A5判／228頁／本体2800円

## これからの社会的企業に求められるものは何か

牧里毎治 監修／川村暁雄・川本健太郎・柴田学・武田丈 編著
A5判／224頁／本体2400円

## 高齢者が動けば社会が変わる

NPO法人大阪府高齢者大学校 編
四六判／296頁／本体1800円

## コミュニティをエンパワメントするには何が必要か

マリリン・テイラー 著／牧里毎治・金川幸司 監訳
A5判／428頁／本体6000円

## 就労支援で高齢者の社会的孤立を防ぐ

藤原佳典・南潮 編著
A5判／312頁／本体4500円

## 福祉の哲学とは何か

広井良典 編著
四六判／332頁／本体3000円

ミネルヴァ書房
http://www.minervashobo.co.jp/